Lügen, Lobbies, Lebensmittel
Wer bestimmt, was Sie essen müssen

Ingrid Reinecke
Petra Thorbrietz

Lügen, Lobbies, Lebensmittel

Wer bestimmt, was Sie essen müssen

Verlag Antje Kunstmann

1. Auflage 1997

Umschlaggestaltung: Michel Keller, Müchen
Satz + Typografie: Frese, München
Druck + Bindung: Pustet, Regensburg
ISBN 3-88897-180-2

Inhalt

Einleitung 9

Bauernopfer
Oder: Die Abschaffung der Landwirtschaft 15

Erdbeerkriege und andere Schlachten 15
Das subventionierte Schlaraffenland 18
Großbauern gegen Kleinbauern 23
Fit für den Weltmarkt? 29

Moral auf Europäisch
Oder: Chacun à son goût 34

Betrügen leicht gemacht 35
Eigennutz vor Solidarität 41
Schlupflöcher und Datennetze 44

Faule Argumente
Oder: Vom Feld auf die Müllkippe 49

Überschuß im Überfluß 49
Matschtomaten und Dosenkohl 53
Roden statt reifen 55
Natur nach Norm 56
Der Zukunfts-Bauer 59

Geschmacksfragen
Oder: Von Trockensuppen und Naßfertiggerichten 62

Industrielle Hexenküchen 62
Wozu kochen? 66
Fit durch Food 70
Rot und rund 74
Geniale Menüs 81
Laborrezepte 87

Machtpolitik
Oder: Die Diktatur des Standards 89

Konzentrierte Nahrung 89
Trügerische Harmonie 94
Lobbies und Lügen 102
Wahnsinn europäisch: BSE 106

Etikettenschwindel
Oder: Die Schweine-Internationale 117

Bäumchen, wechsle dich 118
Original und Fälschung 120
Mit Brief und Siegel 124
Alles bio, oder was? 131

Kettenreaktionen
Oder: Der Handel und seine Verbraucher 137

Billig, preiswert, gut? 137
Ei, ei, ei 144
Die Kilometerfresser 149
Am Ende der Kette 155

Bakterien vom Fließband
Oder: Frisch ist, was nicht krank macht 157

Gefahrenanalyse in der Küche 157
Vertrauen ist gut, Kontrolle besser 162
Das rote Telefon 165
Krieg den Keimen 167

Kodex des Essens
Oder: Verbraucherschutz als Handelshemmnis 169

Was tun?
Oder: Die Macht des Konsumenten 182

Verbraucherrecht: Sechs Ideen für politisches Handeln 184
Einkaufen: Sechs Tips für individuelles Handeln 187

Info-Teil 190
Bestrahlte Lebensmittel 190
Gentechnisch manipulierte Lebensmittel 193
Zusatzstoffe in Lebensmitteln 195
Lebensmittel mit »Ausnahmegenehmigung« 199
BSE-Chronik 201
Ökosiegel 207
Der Strichcode 209
Saisonkalender für Obst und Gemüse 211
Adressen 213
Literaturhinweise 219

Mit der Verordnung (EG) Nr. 918/94 der Kommission (Abl.Nr. L 106 vom 27.4.94, S. 5), zuletzt geändert durch die Verordnung (EG) Nr. 2728/95 (Abl.Nr. L 284 vom 28.11.95, S. 4), wurde von der Verordnung (EWG) Nr. 778/83 der Kommission (Abl.Nr. L 86 vom 31.1.83, S. 14), zuletzt geändert durch die Verordnung (EWG) Nr. 1657/92 (Abl.Nr. L 172 vom 27.6.92, S. 53) abgewichen, damit Tomaten/Paradeiser (Österreichischer Ausdruck gemäß Protokoll Nr. 10 zur Beitrittsakte 1994) während eines Versuchszeitraums im Wirtschaftsjahr 1994 vermarktet werden dürfen. Dieser Zeitraum wurde mit der Verordnung (EG) Nr. 2728/95 um das Wirtschaftsjahr 1996 verlängert. Für Tomaten/Paradeiser reicht das Wirtschaftsjahr vom 1. Januar bis 31. Dezember.

EU-Verordnung Nr. 2250/96 (Abl.Nr. L 302 vom 26.11.96)

Einleitung

Warum ist Ihre Gurke nicht mehr krumm? Sie muß der EG/UNO-Qualitätsnorm FFV-15 entsprechen und gefälligst gerade wachsen. Und warum schmeckt besonders schönes Obst oft besonders langweilig? Weil bei der Züchtung mehr Wert auf eine harte, pralle Schale gelegt wird als auf Geschmack. Weshalb ist griechischer Spargel nur halb so teuer wie deutscher? Sein Transport per Laster oder Flugzeug ist zwar ökologisch kostspielig, aber ökonomisch so billig, daß es sich für den Importeur lohnt, große Mengen von Frischgemüse durch halb Europa zu transportieren. Und warum haben Sie trotz Einfuhrverbots vielleicht doch britisches Rindfleisch gegessen? Weil ein in England geborenes, aber in Frankreich geschlachtetes Rind kein »beef« mehr, sondern bereits ein »bœuf« ist – und somit seine Herkunft gewechselt hat.

Der Supermarkt als Schlaraffenland: Dort finden wir Spezialitäten und Leckereien aus aller Herren Länder, grüne, rote, gelbe Früchte und Gemüse zu jeder Jahreszeit, exotische Namen und edel polierte Oberflächen. Doch noch mehr wird uns aufgetischt: Waren mit gefälschten Herkunftszertifikaten, Zusatzstoffe, die Produkte auch dann noch frisch wirken lassen, wenn sie Hunderte von Kilometern hin- und hergefahren wurden, »neuartige« Lebensmittel, die wie Medikamente in Bioreaktoren erzeugt werden, und Gemüse und Obst, deren einfältiger Geschmack ihrer optischen Vielfalt Hohn spricht.

Was Sie essen, wie Sie sich ernähren, was letztlich auf Ihrem Teller landet, ist weniger eine Frage Ihres Geschmacks oder Appetits als vielmehr politischer und wirtschaftlicher Interessen. Dabei wird, was in Deutschland oder Österreich, in Frankreich oder Italien auf den Tisch kommt, längst nicht mehr von nationalen Behörden bestimmt, sondern von der Europäischen Union. Und die muß sich nach den Gesetzen des Weltmarkts richten.

Essen ist Politik. Und Politik ist die Durchsetzung von Interessen.

Die EU soll die Interessen der europäischen Staaten auf dem Weltmarkt wahren. Sie macht Industriepolitik. Denn auf den großen Märkten durchsetzen können sich nur große, multinationale Unternehmen. Während kleine Produzenten sich Nischen und regionale Märkte suchen müssen, bleiben vor allem die mittelständischen Betriebe auf der Strecke. Marktbereinigung war von Anfang an eine der Zielsetzungen in der Europapolitik. Das hat Folgen für unsere Ernährung.

Immer weniger Unternehmen bestimmen, was den rund 370 Millionen Bürgern der EU aufgetischt wird. In kaum einem anderen Sektor ist der Konzentrationsprozeß so intensiv wie bei Nahrungsmitteln. Multinationale Konzerne vereinen viele Stationen der Erzeugung quasi unter einem Dach: Ihnen gehört das Saatgut der Pflanzen genauso wie die Pestizide, mit denen diese später behandelt werden. Sie halten die Bauern unter Vertrag, die Gemüse, Getreide und Obst anbauen, und sie beschäftigen Ingenieure, Food-Designer und Werbefachleute, die aus den industriellen Rohstoffen vom Acker alle möglichen Produkte kreieren: bunte Konfetti aus Kartoffelstärke mit Vanillearoma, in Form gepreßte »Meeresfrüchte« aus Eiweißabfällen, Buttermilch mit Pina-Colada- oder Schinken mit Marzipangeschmack.

Qualität scheint in diesem Konsumkarussell kaum mehr eine Rolle zu spielen. Nach den Vorstellungen der Nahrungsmittelproduzenten läßt sich am erfolgreichsten verkaufen, was lange hält, immer gleich schmeckt und sich unabhängig von nationalen Geschmäckern und Märkten absetzen läßt. Die Politik der Europäischen Union schafft die Voraussetzungen dafür: Sie »harmonisiert« den Nahrungsmittelmarkt, indem sie nationale Vorschriften vereinheitlicht, Standards schafft und damit den breiten Absatz von Gütern sichert. Sie liberalisiert den Warenverkehr, so daß es billiger ist, Rohstoffe über weite Strecken hin- und herzutransportieren, als sie vor Ort zu verarbeiten. Sie fördert die Industrialisierung des Essens, indem sie gentechnische Produkte und andere »neuartige« Lebensmittel (Novel Food) zuläßt, die nur unter Einsatz von High-Tech und viel Energie produziert werden können. Und sie entmündigt die Bauern, indem sie diese zu Sozialhilfeempfängern Europas macht.

Die Folgen dieser Politik sind bekannt: Mustersanierte Dörfer, in denen kein Hahn mehr kräht und keine Kuh mehr steht. Verzweifelte

Landwirte, die sich an den Grenzen mit Lebensmitteln Straßenschlachten liefern, weil sie Angst haben, ihre Waren nicht mehr absetzen zu können. Andere haben resigniert und kassieren nur noch Prämien dafür, daß sie ihre landwirtschaftlichen Flächen nicht mehr anrühren.

Der Rinderwahnsinn hat gezeigt, wohin diese Politik der subventionierten Interessen führt. Die Seuche ist aus dem Überfluß entstanden, weil man, um die Berge von Tierkadavern zu verwerten, daraus proteinreiches Mehl erzeugte – das widernatürlich an Wiederkäuer verfüttert wurde. Sie ist aber auch eine Folge des Konkurrenzdrucks und Preiskrieges auf dem Binnenmarkt, denn erst die Umstellung auf ein billigeres Produktionsverfahren ließ den Erreger im Futter überleben. Und sie zeigt, daß »Lebens«mittel nicht mehr in erster Linie der gesunden Ernährung dienen – die Interessen der Wirtschaft rangieren immer vor denen der Verbraucher.

BSE ist deshalb nicht nur eine englische Krankheit – sie ist auch eine europäische. Die Öffentlichkeit müsse »desinformiert« werden, meinte ein für die Verbraucher zuständiger Beamter der Europäischen Kommission, als 1990 der Rinderwahnsinn zum Thema wurde – und er empfahl, wissenschaftliche Ergebnisse zu verschweigen. Über die Frage, welche Risiken man dem Verbraucher zumuten konnte, entschieden einige wenige Menschen, und ihre Beweggründe waren undurchsichtig. Die Behörden gaben vor, im Interesse der Verbraucher zu handeln, die Wissenschaftler beriefen sich auf den Stand der Forschung, und die Mitglieder der Europäischen Kommission verwiesen auf die wirtschaftlichen Notwendigkeiten. Währenddessen breitete sich die Seuche immer weiter aus – das Ausmaß der Folgen ist bis heute nicht abzuschätzen.

Den Verbrauchern jedoch hat der BSE-Skandal die Augen darüber geöffnet, daß die Entscheidungen über das, was ihnen als Nahrungsmittel angeboten wird, einseitigen politischen und wirtschaftlichen Interessen unterworfen sind. Die Zukunft der EU ist in Gefahr, das zeigen die Regierungskrisen rund um das Rind, wenn ihre Bürger politische Entscheidungen nicht nachvollziehen können, die über ihre Köpfe hinweg getroffen werden. Die Auseinandersetzungen um genmanipulierte Sojabohnen und Maispflanzen, Hormonfleisch oder Zusatzstoffe sind sensible Indikatoren – sie können Regierungen stürzen oder ganze Wirtschaftszweige in den Bankrott treiben.

Angesichts von Lebensmittelskandalen und Subventionsbetrügereien hat der Frust bei den Verbrauchern zugenommen. Ihr Vertrauen in die europäische Warenvielfalt ist deutlich gesunken, und sie beginnen sich zu wehren und mehr Qualität zu fordern – gegen den Einheitsbrei der Lebensmittelindustrie.

Denn neben der Politik sorgt auch die Nahrungsmittelindustrie dafür, daß das, was wir essen sollen, inzwischen eine ganz neue »Qualität« erreicht hat. Nur noch vier Prozent der landwirtschaftlichen Produkte in Deutschland kommen im Naturzustand auf den Markt, der Rest verschwindet in den industriellen Eßmaschinen. Die Zukunft des Essens, wie sie die Ernährungsstrategen sehen, hat mit Natur nicht mehr viel zu tun. Die Nahrung wird vom Boden abgekoppelt, zu einer formlosen Rohstoff-Masse aus Proteinen, Fett und Kohlehydraten mit wechselndem Design. Auch das ist Politik, denn dieses Szenario wird den Hunger in der Welt nicht stillen, sondern nur die Vormacht der industrialisierten Nationen stärken. Schon fürchten Ernährungsexperten, daß als Folge der einst gepriesenen »Grünen Revolution« neue Hungerkatastrophen drohen: Die im Labor entwickelten ertragreichen Getreide- und Reissorten sind ausgereizt. Sie wurden durch Züchtung so stark selektiert, daß sie besonders anfällig für Krankheiten und Schädlingsbefall sind.

Noch wogen die Weizenfelder, und an manchen Salaten klebt Erde. Doch je mehr verarbeitete Lebensmittel den Markt dominieren, desto weniger naturbelassene Produkte wird es geben. Je mehr Food-Designer und Lebensmittel-Techniker über unsere Nahrung bestimmen, desto geringer werden die wirtschaftlichen Überlebenschancen für diejenigen Bauern, die gesunde und umweltverträgliche Produkte anbauen.

Wie sehr solche wirtschaftlichen und politischen Zusammenhänge darüber entscheiden, was letztlich in unserem »Warenkorb« landet, wird vielen Verbrauchern allmählich klar. Von großen Skandalen einmal abgesehen, sind wichtige Informationen jedoch meist nur im Wirtschaftsteil der Zeitung zu finden, wo sie den »Normalleser« nicht erreichen. Die Konsumentenschützer haben zu wenig Macht, im Dschungel der Brüssler Lobbies sind sie exotische Randfiguren. Und der Druck der Industrie ist groß – sie gründet sogar ihre eigenen »Verbrauchervereine«.

Viele Verbraucher sind sich ihrer Macht daher noch kaum bewußt.

Manche hoffen immer noch auf den Staat, der sie beschützen soll, vor krebserregenden Stoffen genauso wie vor ungesunden Fetten. Sie vertrauen auf das Reinheitsgebot beim deutschen Bier und kaufen doch längst englisches und mexikanisches, für das es nicht gilt. Sie lassen sich betrügen: von den goldenen Weizenfeldern und romantischen Bauernhäusern, mit denen die Werbung Eier aus der Legebatterie anpreist. Oder von den Versprechungen, »gesund und fit« zu bleiben, wenn sie nur das neueste Produkt mit den vielen wichtigen Vitaminen kaufen.

Doch lustvolle Genießer sind größere Wirtschaftsstrategen, als sie denken. Leidenschaftliche Esser und informierte Verbraucher können nicht nur hartgesottenen Food-Designern ein Schnippchen schlagen, sondern auch Politik machen. Wo auch immer ein Lebensmittelskandal das Vertrauen der Konsumenten erschüttert hat – kontaminiertes Flüssigei in Nudeln, Würmer im Fisch, Prionen im Fleisch –, konnte die Industrie bei diesen Massenprodukten nie wieder ihre alten Umsätze erreichen. Und je mehr modische Trends die Regale und Kühltruhen füllen, desto stärker reagieren die Käufer mit der Nachfrage nach regionalen Produkten und traditionellen Spezialitäten.

Schon haben einige der größten Lebensmittelketten Europas sich dem Protest der Verbraucher gegen gentechnisch veränderte Lebensmittel angeschlossen und angekündigt, keines der kritisierten Produkte in ihr Sortiment aufzunehmen. Das Vorzeigeprodukt der Industrie – die angeblich besonders schnittfeste Flav'r-Sav'r-Tomate – erweist sich als wirtschaftlicher Flop. Und die Farmer, die in den USA mit dem gentechnischen Wachstumshormon rBST ihre Milchkühe auf Hochleistung trimmen wollten, kehren wegen vieler Mißerfolge zu ihren früheren Produktionsmethoden zurück.

In der neuen Warenwelt des liberalisierten Marktes hat der Verbraucher eine Riesenauswahl, aber auch eine ebenso große Verantwortung. Er muß selbst wissen, ob er statt natürlichem Joghurt lieber ein biotechnologisch erzeugtes Diätprodukt kauft, ob er regionale oder internationale Produkte vorzieht, ob er industrielle Fertignahrung oder frische Ware kauft. Niemand entscheidet für ihn, ob ein Lebensmittel überhaupt notwendig ist. Produkte gelten als »unbedenklich«, solange das Gegenteil nicht wissenschaftlich einwandfrei bewiesen wurde, und Verbraucherschutz wird oft als Handelshemmnis angesehen. Deshalb muß, wer gut essen will, die Initiative ergreifen. Sich über politische Hintergründe und Zusammenhänge zu informieren hilft, die neuen Lügen der alten Lobbies zu durchschauen.

Wer kauft und kocht, entscheidet über die Zukunft. Europaweit. Wer erst einmal auf diesen Geschmack gekommen ist, wird ihn sich so schnell nicht nehmen lassen.

Bauernopfer
ODER Die Abschaffung der Landwirtschaft

Erdbeerkriege und andere Schlachten

Bauernkrieg. An der südlichen Grenze Bayerns tobt die Revolution. Ein ohrenbetäubendes Konzert von Kuhglocken, Trillerpfeifen und Lastwagenhupen zerreißt die ländliche Idylle von grünen Weiden und grandiosem Bergblick. Am Grenzübergang Kiefersfelden haben junge Landwirte Strohpuppen vor die Räder der Laster geworfen, die aus Österreich anrollen. Die leblosen Blockadehelfer sind wie Bauern angezogen und tragen Transparente mit Aufschriften wie »Wir sind keine Prügelknaben!« oder »Stoppt den Bauernruin!« Die wütenden Bauern protestieren gegen den Import von italienischem Obst und Gemüse, so wie wenige Wochen zuvor italienische Landwirte die Einfuhr von bayerischem Rindfleisch blockiert hatten. »Bei den Bauern ist die Stimmung äußerst explosiv«, betont der Präsident des Bayerischen Bauernverbandes, Gerd Sonnleitner, gegenüber der Presse.

Einige Monate zuvor, im April 1996, kommt es auf einer Autobahn in Südfrankreich zu ähnlichen Auseinandersetzungen. Französische Landwirte kapern fünf Lastwagen aus Spanien und Dänemark. Sie öffnen gewaltsam die Laderäume, reißen die Kisten herunter und verstreuen das Frachtgut auf der Straße: 32.000 Kilo Erdbeeren, 50.000 Kilo Kartoffeln, Paprikaschoten und Tomaten. Einer der spanischen Fahrer, der sich bei der rabiaten Auseinandersetzung zur Wehr setzt, wird verletzt. Aus diesem Überfall wird Politik. Die spanischen Bauernverbände drohen mit Vergeltungsschlägen und fordern ihre Landsleute auf, Lebensmittel aus Frankreich zu boykottieren. Die Regierung in Madrid protestiert bei der Europäischen Union. Der italienische Ratspräsident Luis Atienza und die Kommission kritisieren die Übergriffe der französischen Bauern, der Agrarministerrat beklagt die Passivität der Sicherheitskräfte. Wo bleibt die Garantie des freien Warenverkehrs?

Dramatisch endet ein Protest der Fischer in der französischen Bretagne im Februar 1994. In zahlreichen Städten türmen sich glitschige Fischleiber auf den Straßen. Die Aufständischen haben die Kisten mit ausländischem Fisch umgestürzt, zertrampelt und mit Diesel übergossen: »Das hier ist nicht unser Fisch! Sie verkaufen billiges Zeug aus dem Ausland, und wir werden unseren Fang nicht los! Wir schlagen alles kurz und klein!«, wütet ein verbitterter Fischer vor laufender Kamera.

In Rennes kommt es zur Eskalation. Dort liefern sich die Fischer blutige Straßenschlachten mit der Polizei. Feuerwerkskörper zischen durch die Luft, Molotow-Cocktails und Steine fliegen. Die Polizei setzt Tränengas und Knüppel ein. Plötzlich steht der Justizpalast in Flammen, eines der bedeutendsten Baudenkmäler der Bretagne.

Es herrscht kein Frieden auf dem gemeinsamen Markt. Kein Wunder, denn trotz garantierter Preise, Abnahmegarantien und Einkommensbeihilfen geht es den Bauern nicht gut. Der Wettbewerb ist hart, Billigangebote bedrohen einheimische Produkte. Was früher der Stolz der Bauern war, die Qualität ihrer Erzeugnisse, gilt nichts mehr in dem Strudel des internationalen Warenangebots. Was zählt, ist nur noch der Preis.

Die Mehrzahl der Verbraucher nämlich denkt kaum darüber nach, woher die Ware stammt. Sie haben sicht daran gewöhnt, zu beinahe jeder Zeit beinahe alles kaufen zu können. Spargel zum Beispiel: Noch bevor die Saison in Deutschland beginnt, wirbt der Handel bereits mit verlockenden Angeboten. Unter dem Motto »variantenreich genießen« wird da Spargel aus Griechenland angeboten, »mehr als nur ein Gemüse« und für nur 9,98 Mark das Kilo. Die Stangen aus Spanien – »Genuß zu jeder Zeit« – kosten gleich viel. Wer den angeblich »anderen Geschmack« liebt, wählt grünen Asparagus, frisch eingeflogen aus den USA und mit 15,98 Mark schon deutlich teurer. Doch wer Produkten aus der Region den Vorzug geben will und zu deutschem Stangenspargel »für Feinschmecker und Genießer« greift, muß bis zum Mai warten und bis zu 20 Mark für eine Portion ausgeben.

Doch selbst wenn der Käufer darauf achtet, woher seine Ware stammt, kann er nicht immer sicher sein, daß die Angaben auf den kleinen Schildchen stimmen. Die enormen Preisunterschiede laden zu einem »Kiste wechsle dich«-Spiel ein. Ein Beispiel: Im Alten Land südlich von Hamburg, dem Obstgarten Norddeutschlands, fliegt 1993 ein Apfelschwindel auf. In einer Nacht- und Nebelaktion wandern billige holländische Früchte in »Elbe Obst«-Kisten, auf denen das Gütesiegel »aus integriertem Anbau« für gute Qualität bürgt. Zwar schmeckt ein deutscher »Elstar« oder »Jonagold« mit Qualitäts- und Gütesiegel nicht unbedingt besser als sein niederländischer Namensvetter, optisch zumindest unterscheidet er sich kaum. Er ist aber teurer. Die betrogenen Käufer reagieren empört. Tagelang steht bei der Hamburger Verbraucherbehörde das Telefon nicht still.

»Der Konsument wird wirklich übers Ohr gehauen«, sagt auch Martin Wille, Abteilungsleiter der Lebensmittelüberwachung in Nordrhein-Westfalen. Kontrolleure seiner Behörde bekommen 1994 einen Hinweis auf Etikettenschwindel in großem Stil: Stichproben in Düsseldorfer Geschäften und Märkten zeigen, daß 24 von 26 überprüften Großhändlern mehr als die Hälfte ihrer Waren umdeklariert haben. Häufiges Wechselspiel: Die ungeliebte holländische Tomate wird »eingedeutscht«.

Täuschungsmanöver dieser Art sind keine Ausnahmen, sondern durchaus üblich. »Sie sind allerdings kaum aufzudecken«, sagt Gerhard Pientak, Referatsleiter für Vieh- und Fleischwirtschaft bei der Landesregierung Nordrhein-Westfalen. »Seit dem Wegfall der Grenzen im europäischen Binnenmarkt ist die Lebensmittelüberwachung noch schwieriger.« Mit Routinekontrollen sind solche Betrügereien kaum aufzudecken. Am erfolgreichsten sind die Behörden, wenn sie einem Tip eines Konkurrenten nachgehen. »Das sind dann meistens«, so Pientak, »schwerwiegende Fälle, bei denen es um große Importgeschäfte geht.«

Die Betrüger nützen für ihr Wechselspiel das Preisgefälle auf dem Agrarmarkt aus. Wieso können Produkte in einem gemeinsamem Binnenmarkt so unterschiedlich teuer sein? Die Antwort: Natürliche Unterschiede in Bodenbeschaffenheit und Klima werden von der Europäischen Union wegsubventioniert. Auf den Preis wirken sich dann nur noch Lohn- und Produktionskosten aus. Am billigsten liefern diejenigen Länder, die zusätzlich zu den europäischen Subventionen noch hohe Zuschüsse aus den heimischen Kassen bekommen. Die spanische Regierung zum Beispiel stützte ihre Tomatenbauern dadurch, daß sie ihnen besonders günstig Wasser zur Verfügung stellte. Das senkt die Erzeugerkosten und verbessert die Wettbewerbsfähigkeit auf dem europäischen Markt.

Wenn mit europäischer Finanzhilfe der Vegetation auf die Sprünge geholfen wird, geht dabei nicht selten die Natur zugrunde. Der Nordosten Griechenlands zum Beispiel wurde mit Subventionen der EU zum Spargelanbaugebiet. Radikale Flurbereinigung verwandelte das fruchtbare Delta des Nestos-Flusses, das seltene Möwen, Flamingos und Pelikane beherbergte, in Ackerland. Mitten im Naturschutzgebiet pflügten Traktoren Lagunen und Sumpfgebiete um, in denen die letzten Spornkiebitz-Paare Europas brüteten. Und mit dem Wasser des Nestos werden, ebenfalls EU-subventioniert, die Felder großflächig berieselt. Im EU-Jargon nennt sich das »Entwicklung des ländlichen Raums«. Wirtschaftlich schwächere Regionen werden mit Fördermitteln aus vielen verschiedenen Fonds der Gemeinschaft unterstützt, damit sie ihren Rückstand gegenüber den übrigen Gebieten aufholen können.

Das subventionierte Schlaraffenland

»Die Subvention der europäischen Landwirtschaft ist eine der schlimmsten Umweltsünden«, sagt Tom Burke, ehemaliger Umweltaktivist bei den »Friends of the Earth« und Berater des britischen Umweltministers. »Wenn wir das wieder rückgängig machen könnten.«

Die Agrarpolitik der EU wollte regionale Unterschiede ausgleichen und hat sie doch nur verschärft. Sie hat dazu geführt, daß Nahrung produziert wird, unabhängig davon, ob ein Markt dafür vorhanden ist oder nicht. Daß regelmäßig große Mengen von Lebensmitteln vernichtet werden. Daß Bauern dafür bezahlt werden, daß sie ihre Arbeit nicht mehr verrichten. Daß die Industrialisierung in der Landwirtschaft mit all ihren negativen Folgen für die Umwelt rasant vorwärtsschreitet. Und daß der Verbraucher trotz scheinbar freier Kaufentscheidung doch immer weniger die eigene Wahl hat, was er ißt.

Um zu verstehen, wie es soweit kommen konnte, muß man weit zurückgehen, bis zur Gründung der Europäischen Wirtschaftsgemeinschaft (EWG) 1957. Laut den Römischen Verträgen sollten Wettbewerbs- und Handelsbeschränkungen in der Gemeinschaft abgebaut und eine gemeinsame Linie im Außenhandel gefunden werden. Nahrungsmittel waren damals in vielen Ländern noch knapp und die Pro-Kopf-Einkommen der Landwirte niedrig. Um das zu ändern und die Bevölkerung ausreichend und zu »angemessenen Preisen« zu versorgen, einigten sich die Vertreter Deutschlands, Frankreichs, Italiens und der Benelux-Staaten auf Grundzüge einer »Gemeinsamen Agrarpolitik« (GAP).

Ziel war, die Produktivität in der Landwirtschaft deutlich zu steigern. Dabei waren die nationalen Interessen sehr unterschiedlich gelagert, denn die Startbedingungen für den Weg in die Gleichheit waren äußerst ungleich. In Deutschland oder Italien bewirtschafteten die Bauern kleine und mittlere Familienbetriebe. In Frankreich, Belgien und Holland dagegen gab es bereits spezialisierte, große Agrarfabriken, die mit modernsten Methoden arbeiteten.

Auch der Anteil an landwirtschaftlicher Nutzfläche war sehr unterschiedlich. Die kleinen, intensiv wirtschaftenden Benelux-Staaten verfügten über rund sechs Prozent des europäischen Acker- und Weidelandes, Deutschland und Italien dagegen mit vielen Kleinbauern über 19 bzw. 28 Prozent. Frankreich dominierte seine europäischen Partner mit modernsten Produktionsmethoden und größter Agrarfläche: 47 Prozent.

Der Anteil der in der Landwirtschaft Beschäftigten nahm von Norden nach Süden zu: In Belgien waren es knapp neun Prozent, in den Niederlanden zwölf, in Deutschland 14, in Luxemburg 17, in Frankreich 22 und in Italien 33. Vom nördlichsten Zipfel Deutschlands bis zur Südspitze Siziliens variierten entsprechend dem Klima, der Bodenbeschaffenheit und den Ernteerträgen auch die Preise stark: In den Benelux-Ländern reiften auf einem Hektar Land 41 Doppelzentner Weizen, der zwischen 30 und 40 Mark erbrachte. In Deutschland fuhren die Bauern gute 20 Prozent weniger ein für etwas mehr Geld pro Doppelzentner (42 Mark). Genausoviel erhielten auch die Italiener, die aber weniger als die Hälfte (18 Doppelzentner) vom belgischen Ertrag aus einem Hektar herausholten. Diese Unterschiede zu nivellieren war keine leichte Aufgabe: Die Zitrusbauern im Süden, die Bergbauern in Bayern oder die industrialisierten Großbauern in Frankreich hatten alle unterschiedliche Sorgen und Wünsche.

Zwischen Frankreich und Deutschland, die ihre historische Rolle als »Erbfeinde« gerade mühsam überwunden hatten, kam es in der neuen Wirtschaftsgemeinschaft deshalb rasch zum Konflikt. Die Franzosen waren sehr an einem gemeinsamen Agrarmarkt ohne Zölle interessiert. Sie hofften, mit ihren großen Produktionsreserven und niedrigen Preisen (ein Doppelzentner Weizen war dort im europäischen Vergleich am billigsten) einen Großteil des gemeinsamen Marktes zu erobern. Deutschland dagegen wollte mit hohen Getreidepreisen seine Bauern schützen und lieber Industriegüter verkaufen.

Ende 1958 hatte sich die Sechsergruppe geeinigt – auf einen gemeinsamen Markt, gegenseitige Finanzhilfe und gemeinsame Kasse. Landwirtschaftliche Produkte der EWG sollten bevorzugt werden: Importeure, die außerhalb der Gemeinschaft Waren einkauften, mußten als Ausgleich für deren niedrigeren Preis eine Abgabe, die »Abschöpfung«, bezahlen. Diese Abschottung nach außen, die viele Jahrzehnte die europäische Agrarpolitik bestimmen sollte, geschah auf Druck der deutschen Landwirte. Diese standen, so der Agrarwissenschaftler und damalige Berater der Bundesregierung Hermann Priebe, »in Abwehrstellung zum freien Warenaustausch«. So trat die Bundesrepublik zwar als Befürworterin der Sozialen Marktwirtschaft in die EWG ein, doch was die Landwirtschaft anging, setzte sie Protektionismus durch. »Die deutsche Politik«, so Priebe heute, »hat dadurch wesentlich zu den Fehlentwicklungen der gemeinsamen Agrarpolitik beigetragen.«

Wichtigstes Instrument der neuen Marktordnung waren Einkommensbeihilfen für die Landwirte. Diese wurden jedoch nicht direkt an die Betriebe ausbezahlt. Statt dessen setzte die Kommission jährlich einheitliche Mindestpreise für Produkte fest, an denen es noch mangelte: Getreide, Butter, Milch und Fleisch. Das Geld dafür stellte ein Europäischer Ausrichtungs- und Garantiefonds für die Landwirtschaft (EAGFL) zur Verfügung. Agrarprodukte, die aus Ländern außerhalb der Gemeinschaft stammten, durften nicht unter den im Binnenmarkt geltenden Preisen verkauft werden. Mit dieser Subventionspolitik wurde die landwirtschaftliche Produktion weitgehend unabhängig von der Nachfrage.

Von nun an konnten die Bauern ohne Absatzsorgen in unbegrenzten Mengen produzieren. Die Preise waren gesichert, die Abnahme durch den Staat garantiert und die unliebsame Konkurrenz praktisch ausgeschaltet. Konnte die Ware wegen eines Überangebots nicht verkauft werden, dann sprang die Gemeinschaft ein und »intervenierte«: Sie kaufte überschüssige Ware auf und packte sie in Lagerhallen, um sie bei günstigerer Absatzlage erneut in der EWG anzubieten oder auf dem Weltmarkt zu verkaufen.

Die Erfolge der neuen Agrarordnung ließen nicht lange auf sich warten. Mit den EWG-Geldern, die reichlich flossen, hielt der technische Fortschritt Einzug in die Landwirtschaft. Es wurde modernisiert und rationalisiert. Das Pferd wich dem Traktor, der Traktor leistungsfähigeren Landmaschinen, und der großzügige Einsatz von Dünge- und Pflanzenschutzmitteln steigerte die Erträge. Die Produktivität stieg rasch. Vor 40 Jahren konnte ein Bauer etwa 25 Doppelzentner Weizen pro Jahr aus einem Hektar Ackerland erwirtschaften, heute sind es zweieinhalbmal so viel: 65 Doppelzentner. Auch das Vieh wurde durch Kraftfutter und gezielte Zucht zu Hochleistungsmaschinen: Ein Huhn legte vor 40 Jahren 140 Eier pro Jahr, heute produziert es über 300. Und eine Milchkuh lieferte damals 3.000 Liter Milch, heute mehr als 6.000 Liter.

Produktivität

pro Jahr	1956	1996
Weizen pro Hektar (Doppelzentner)	25	65
Eier pro Huhn	140	über 300
Milch pro Kuh (Liter)	3.000	über 6.000
ein Bauer ernährte (Menschen)	5	über 60

In der ersten Phase der EWG-Landwirtschaftspolitik, zwischen 1957 und 1968, wuchs der Ernteertrag jährlich um 3,3 Prozent - obwohl die Anbaufläche gleich blieb. Die Produktivität der im Agrarsektor Beschäftigten erhöhte sich sogar um 7 Prozent und überrundete damit das Wachstum der Industrie. Immer weniger Bauern erbrachten immer mehr Leistung: Im Jahre 1958 waren noch rund 16 Millionen Menschen in der Landwirtschaft tätig, 1967 bereits ein Viertel weniger. Das Bauernsterben begann. Heute sind in den sechs Gründungsländern der EWG nur noch knapp vier Millionen Menschen im Agrarsektor tätig (siehe Grafik Seite 22).

Die Subventionswirtschaft funktionierte zu gut. Bald konnten sich die EWG-Staaten nicht nur mit fast allen Agrarprodukten selbst versorgen, sondern sie produzierten Überschüsse. Auf einem freien Markt hätte die fehlende Nachfrage ein sinkendes oder verändertes Angebot zur Folge gehabt. Nicht aber in der subventionierten Agrarordnung. Die Landwirte in der Gemeinschaft produzierten weiter.

Bauernsterben

in den sechs Gründungsländern der EG (Erwerbspersonen in Tausend)

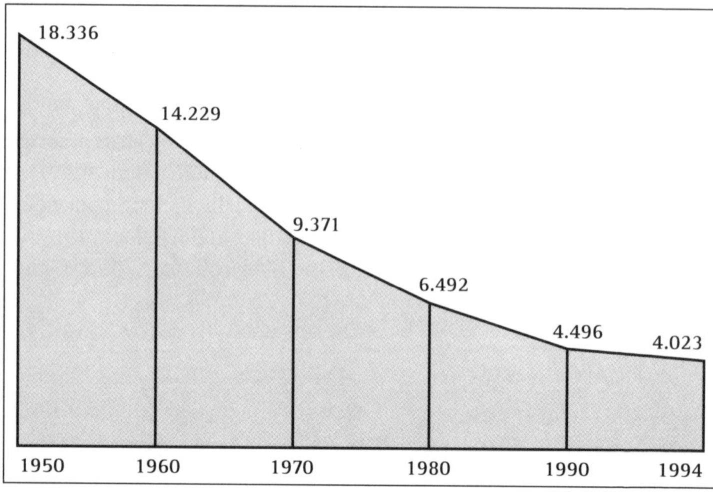

Quelle: Europäische Kommission

Jahr um Jahr wuchsen die Milchseen, die Butterberge, die Getreidehalden und die Rindfleischvorräte.

Durch Export konnten die Überschüsse nicht beseitigt werden, denn die europäischen Produkte waren zu teuer für den Weltmarkt. Also wurde auch hier mit Subventionen nachgeholfen, um die Ausfuhr anzukurbeln. Diese Politik wurde Jahrzehnte fortgesetzt und stieß immer wieder auf heftige Kritik. Europäische und nationale Organisationen, die sich für den Erhalt der bäuerlichen Landwirtschaft und einen fairen Handel mit Drittländern einsetzten, prangerten die Überschußexporte an. In Afrika zum Beispiel wurde hochsubventioniertes Tiefkühl-Rindfleisch zu Dumpingpreisen auf den Markt geworfen, was die regionale Viehwirtschaft unter Druck setzte, die gleichzeitig mit europäischer Entwicklungshilfe gefördert wurde. Noch 1991 zahlte die EG fast 2.000 Millionen Mark an Exportbeihilfen, um in Westafrika Fleisch für nur 50 Millionen Mark abzusetzen.

Preisgarantien und Subventionen seien nur dann sinnvoll, wenn sie bei saisonalen Schwankungen einen Preisverfall verhindern oder die Ernährung in Katastrophen- und Krisenfällen sicherstellen können, kritisiert die Arbeitsgemeinschaft bäuerliche Landwirtschaft

(AbL), deutsches Mitglied der europäischen Bauernkoordination (CPE). Sie dürften jedoch kein Instrument sein, um durch bewußten Preisdruck Überschüsse auf dem Weltmarkt loszuwerden.

Mit den Lebensmittelbergen wuchsen die Kosten, die schwer auf den Haushalt der Gemeinschaft drückten. 1968 zog die Kommission zum ersten Mal Bilanz. Allein zwischen 1960 und 1967 hatten sich die Ausgaben für die Landwirtschaft der EWG mehr als verdoppelt. Von dem Geldregen profitierten auch Großhändler, Transporteure und Besitzer von Lagerhallen. Sie kassierten einen immer größeren Anteil des Subventionskuchens. Der Hauptanteil jedoch ging in »Strukturverbesserungen« auf dem Land: in Flurbereinigung, Güterwege und Straßen, Trinkwasser- und Abwasserversorgung, Bewässerungsanlagen, Telefon und Elektrizität. Die Alters-, Kranken- und Unfallversicherung der Bauern wurde verbessert. Doch ihr Pro-Kopf-Einkommen hatte sich kaum erhöht: 80 Prozent der Ausgaben der Agrarförderung landeten bei nur 20 Prozent der landwirtschaftlichen Betriebe. Die Mehrzahl der Bauern war arm geblieben.

Großbauern gegen Kleinbauern

Nur diejenigen Bauern profitierten von den Subventionen, die ihren Betrieb rationalisierten und intensivierten. Kleinere und mittlere Höfe, die mit der technischen Entwicklung nicht Schritt halten konnten, hatten das Nachsehen. Denn die Förderung der Gemeinschaft orientierte sich nicht an der Qualität ihrer Ernte, sondern an der Menge. Während ein kleiner Teil der Landwirte ungehindert hohe Überschüsse produzierte, blieb ein Großteil der anderen auf der Strecke. In den 60er Jahren gab jeder dritte Bauer seinen Hof auf.

Struktur der Höfe in Deutschland

Anzahl der Höfe	unter 20 ha	über 50 ha
1960	1.246.924	16.311
1971	829.965	21.140
1988	459.671	42.794
1995	332.100	61.200

Quelle: Bundesministerium für Landwirtschaft

Die Struktur der Höfe änderte sich. Die Anzahl der kleinen Höfe nahm ab und die der großen Betriebe nahm zu.

Die Fortschrittsmaschine lief weiter. »Mehr Produktivität« forderte der Deutsche Bauernverband. Um den Bauern ein angemessenes Einkommen zu sichern, müsse rationalisiert und zentralisiert werden, hieß es. Wer das nicht könne, sollte sich einen Nebenerwerb suchen.

Auch der damalige Agrarkommissar Sicco Mansholt war der Ansicht, daß es immer noch zu viele kleine und unwirtschaftlich arbeitende Höfe gab, die meisten davon Einmannbetriebe. 1968 legte er der Gemeinschaft einen Plan vor, der die Landwirtschaft innerhalb eines Jahrzehnts völlig umkrempeln sollte.

Aus der Fusion der EWG mit der europäischen Atom- und der früheren Montanunion war inzwischen die »EG« entstanden, deren Kommission als Exekutive mehr Einfluß erhielt. Gestärkt durch die neue politische Macht wollte Agrarkommissar Mansholt neue Fakten schaffen: Die unproduktiven Betriebe sollten endlich vom Markt verdrängt werden. 80 Prozent seien zu klein, kritisierte er, angesichts der Tatsache, daß »mit Hilfe moderner Produktionstechniken eine Arbeitskraft ohne weiteres 30 bis 40 Hektar Ackerland bewirtschaften oder 40 Kühe versorgen kann«. Viele Bauern seien »zu alt«, bemängelte auch die Kommission, um sich »an die Marktbedingungen« anzupassen. Der Prozeß der Betriebskonzentration verlaufe »unglücklicherweise sehr langsam; er ist völlig unzureichend«.

Mit Prämien, Abschlachtgeldern für das Vieh und Sonderzahlungen sollte der Ausstieg aus dem Landleben versüßt werden. Ältere Bauern wurden in den Vorruhestand geschickt, jüngere in anderen Wirtschaftszweigen untergebracht.

Ziel war europaweit eine voll industrialisierte und entsprechend spezialisierte Landwirtschaft. Eine moderne Produktionseinheit für Getreide, so die Vorstellung der Agrarpolitiker, mußte mindestens 80 bis 120 Hektar umfassen. Milchbauern sollten nicht weniger als 40 bis 60 Kühe halten. Mastbetrieben wurden 150 bis 200 Rinder oder 450 bis 600 Schweine anempfohlen. Eierfarmen, die weniger als 10.000 Legehennen zählten, galten als unwirtschaftlich. Der angestrebte Konzentrationsprozeß sollte die Agrarflächen in der Gemeinschaft binnen zwölf Jahren um mindestens sieben Prozent schrumpfen lassen (von 71 auf 66 Millionen Hektar), die Zahl der dort Beschäftigten sogar halbieren: von zehn auf fünf Millionen.

Der »Mansholt-Plan« löste europaweit große Empörung aus, vor allem aber in Deutschland. Er sei die absurde Idee eines überspannten Technokraten, viele Millionen Menschen auf dem Land würden ihre Arbeit und ihre Existenz verlieren, kritisierten Sozialpolitiker und Bauernvertreter. Gewachsene ländliche Strukturen würden einer Großbauern-Ideologie geopfert. Das Konzept sei »wirtschaftlich nicht notwendig und gesellschaftspolitisch gefährlich«, warnte der Bauernverband. Der Reformversuch wurde verworfen.

Doch nur offiziell. Denn als sich der Sturm der Empörung gelegt hatte, setzte die Kommission ihre Agrarpolitik durchaus im Sinne Mansholts fort. Nur Bauern, die ein bestimmtes Mindesteinkommen hatten, wurden noch als förderungswürdig anerkannt. Wer hatte, dem wurde gegeben. »Wachsen oder weichen« war das Motto, das besonders von dem damaligen deutschen Landwirtschaftsminister Josef Ertl (FDP) unterstützt wurde.

Größere Produktionseinheiten, so die Theorie, ließen sich agrarpolitisch besser kontrollieren und lenken. Die wirtschaftliche Flurbereinigung war erfolgreich: Allein in Deutschland verschwanden in zehn Jahren (1970 – 1980) sechs von zehn Bauern von der agrarpolitischen Bildfläche.

Erwerbspersonen

in der deutschen Landwirtschaft (in Tausend)

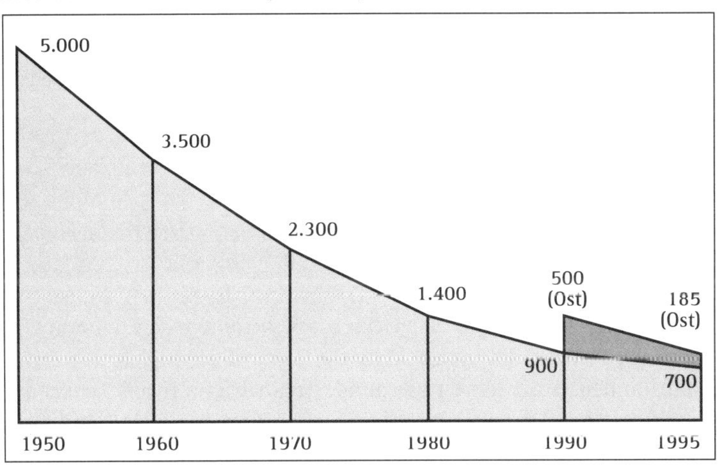

Doch was die Kontrolle der Ernteerträge anging, war das neue Programm nicht so erfolgreich. Im Gegenteil: Die Produktion lief aus dem Ruder. Obwohl die Zahl der Bauern abnahm, stiegen die Überschüsse weiter. Eine absurde Situation: Aus der einen Tasche finanzierte die EG die Leistungssteigerung und aus der anderen die Beseitigung ihrer Überschüsse. Nach heftiger Kritik in der Öffentlichkeit wurde Ertls Programm Anfang der 80er Jahre wieder eingestellt.

Damals wurden die Grundlagen für eine intensive, industrialisierte Landwirtschaft gelegt und bis heute im Grundsatz nicht wieder revidiert. So veränderte der Anspruch, möglichst viel Masse zu produzieren, die Auswahl der Pflanzensorten und Tierrassen, sie verlangte auch den immer höheren Einsatz von Chemikalien. Zum Beispiel wurden, um den Ertrag zu steigern, kurzhalmige Getreidesorten gezüchtet, die, weil sie eng stehen, sehr anfällig für Pilzkrankheiten sind und deshalb mit Fungiziden behandelt werden. Der Einsatz von Düngemitteln vervielfachte sich: Zwischen 1970 und 1980 erreichte der Verbrauch an Stickstoffdünger seinen absoluten Höhepunkt in diesem Jahrhundert: Bis zu 128 Kilogramm Kunstdünger wurden auf einem Hektar Fläche ausgebracht, das Fünffache der Menge von 1950. (Inzwischen sind die Zahlen durch strengere gesetzliche Bestimmungen wieder gesunken, auf etwa 100 Kilo). In den Zentren der Massentierhaltung, im niederländischen Noord-Brabant, im belgischen Flandern, in der französischen Bretagne sowie im niedersächsischen Bezirk Vechta-Cloppenburg, fiel soviel Gülle an, daß die landwirtschaftlichen Flächen nicht mehr ausreichten, sie als Nährstoff aufzunehmen. Der Boden konnte den Stickstoff aus den Exkrementen nicht mehr verarbeiten, er sickerte ins Grundwasser.

Der wachsende Binnenmarkt vergrößerte diese Probleme. 1973 kamen Dänemark, Irland und Großbritannien zur EG, acht Jahre später Griechenland. Die Bevölkerungszahl nahm um über 76 Millionen Menschen zu, die Fläche um 488 Quadratkilometer. Das Handelsvolumen aus Ernährungs- und Landwirtschaft verdreifachte sich (1973: 15,3 Mrd. ECU, 1981: 42,3 Mrd. ECU*).

Durch die Erweiterung der Gemeinschaft hatte sich die landwirtschaftlich genutzte Fläche um knapp ein Drittel vergrößert. Die Newcomer brachten alle eine bedeutende Landwirtschaft mit – und die entsprechenden Überschüsse: Irland saß auf Bergen von Rindfleisch

*1 ECU enspricht ca. DM 2,-

und Butter, Dänemark dazu noch auf Zucker, und Großbritannien produzierte weit mehr Getreide, als das Inselreich verbrauchen konnte. Der Fleiß der Landwirte wurde durch den vergrößerten Absatzmarkt sogar noch angekurbelt. Zum Beispiel in Großbritannien: Angelockt durch die hohen Preise, die von Brüssel garantiert und mit nationalen Subventionen unterstützt wurden, bauten die Briten – allen Überschüssen zum Trotz – nun noch emsiger Getreide an. Schon nach wenigen Erntejahren verkündete der britische Landwirtschaftsminister stolz, daß die Weizenerträge um 60 Prozent gestiegen waren: »Seit wir 1973 der Europäischen Gemeinschaft beitraten, haben unsere Farmer mit weniger Arbeitskräften mehr produziert. Wir haben besser abgeschnitten als unsere europäischen Nachbarn.«

Anfang der 80er Jahre mußte die EG erneut ihre Agrarpolitik reformieren. Unter anderem wollte sie mit der Einführung von Melkquoten die Milchseen trockenlegen. Zwei Millionen Milchbauern in der Gemeinschaft sollten dazu verpflichtet werden, nicht mehr zu liefern, als in der Gemeinschaft auch verbraucht wurde. Dazu errechnete die Kommission auf der Basis früherer Mengen den vermutlichen Absatz und wies den einzelnen Mitgliedsstaaten Quoten zu. Diese teilten sie auf ihre Milchbauern auf. Wer mehr Milch als die erlaubte »Referenzmenge« ablieferte, mußte Strafe zahlen, eine »Mitverantwortungsabgabe«.

Dieser Plan war von vornherein zum Scheitern verurteilt. Die Milchbauern – geübt auch im Melken von Subventionskühen – produzierten bis zum Stichtag am 1. April 1984 mehr Milch denn je. Wer bis dahin große Mengen lieferte, konnte sich so eine hohe Quote sichern. Nur die kleinen Betriebe gaben rasch auf: Zwischen 1983 und 1985 resignierten in Deutschland 34.000 Bauern, viele verkauften oder vermieteten ihre Quoten an andere. Die Großbetriebe mit mehr als 60 Kühen dagegen legten deutlich zu: um rund 1.300 Milchproduzenten, mehr als ein Viertel Zuwachs. Die Milchmengen sanken dadurch nur unwesentlich. Die Zahl der Kühe vermehrte sich sogar – um 0,8 Prozent.

In den Kühl- und Lagerhäusern der EG stapelten sich Butter und Milchpulver. Subventioniertes Fett landete als Grundstoff in der Farben- und Kosmetikindustrie sowie als »Weihnachts-« oder »Interventionsbutter« billig auf dem Markt. Die Verbraucher griffen freudig zu, wodurch sich die frische Ware zu neuen Stapeln aufhäufte.

1985 berieten die Staats- und Regierungschefs der EG in Mailand zum ersten Mal über den Weg in die Europäische Union. Ihr Ziel – ein Wirtschaftsraum ohne jede Grenze, in dem sich Menschen, Waren, Kapital und Dienstleistungen frei bewegen konnten – stieß nicht auf ungeteilte Zustimmung. Zwei Jahre später begrüßten 20.000 Bauern die Kommissare mit einem Pfeifkonzert, als diese in Bonn das dreißigjährige Jubiläum der EG-Agrarpolitik feierten. »Raus aus der EG« stand auf den Transparenten, oder, noch drastischer, »EG – Aids der deutschen Landwirtschaft«.

Der Zorn der Bauern war verständlich: Über Jahrzehnte hatte die Europäische Kommission versucht, den krisengeschüttelten Agrarmarkt mit immer denselben Mitteln zu stabilisieren: mit staatlich festgesetzten Mindestpreisen, Ankauf von Überschüssen und Schutz vor Auslandskonkurrenz. Und obwohl deutlich erkennbar war, daß diese Politik nicht den gewünschten Erfolg hatte, fand keine grundsätzliche Kursänderung statt. Reform folgte auf Reform, doch keine wagte es, den Zickzackkurs zwischen Protektionismus und Freihandel zu ändern. »Die einen wollten die Quote, die anderen die unbegrenzte Produktion. Die einen den Strukturwandel, die anderen den bäuerlichen Traditionsbetrieb«, kritisiert Rudolf Wolffram, Professor am Institut für Agrarpolitik der Universität Bonn, im Rückblick. »Diese widersprüchlichen Ziele der Interessengruppen ließen sich nicht unter einen Hut bringen!«

Die Kosten der Landwirtschaftspolitik der Gemeinschaft hatten sich von 1970 bis 1986 versechsfacht. Die Mitgliedsstaaten, zu denen inzwischen auch Spanien und Portugal gehörten, bekamen Probleme mit der Finanzierung. Ein neuer Reformversuch von 1988 änderte jedoch nichts an der Subventionswirtschaft. Nur ihre Palette wurde erweitert: Jetzt sollten auch diejenigen Landwirte von der EG unterstützt werden, die bereit waren, Flächen stillzulegen. Selbst der ökologische Landbau – bis dahin Feindbild der Bauernfunktionäre – wurde plötzlich als Retter bemüht und entsprechend gefördert. Mit einer Kursänderung hatte das nichts zu tun: »Man wollte das Mengenproblem in den Griff bekommen, sonst nichts«, sagt Lutz Ribbe von der Umweltorganisation Euronatur.

1991 zog die Kommission eine ernüchternde Bilanz. Nur zwei Prozent der landwirtschaftlichen Fläche war inzwischen stillgelegt worden. Auf den restlichen 98 Prozent jedoch hatte die Produktivität sogar noch zugenommen. Der ökologische Anbau war europaweit im Experimentierstadium steckengeblieben. Nur in Deutschland hatte sich die Zahl der ökologisch anbauenden Betriebe fast verdoppelt. Dennoch wurden dort insgesamt nur zwei Prozent der gesamten Agrarfläche umweltfreundlich und giftfrei bewirtschaftet.

Viele der Landwirtschaftlichen Produktionsgenossenschaften der ehemaligen DDR suchten eine Marktchance im Bio-Anbau auf riesigen Flächen und zu günstigeren Preisen als im Westen. Durch die Wiedervereinigung hatte sich die landwirtschaftlich genutzte Fläche in Deutschland von 12 Millionen auf 17 Millionen vergrößert – jetzt arbeiteten wieder gleich viele Menschen auf dem Land wie 1980, nämlich 1,4 Millionen. Die Arbeitsteilung war klar: Die Bauern im Westen produzierten vor allem Fleisch und Milch, die im Osten Getreide, Hack- und Ölfrüchte. Der Zuwachs aus dem Osten schürte bei den Westbauern Konkurrenzängste: Auf den großen Agrarflächen der neuen Bundesländer konnte billiger produziert werden; die Massenproduktion brachte zudem höhere Subventionen als im Westen. »Bei den Landwirten in den alten Ländern«, sagt Erwin Reuß, Pressesprecher des Bundeslandwirtschaftsministeriums, »ist die Stimmung gedrückt.«

Der Wert bäuerlicher Arbeit hat sich in mehr als vier Jahrzehnten europäischer Agrarpolitik drastisch reduziert: 1960 kostete ein VW Käfer rund 6.000 Mark, die Arbeitsstunde eines Landmaschinenmechanikers 6 Mark, und die Bauern bekamen 42 Pfennige für ein Kilo Weizen. Heute kostet ein Kleinwagen das Dreifache, die Mechanikerstunde das Zehnfache, der Bauer aber bekommt für das Kilo Weizen nur noch die Hälfte.

Fit für den Weltmarkt?

Inzwischen standen nicht nur die Probleme der Europäischen Gemeinschaft, sondern der ganzen Welt auf der Tagesordnung. In der »Uruguay-Runde« verhandelten Anfang der 90er Jahre 117 Länder über eine Novelle des Allgemeinen Zoll- und Handelsabkommens. Das neue »General Agreement on Tariffs and Trade«, kurz GATT, sollte einen globalen Markt schaffen, der nicht länger durch Handelshemmnisse wie Zölle oder Subventionen behindert würde.

Die europäischen Wirtschaftspolitiker waren wie die anderen Teilnehmer der Uruguay-Runde sehr an der weiteren Liberalisierung des Welthandels interessiert, um neue Absatzmärkte zu erschließen. Sie wurden jedoch von den Vertretern der anderen Staaten kritisiert, daß sie selbst ihren Agrarmarkt für Importe aus anderen Ländern abschotteten und hohe Exportsubventionen zahlten. Um Handelskonflikte mit dem mächtigen Konkurrenten USA zu vermeiden und die GATT-Ziele zu erfüllen, verpflichtete sich die EG, diese Zuschüsse stufenweise zu senken und sich mit ihren Garantiepreisen dem internationalen Preisniveau anzunähern.

Parallel zu den Verhandlungen wurde der europäische Binnenmarkt eröffnet. Am 7. Februar 1992 unterzeichneten die Mitgliedsstaaten im niederländischen Maastricht den »Vertrag über die Europäische Akte« (Maastricht I). Im folgenden Jahr waren die »Europäische Union« (EU) und ihre riesige Freihandelszone realisiert.

Die Aussicht auf den bevorstehenden Abschluß der GATT-Verträge brachte zum ersten Mal eine Spur von Wettbewerb in die Landwirtschaftspolitik. Denn auf dem Weltmarkt hatte die alte Subventionswirtschaft keine Chance. Die neugeschaffene Union mußte deshalb die Agrarwirtschaft erneut reformieren. Die Interventionspreise wurden stufenweise gesenkt und dem internationalen Preisniveau angeglichen. Die dadurch entstehenden Einkommenseinbußen der Bauern wurden durch direkte Ausgleichszahlungen kompensiert. Getreidebauern mußten sich, wenn die Überschüsse trotzdem noch zu hoch waren, außerdem verpflichten, einen Teil ihrer Anbaufläche stillzulegen. Programme für den Anbau nachwachsender Rohstoffe, Aufforstung oder Agrotourismus sollten den Landwirten neue Einnahmequellen bringen. Nach Jahrzehnten der Förderung der intensiven Landwirtschaft wurde für kleine Betriebe nun plötzlich das Gegenteil propagiert: die Extensivierung – weniger Produkte, die mehr Qualität bieten sollten.

Die Reaktion auf den neuen Kurs war vernichtend: Agrarexperten kritisierten, daß die Überschüsse dadurch nicht gesenkt würden. Umweltschützer und Bauernorganisationen betonten, daß der Zwang, hochproduktiv zu wirtschaften, erhalten bleibe. Von den Ausgleichszahlungen für stillgelegte Flächen profitierten wieder nur die großen Betriebe, die ihre Produktionseinbußen durch intensive Landwirtschaft wettmachten. »Es muß deutlich weniger produziert werden und zwar zu vernünftigen Preisen«, betonte Georg Janßen, Bundesgeschäftsführer der Arbeitsgemeinschaft bäuerlicher Landwirtschaft (AbL). »Die Abhängigkeit der Landwirte von der öffentlichen Hand ist auf Dauer keine Perspektive.«

Landwirtschaftsminister Jochen Borchert (CDU) verteidigte die Reform: Die Überschüsse hätten sich in zwei, drei Jahren drastisch vermindert, das Preisniveau sei stabil und die landwirtschaftliche Erzeugung umweltfreundlicher geworden. Tatsächlich hatten sich die Getreideüberschüsse jährlich nahezu halbiert. Das lag daran, daß wegen der sinkenden Preise Getreide verstärkt an Vieh verfüttert wurde. Auch wurde das Angebot auf dem Weltmarkt knapp, der Bedarf vieler Schwellenländer, vor allem Chinas, hatte zugenommen.

Milch blieb dagegen ein Problem. Von den 100 Millionen Tonnen, die an die EU-Molkereien abgeliefert wurden, landete immer noch ein Zehntel subventioniert in Drittländern und ein weiteres verbilligt als Butterfett in der Eiscreme- und Backwarenindustrie. Rindfleisch mußte wegen des BSE-Skandals wieder in großen Mengen eingelagert werden. Insgesamt hat die Reform zwar die Überschußmengen verringert, sie hat aber die EU-Ausgaben für die Landwirtschaft nicht reduziert.

Am 1. Juni 1995 traten die neuen GATT-Verträge in Kraft. Die World Trade Organization (WTO), die GATT-Nachfolgeorganisation, wacht seither als oberste Instanz über den Welthandel. Im Jahr 2000 werden bei der nächsten Runde der GATT-Verhandlungen die Märkte weiter liberalisiert werden. Das bedeutet auch für die Landwirtschaft mehr Wettbewerb. Der Agrarkommissar der EU Franz Fischler sieht dabei die Chance der europäischen Bauern in einer »intelligenten Marktpolitik«: »Wir wollen nicht die Weltmeister in Magermilchpulver und Standardbutter werden. Rohprodukte werden aufgrund unseres hohen Lohnniveaus nie wettbewerbsfähig sein. Ohne eine Veredelung ist die Wertschöpfung für europäische Produkte zu gering. Die Stärke Europas ist also zum Beispiel der Käse.«

Fischler kritisiert, daß den zwingenden Folgen des GATT-Abkommens gerade in Deutschland nur »wenig Aufmerksamkeit gewidmet« werde. Die Bonner Landwirtschaftsminister hatten seit dem Start der Gemeinschaft immer nur das eine Ziel: in Brüssel möglichst hohe Erzeugerpreise durchzusetzen und diese durch eine ausgetüftelte Mischung von Stützungskäufen, Einfuhrabgaben und Mengenbeschränkungen zu stabilisieren. Diese deutsche Hochpreispolitik trägt einen Großteil Schuld an den horrenden Überschüssen der Gemeinschaft.

Während Agrarkommissar Fischler die europäische Landwirtschaft für den Sprung auf den Weltmarkt fit machen will, schottet die EU dennoch ihren eigenen Markt weiterhin gegen ausländische Billigkonkurrenz ab. Bei Verträgen und Abkommen klammert sie wichtige Bereiche aus und beugt sich immer wieder den nationalen Interessen ihrer Mitglieder. Bei einem Handelsabkommen mit Polen zum Beispiel akzeptierten die Franzosen die Einfuhr von Schaffleisch aus dem Osten nicht. Die deutsche Kartoffellobby machte Druck auf die Bonner Regierung, als es um den freien Handel mit den baltischen Staaten ging. Nelson Mandela fand verschlossene Türen, als Obst und Wein aus Südafrika in die EU importiert werden sollten. Bonn und Paris, die Erzprotektionisten, drängten darauf, einer ganzen Reihe von Waren aus dieser jungen Demokratie den freien Zugang zum EU-Markt zu versperren.

Währenddessen, kritisierte Bauernvertreter Janßen, werde der russische Markt zu Dumpingpreisen mit europäischen Agrarprodukten überschwemmt: »Das schadet den russischen Bauern und uns auch!« Bauernorganisationen aus Europa und Afrika kritisierten in der »Krefelder Erklärung« 1994 auch das GATT-Abkommen. Es berücksichtige nicht die Bedürfnisse der ärmeren Länder. Die Subventionswirtschaft Europas sei nur formell aufgegeben worden und existiere unter der Hand weiter: Die Einkommensbeihilfen für die Bauern in den reichen Ländern wirkten sich ähnlich aus wie die Zuschüsse früher. Die armen Bauern des Südens dagegen »stehen ohne Schutz da«.

Daß diese Einschätzung richtig ist, zeigt ein neuerlicher Fall von Agrardumping. Ende 1996 wandte sich der namibische Verband der Fleischhersteller (Meet Producers Association of Namibia) an das Forum Umwelt & Entwicklung deutscher Nichtregierungsorganisationen. Sie baten um Unterstützung gegen den Import von billigem Rindfleisch aus der EU. Um ihren Markt zu entlasten, hatte die Kommission nämlich die Exportbeihilfen für Ausfuhren von Rindfleisch ins südliche Afrika erhöht. Dadurch steigerte sich der Export dorthin von 27.000 Tonnen im Jahre 1994 auf 42.500 Tonnen 1996. Dieses Dumping hat Auswirkungen auf die ganze südafrikanische Region. In Nordnamibia zum Beispiel sank die Anzahl der Rinderschlachtungen im ersten Halbjahr 1996 um fast 40 Prozent. Dabei fördert die EU seit einigen Jahren für mehrere Millionen ECU die Entwicklung der Rindfleischvermarktung in Namibia – ein »Entwicklungsprojekt«, das sie nun für den Absatz von europäischem Interventionsfleisch mißbrauchte.

Die Landwirtschaft der EU ist wie die vieler anderer Staaten weder wettbewerbsfähig noch im Gleichgewicht. Sie wird durch die Öffnung gegenüber Osteuropa enorm unter Druck geraten. Agrarkommissar Franz Fischler erklärte 1997 auf der Grünen Woche, die Kosten für die Marktstützung würden dann zusätzlich 12 Milliarden ECU pro Jahr betragen – das seien etwa 30 Prozent der heutigen Ausgaben für diesen Bereich.

Die europäischen Landwirte werden es schwer haben. Ein harter Wettbewerb steht bevor. Die EU-Kommission, prognostiziert Antonius Nienhaus von der deutschen Marketinggesellschaft der Landwirte (CMA), werde »auf allen Sektoren das Weltmarktpreisniveau anstreben«. Das heißt auch, daß dann Angebot und Nachfrage die Produktion bestimmen und nicht mehr Beihilfen und Prämien. Weitere Bauern werden ihren Beruf an den Nagel hängen müssen. EU-Kommissar Fischler: »Der Landwirt ist Unternehmer und muß als solcher handeln. Er muß den Strukturwandel hinnehmen. Die heutige Zahl von rund 7,5 Millionen Bauern in der EU ist nicht unantastbar.«

Der Konzentrationsprozeß schreitet weiter voran. Die Deutsche Landwirtschaftsgesellschaft in Frankfurt, ein Interessenverband der Bauern, sieht die Zukunft ungeschminkt: Die Milchbauern müßten sich einen »Standort mit den größten produktspezifischen Vorteilen« suchen, also auch größere Betriebseinheiten gründen und modernste elektronische Technik nutzen. Im Klartext heißt das: Nur noch Milchfabriken haben eine Chance.

Kleine und mittlere Betriebe werden vermutlich nur dann überleben können, wenn sie – zu höheren Preisen – mehr Qualität produzieren. »Der verängstigte Verbraucher kehrt in seine Nachbarschaft oder Region zurück und gibt den wohlbekannten heimischen Spezialitäten seine Präferenz«, erwartet Antonius Nienhaus von der CMA. Nahrungsmittel, so wünsche sich der Verbraucher, müßten im Einklang mit der Natur erzeugt werden – das bedeute kurze Wege, sanfte Tierhaltung und Schonung der natürlichen Ressourcen. »Die Herkunft der Lebensmittel erhält eine nie dagewesene Bedeutung.«

Moral auf Europäisch

ODER Chacun à son goût

Europa ohne Grenzen. Wie wunderbar ist es, unbehelligt von Kontrollen und Formalitäten quer durch den Kontinent zu reisen, überall wohnen und arbeiten zu können. Doch von den Annehmlichkeiten der Europäischen Union profitieren auch Betrüger. Der riesige Binnenmarkt ist unübersichtlich geworden und kaum mehr zu kontrollieren. Ein idealer Platz, um ungestört Waren zu verschieben. Ein Paradies für Roßtäuscher und Subventionsschwindler. Ein Labyrinth für Steuerbehörden und Strafverfolger. Ein Terrain für trickreiche Hütchenspieler: Die Karte, die eben noch für Europa gespielt wurde, verschwindet unversehens unter einem Stapel nationaler Interessen.

Die Moral ist schlecht in der Gemeinschaft. Nicht zufällig führte der Konflikt um die englische Rinderkrankheit BSE zu einer politischen Krise der gesamten EU. Spät, zu spät rangen sich die Mitgliedsstaaten zu einer gemeinsamen Haltung gegenüber England durch. Längst war britisches Rindfleisch aus BSE-Herden in die ganze Welt exportiert worden und hatte, trotz offiziellen Einfuhrverbots in die EU, über den Umweg Nordirland, Frankreich und Italien auch den deutschen Markt erreicht – mit gefälschten Herkunftspapieren.

Wenn es um nationale Wählerstimmen oder um die Unterstützung der heimischen Wirtschaft geht, so zeigt das Beispiel BSE, wird die Solidarität gegenüber der Europäischen Gemeinschaft schnell hinderlich. Zu unterschiedlich sind noch immer die wirtschaftlichen und sozialen Gefüge, zu konkurrierend die politischen Interessen, zu groß die vielen Opfer für das Ziel der Währungsunion. Während die EU Normen für Motorradsattel, Bienenhonig oder die Erbsengröße vorschreibt, fehlen einheitliche Kriterien zur strafrechtlichen Ermittlung und Verfolgung von Betrügern.

Betrügen leicht gemacht

Betrug ist alltäglich in der Europäischen Union. Allein im Jahre 1995 ist ihr durch aufgedeckte Steuer- und Zollkriminalität ein Verlust von mehr als zwei Milliarden Mark entstanden. Doch das ist nur die Spitze des Eisbergs. Der wirkliche Schaden ist um ein Vielfaches größer. Der Präsident des Europäischen Rechnungshofes, Bernhard Friedmann, schätzt, daß über zehn Prozent der Haushaltsmittel der EU jährlich von Betrügern abgezockt werden. 1996 wären das etwa 15 Milliarden Mark gewesen. Wenn diese Zahlen nicht auf ein Mindestmaß reduziert würden, warnte Friedmann, könne Europa daran scheitern.

Besonders lukrativ ist der Subventionsbetrug. 90 Prozent des EU-Haushaltes werden als Zuschüsse ausbezahlt; allein die Hälfte davon fließt in die Landwirtschaft. Da werden Zollstempel entwendet und gefälscht, Versandpapiere und Rechnungen manipuliert, falsche Tiergesundheitszeugnisse vorgelegt, Beamte bestochen und Waren falsch deklariert oder nachts umgeladen. Während die Südländer am liebsten Wein, Olivenöl und Obst verschieben, konzentriert sich der Norden vorzugsweise auf den illegalen Viehhandel. »Neben hochbesteuerten Luxusgütern wie Zigaretten und Alkohol sind auch landwirtschaftliche Produkte bei Betrügern besonders begehrt«, sagt Jürgen Rump, beim Zollkriminalamt in Köln zuständig für Betrugsbekämpfung.

Zum Beispiel Ausfuhrschwindel: Pro Jahr zahlt die Gemeinschaft an die acht Milliarden ECU Zuschüsse, um die Nahrungsmittel, die sie erwirtschaftet hat, auch wieder los zu werden – außerhalb des Binnenmarktes. Die Exporteure erhalten »Ausfuhrerstattung«, um die im Vergleich zum Weltmarkt teureren EU-Produkte billiger anbieten zu können. Doch das Geschäft lohnt sich vor allem dann, wenn die Produkte gar nicht wirklich auf den Exportmärkten landen, sondern illegal in der EU verkauft werden. Und das Spiel funktioniert auch umgekehrt: Billige Importware wird mit Hilfe gefälschter Frachtpapiere zu EU-Gütern umdeklariert und auf dem gemeinsamen Markt teuer verkauft – der Einfuhrzoll wird unterschlagen.

Solche illegalen Transaktionen sind nur schwer zu kontrollieren und werden meist nur zufällig aufgedeckt. Ein Beispiel: Dem belgischen Zoll fiel auf, daß Rinder und Schweine, die nach Rumänien aus- oder von dort eingeführt wurden, immer auf denselben Lastwagen transportiert wurden. Des Rätsels Lösung: Die Tiere hatten die Viehtransporter gar nicht verlassen. Die Händler verfrachteten sie zwar nach Osteuropa, brachten sie dann aber gleich wieder als »neue« Ladung in die Gemeinschaft zurück - diesmal angeblich zur Verschiffung nach den Bahamas und den Niederländischen Antillen. Erst kassierten sie die Ausfuhrerstattung, dann umgingen sie die Einfuhrabgaben, und schließlich verschwand das Vieh illegal in irgendeinem europäischen Schlachthof. Geschätzter Schaden: 0,7 Mio ECU.

Allein für Viehexporte kassierten europäische Unternehmen in den vergangenen sechs Jahren rund 85 Millionen Mark an unberechtigten Ausfuhrerstattungen - so eine interne Studie der Kommission. Fast 98 Prozent davon gingen auf das Konto deutscher Fleischfirmen - vorwiegend aus Bayern.

Im illegalen Tierhandel sind die Praktiken meist noch brutaler als beim ohnehin rüden Transport von Vieh. Um Kontrollen zu vermeiden und nicht aufzufallen, werden die Tiere ohne die vorgeschriebenen Ruhepausen über Tausende von Kilometern in engen Ladern hin- und hergefahren. Betrügerische Importe bedrohen außerdem die Gesundheit von Mensch und Tier. So ist zum Beispiel seit 1992 der Import von Wildschweinen aus den meisten osteuropäischen Ländern wegen der dort grassierenden Schweinepest verboten. Trotzdem führten deutsche Importeure Wildschwein ein - als Hirschfleisch deklariert. Mit gefälschten Veterinärbescheinigungen wurden außerdem Rinderzungen und andere Schlachtprodukte aus Brasilien und Argentinien gehandelt, die wegen der in den Exportregionen grassierenden Maul- und Klauenseuche eigentlich streng überwacht werden mußten. Zwar sind diese Krankheiten für den Menschen nicht ansteckend, doch sie können sich auf diese Weise ausbreiten. Auch werden so unbemerkt Salmonellen und andere Krankheitserreger verschleppt.

Verladen werden dabei nicht nur Waren und Güter, verladen wird vor allem der europäische Steuerzahler. Wenn es überhaupt zu Ermittlungsverfahren kommt, sind sie kompliziert und langwierig. Das Risiko, zur Rechenschaft gezogen zu werden, ist gering im Vergleich zu den riesigen Summen, die im Spiel sind: In einem ihrer jährlichen Betrugsberichte listete die Kommission zum Beispiel einen Fall auf, bei dem Betrüger mindestens 9,5 Millionen ECU illegal abkassierten.

Sie exportierten Käse und Milchpulver, 2.450 Tonnen, nach Polen und führten die umfrisierte Ware umgehend wieder ein. Eine Warschauer Firma kassierte Provisionen von einem belgischen Händler dafür, daß sie auf dem Papier als Zwischenstation fungierte. Die gefälschten Begleitpapiere von mehreren deutschen Zollämtern besagten, daß die Ware nicht in Europa verkauft, sondern über Antwerpen nach Sierra Leone ausgeführt wurde. Ungeklärt ist jedoch bis heute der Verbleib der Milchprodukte. Die Behörden halten es sogar für möglich, daß für sie erneut Ausfuhrerstattung kassiert wurde. »Die Logistik dieser internationalen Straftäter ist so perfekt, daß sie nur mit Hilfe hochentwickelter Computersoftware aufgebaut und auch nur so verfolgt werden kann«, sagt Siegfried Reinke von der europäischen Betrugsbekämpfungseinheit UCLAF (Unité de Coordination de la Lutte Anti-Fraude). »Entsprechend schwer ist es, solchen Tätern auf die Spur zu kommen.«

»Der Subventionsschwindel bringt mehr, als die Waren selbst zu verkaufen«, sagt Jürgen Rump vom Zollkriminalamt Köln, der auf Betrügereien zu Lasten des EU-Haushalts spezialisiert ist. Er nennt ein Beispiel: Eine Firma führt – mit finanzieller Hilfe der Gemeinschaft – Reis und Buttermilch nach Curaçao aus. Weil diese Grundstoffe auf der niederländischen Antillen-Insel miteinander vermischt, also veredelt werden, gilt Curaçao als Herkunftsort der »Milchreisgrundmischung«. Deshalb darf diese einem entsprechenden Abkommen nach zollbegünstigt wieder in die EU eingeführt werden. Der Deal ist perfekt, wenn die zehn Prozent Reisanteil schließlich herausgefiltert werden und die Ausgangsprodukte wieder in ihrer ursprünglichen Form vorliegen, angereichert nur noch durch die »Wertschöpfung«.

Der Schweizer Käsehandelsvereinigung »Union Suisse du Commerce du Fromage« ließ ihren überschüssigen Käse in den Milchbergen der EU verschwinden. Sie zahlte unerlaubte Rabatte an die italienischen Importeure, die gleichzeitig für die Einfuhr in die EU auch noch Zollvergünstigungen in Anspruch nahmen, obwohl diese nur bei Einhaltung eines Mindestpreises gewährt werden. Zwischen 1987 und 1995 soll die italienische Importfirma rund 48 Millionen Mark erhalten haben. Die EU verlor 13 Millionen ECU hinterzogene Zölle.

Warentransporte, die den Binnenmarkt nur im Transit passieren, müssen beim Eintritt in die EU plombiert werden. Bei der Ausfuhr wird dann kontrolliert, ob das amtliche Siegel verletzt wurde. Der Präsident des Europäischen Rechnungshofes, Bernhard Friedmann, berichtet von einem Fall, bei dem 1.000 Lastwagen mit polnischem Fleisch und Vieh nach Afrika reisten. Wochenlang bestätigte ein Zollamt in Südspanien, daß die Transporte ordnungsgemäß die EU verließen. Bis sich herausstellte, daß dieses Zollamt schon seit Jahren nicht mehr existierte. Das Fleisch ist vermutlich irgendwo auf dem EU-Schwarzmarkt verkauft worden. Vielleicht wurde es sogar – mit gefälschten Herkunftspapieren – gegen Subventionen zum erneuten Export nach Polen angemeldet.

Die Beispiele sind so zahlreich wie die Betrugsvarianten. Manchmal werden Nahrungsmittel gar nicht mehr real transportiert, sondern reisen nur auf dem Papier, wie im Fall einer irischen Lieferung. Offiziell sollten 10.000 Tonnen Rindfleisch aus EU-Lagerbeständen nach Italien zur Verarbeitung geschickt und dann – mit besonders hohen Subventionen versehen – in Länder der ehemaligen Sowjetunion geliefert werden. Doch zumindest 200 Tonnen des Fleisches tauchten – im Rohzustand – auf britischen Märkten auf.

»Zehn Prozent aller Hinweise auf kriminelle Machenschaften bekommen wir aus der Branche«, sagt Zollfahnder Rump. »Andere Vergehen erkennen wir daran, daß der Markt gestört ist. Ein Groschen Preisunterscheid, wenn illegale Ware im Handel ist, reicht dazu schon aus. Dann findet zuerst die Konkurrenz heraus, daß etwas nicht stimmt, und einige Nachahmer versuchen denselben Trick. Bis die Marktstörung so massiv ist, daß sie auffällt.«

Statt getürkte Zielorte anzugeben, kann auch die Ware selbst falsch deklariert werde. Rump: »Zuchttiere werden längst nicht so häufig exportiert wie normales Schlachtvieh. Aber plötzlich werden besonders viele ›Zuchttiere‹ gehandelt, weil die mehr Ausfuhrerstattung bringen.«

Zunehmend beliebt werden Betrügereien im Umgang mit Ländern, die mit der Gemeinschaft besondere Verträge (Präferenzabkommen) geschlossen haben. Ausgewählte Produkte können dann zu niedrigeren Zollsätzen in die EU eingeführt werden. Ein Beispiel: Von 1989 bis 1991 importierten Deutschland, Dänemark und Großbritannien via Thailand 70.000 Tonnen »echten Bonito«, eine Thunfischart, die sich in Form und Größe, nicht aber unbedingt im Geschmack von anderem Thunfisch unterscheidet. Für diesen Fisch war ursprünglich ein niedrigerer Zollsatz verabredet worden, um den armen Fischern der südamerikanischen Andenrepubliken zu helfen, die davon lebten. Statt 24 Prozent Zoll mußten die Händler nur 18 Prozent zahlen.

Eine nachträgliche Überprüfung der EU-Kommission ergab jedoch, daß mehr als 5.000 der vorgelegten Ursprungszeugnisse gefälscht worden waren. Bei dem »echten Bonito«, so zeigte eine DNA-Analyse, handelte es sich um normalen Thunfisch, den nicht südamerikanische Fischer, sondern japanische Hochseeflotten gefangen und über Thailand vermarktet hatten.

Als die Gemeinschaft jedoch die thailändischen Behörden aufforderte, die Papiere zu korrigieren, ließen diese sich Zeit. Nach 10 Monaten bestätigten sie, daß rund 800 der Zeugnisse falsch waren. Und erst nach der Drohung, Thailand aus dem Präferenzsystem auszuschließen, teilten sie mit, daß sie sich außerstande sähen, die Richtigkeit der übrigen Dokumente zu bestätigen. So schleppend wie die thailändischen Behörden arbeiteten auch die der betreffenden Einfuhrländer. Sie hatten keine Eile damit, von ihren Importeuren die Zolldifferenz nachzufordern, und wurden erst aktiv, als ein Teil der Forderungen schon verjährt war.

Anita Gradin, die für Betrugsbekämpfung zuständige EU-Kommissarin, betont: »Die Empfänger von grundlos gezahlten Erstattungen haben zusätzlich zu verwaltungsrechtlichen Sanktionen auch strafrechtliche Sanktionen zu gewärtigen.« Doch dazu kommt es selten. Denn längst, so hat die Kommission festgestellt, haben die Handelsbeziehungen der Gemeinschaft das Interesse der »großen Finanzkriminalität« auf sich gezogen. Diese nutze, so wird konstatiert, »systematisch in groß angelegten, gut organisierten Netzen« die Unterschiede der Rechtssysteme und das Fehlen eines wirklichen Strafrechts in der Gemeinschaft aus. Vor allem das Fallen der Binnengrenzen habe neue »transnationale Betrugskreisläufe« entstehen lassen.

»Das ist nicht der kleine Bauer, der mal eine Ladung Olivenöl schmuggelt«, sagt der europäische Betrugsfahnder Siegfried Reinke von der UCLAF. »Fünf Prozent der Betrugsfälle sind für über 50 Prozent der finanziellen Schäden verantwortlich. Und das ist die organisierte Kriminalität: arbeitsteilige Organisation, unlautere Geschäfte hinter der Fassade seriöser Unternehmen, Briefkastenfirmen. Bei diesen Fällen ist das Eintreiben der veruntreuten Gelder besonders schwierig, weil die Drahtzieher im Ausland sitzen, zum Beispiel in der

Schweiz. Oder die Unternehmen sind längst liquidiert, und das Geschäftsvermögen ist der Ehefrau übertragen worden.«

Der grenzenlose Binnenmarkt mit seinen internationalen Handelsbeziehungen macht es immer schwieriger, bei Betrugsfällen die Schuldigen zur Verantwortung zu ziehen. Das zeigt zum Beispiel der Ausgang eines Verfahrens gegen Mitarbeiter der bayerischen Firma »Südfleisch«, die mit 5.000 Beschäftigten und einem Jahresumsatz von mehr als vier Milliarden Mark das größte Unternehmen der Branche in Deutschland ist. Der ehemalige Exportchef stand Anfang 1996 wegen Subventionsbetrug vor Gericht. Er sollte zwischen 1985 und 1986 gemeinsam mit einem Handelsvertreter des Unternehmens, der ebenfalls auf der Anklagebank saß, EU-Subventionen in Höhe von 7,75 Millionen Mark erschwindelt haben – für eine Lieferung von 2.000 Tonnen Rindfleisch an eine Firma im Libanon. Die Ware war dort aber nie angekommen, sondern wurde in die Türkei umgeleitet. Die direkte Ausfuhr dorthin hätte Südfleisch rund ein Viertel weniger Subventionen erbracht.

Um die Exporterstattungen zu kassieren, legte die Südfleisch den zuständigen Behörden gefälschte libanesische Zollpapiere vor. Der Prozeß endete mit einem Freispruch, weil das Gericht den Käufer verantwortlich für den Betrug machte. Er hatte als Firmensitz Beirut (Libanon) und als Postadresse Istanbul (Türkei) angegeben.

Die Ermittlungen in diesem Fall dauerten Jahre. Mit dem Fall war auch das Bundesfinanzministerium befaßt, das für die Rückforderug von zu Unrecht gewährten Exporterstattungen zuständig ist. Doch diese Behörde ließ sich Zeit. Die »Südfleisch« versprach, statt der falschen libanesischen Papiere echte türkische vorzulegen und erhielt eine Fristverlängerung. Das stieß bei der zuständigen Generaldirektion der EU auf Unverständnis, denn Firmen, die vorsätzlich oder grob fahrlässig falsche Papiere präsentieren, sollen nicht auf Entgegenkommen zählen dürfen.

Mitte 1993 war die Forderung immer noch offen. Das Bundesfinanzministerium ersuchte erneut die Generaldirektion, ob nicht angesichts der »moralischen Integrität« der »Südfleisch« von einer Rückforderung abgesehen werden könne. Die EG blieb hart. Das Finanzministerium mußte die Erstattungen eintreiben, um die Gelder nicht aus der eigenen Kasse zurückzahlen zu müssen.

Eigennutz vor Solidarität

Die europäische Identität ist noch schwach ausgeprägt. Die eigenen nationalen Interessen sind den Mitgliedsstaaten wichtiger als das Wohl der Gemeinschaft. Das gilt besonders, wenn es um Geld geht, obwohl jedes Land sich letztlich auch selbst schadet, wenn es Betrügereien deckt. Doch wenn es um die eigene Wirtschaft, um regionale Unternehmen, Händler oder Lobbies geht, muß Europa zurückstekken. »Betrug in der EU wurde durch so einen Fall zum ersten Mal zum Politikum«, bestätigt Zollfahnder Jürgen Rump. »Mitte der 80er Jahre wurde jugoslawischer Mais als griechischer in die EG geschmuggelt. Verantwortlich dafür waren einige Minister der Pasok-Partei, die auch kurz ins Gefängnis kamen. Die EU hat damals gegen Griechenland vor dem Europäischen Gerichtshof geklagt und gewonnen.«

Nicht selten werden jedoch Verstöße gegen EU-Recht im nachhinein durch hohe Politik geadelt. Ein Beispiel: 1984 hatte die Kommission wegen hoher Milchüberschüsse innerhalb der EU zum ersten Mal die Produktion eingeschränkt und Quoten eingeführt (siehe Kapitel 1). Wer mehr erzeugte, sollte eine Art Strafe, die »Mitverantwortungsabgabe«, bezahlen. Italien und Spanien aber ignorierten die neue Regelung und produzierten statt der jeweils erlaubten neun Millionen Tonnen mehr als 11 Millionen jährlich. Die fällige Abgabe wollten sie jedoch nicht zahlen. Spanien drohte statt dessen damit, den Beitritt Österreichs zur EU zu blockieren, und Italien wollte wichtige finanzpolitische Entscheidungen der Gemeinschaft hinauszögern. Die Erpressung wirkte. Die Summe der fälligen Abgaben wurde stark zusammengestrichen. Zu einer ernsthaften politischen Krise der EU führte Jahre später die Verweigerungspolitik der Briten: Weil sie sich in der BSE-Frage ungerecht behandelt fühlten, blockierten sie innerhalb weniger Monate über 60 Beschlüsse der Kommission.

Nach dem Maastrichter Vertrag sind die Mitgliedsstaaten dazu verpflichtet, Betrug an Europa energisch zu bekämpfen. Sie müssen die Verwendung der Gemeinschaftsgelder überwachen, nach Betrügern fahnden und sie bestrafen. Doch die Realität ist anders. Es entstehe der Eindruck, so betont die Kommission, daß »die Mitgliedsstaaten nur einen Teil der aufgedeckten Unregelmäßigkeiten mitteilen«.

1995 wurden der Kommission 1.754 Betrugsfälle allein im Bereich

Landwirtschaft von den Mitgliedsländern gemeldet. Die Dunkelziffer aber, so sagen Experten, liegt weit höher. Während die offiziell gemeldeten Schäden nur 1,2 Prozent vom EU-Haushalt ausmachen (1995 betrug dieser rund 160 Milliarden Mark), werden nach Schätzungen bis zu 15 Prozent unterschlagen. »Eine realistische Zahl zu nennen, ist sehr schwierig«, so UCLAF-Fahnder Siegfried Reinke.

Der Rechnungshof der EU kritisierte, daß einige Mitgliedsstaaten die Fahndung bei Verdachtsfällen »erschwerten«. Oft dauere die Bearbeitung mehr als drei Jahre, die Verjährungsfristen seien dann überschritten. Bei einer deutschen Zollstelle stapelten sich im Berichtsjahr 1994 über 16.000 unbearbeitete Vorgänge, von denen mehr als die Hälfte schon zwei Jahre alt war. Eine andere hatte neun Monate lang kein einziges Auskunftsersuchen der EU-Behörden beantwortet und dies mit Personalmangel begründet.

Mit der Einführung des Binnenmarkts haben die Länder der Europäischen Union nur noch eine gemeinsame Außengrenze. Viele Zollstellen sind geschlossen worden, andere haben neue Aufgaben übernommen, zum Beispiel die in den neuen Bundesländern. Dort liegen Tausende unbearbeiteter Ermittlungsverfahren, beklagt der Präsident des deutschen Bundes der Zollbeamten, Heinz Schulze. Dadurch entstünden allein dem bundesdeutschen Haushalt jährliche Steuerverluste von mehreren Milliarden Mark. Darin sind die Zollverluste auf Kosten des EU-Haushaltes noch nicht enthalten.

80 Prozent des EU-Haushaltes werden direkt an die Subventionsnehmer, also Erzeuger, Lagerhalter, Verarbeiter und Exporteure, ausgezahlt – von den nationalen Behörden. Die Kommission erwartet deshalb von den Mitgliedsstaaten, daß deren Behörden die veruntreuten Summen auch wieder eintreiben. Sie stellt jedes Jahr mehr Geld zur Verfügung, damit die Länder ihre Kontrollen technisch verbessern und Personal schulen können. 1992 waren es rund 76,5 Millionen ECU, 1996 bereits 86,5 Millionen. Doch nicht alle Mitgliedsstaaten rufen das Geld ab.

Trotz dieser Anstrengungen werden nur etwa vier Prozent des – offiziellen – Betrugsschadens an die EU zurückerstattet. Die Erfolgsquote bei der Aufklärung bedeutet dabei noch lange nicht, daß auch der entstandene Schaden wieder gutgemacht wird. Deutschland zum Beispiel ist zwar besonders eifrig beim Anzeigen und meldet die meisten illegalen Manipulationen bei Einnahmen (Import-Zölle und Ab-

Aufgedeckte Unregelmäßigkeiten im Bereich Landwirtschaft für das Jahr 1994

Unregelmäßigkeiten	Fälle	Beträge in ECU
Käse-Exportbeihilfen	21	1.089.151
Rebflächen-Stillegungsprämien	7	1.110.256
Milch	36	1.176.255
Rindfleisch-Lagerung	6	1.313.251
Butter-Erstattungen	8	1.390.990
Mutterschafe und Ziegen-Prämien	127	1.497.138
Getreide-sonstige Interventionen	41	1.722.657
Kartoffelstärke-Exportbeihilfen	16	1.785.392
Getreide-Mitverantwortungsabgabe	53	1.911.518
Baumwolle-Erzeugerbeihilfe	14	1.995.479
Schulmilch	61	2.136.927
Saatgut-Produktionsbeihilfen	11	2.189.815
sonstige Exportbeihilfen	64	2.260.328
Wein-Destillation	17	2.372.848
Tomaten-Verarbeitungsbeihilfen	25	2.909.326
Flächenstillegung-Beihilfen	241	3.273.050
Zitrusfruchtsaft-Finanzausgleich	4	3.350.071
Milchprodukte-Exportbeihilfen	14	3.709.521
Gerste und Malz-Exportbeihilfen	5	4.502.880
Rindfleisch-öffentliche Lagerhaltung	2	4.691.622
Trockenfutter-Produktionsbeihilfen	34	5.569.943
Kleinere Fälle	512	16.718.351
Weinbauerzeugnisse-Exportbeihilfen	20	20.485.450
Rindfleisch-Exportbeihilfen	68	53.217.980
Olivenöl-Verbrauchsbeihilfen	141	60.378.498
Getreide-Beihilfen für Lagerhaltung	16	65.414.319
Getreide-Exportbeihilfen	32	142.237.852
Insgesamt	**1597**	**411.912.368**

Quelle: Europäische Kommission

gaben für Einfuhren aus Drittländern). Doch es konnte nur fünf Prozent der dabei veruntreuten Summen an die EU zurückerstatten. Beim Betrug mit Exporterstattungen für die Ausfuhr von Rindfleisch oder Milchprodukten steht Deutschland auf Platz drei, während es beim Eintreiben nur an siebter Stelle rangiert.

Doch der Aussagewert solcher Listen ist nur sehr gering. Denn wie die folgende Grafik zeigt, verursachen gerade die am häufigsten gemeldeten Unregelmäßigkeiten einen eher geringen Schaden im Vergleich zu wenigen großen Betrügereien.

Schlupflöcher und Datennetze

So grenzenlos der Markt und seine Chancen zum Betrug sind, so viele Nischen bietet er umgekehrt an, um der Strafverfolgung zu entgehen. Die Rechtssysteme in einzelnen Mitgliedsstaaten der EU sind völlig verschieden. Die Engländer zum Beispiel berufen sich auf ihre jahrhundertealte Tradition des Gewohnheitsrechts, weite Teile des europäischen Kontinents dagegen stützen sich auf die von den Römern überlieferte Rechtsordnung.

Allein die nationalen Administrationen bieten ein schützendes Dickicht für internationale Betrüger. Bis Durchsuchungsbefehle über Ländergrenzen hinweg durchgesetzt werden, kann viel Zeit vergehen. Verfahren zur Beweisaufnahme werden je nach Land unterschiedlich durchgeführt und vor Gericht dann oft als unzulänglich abgelehnt. Die Zuständigkeiten innerhalb der nationalen Behörden sind von Land zu Land anders geregelt.

Jährlich kündigt die Kommission ein härteres Vorgehen gegen Wirtschaftskriminalität an, immer dann, wenn der Rechnungshof die hohen Verluste im EU-Haushalt anprangert. So will sie die Kontrollen verschärfen und an den Außengrenzen der Gemeinschaft vereinheitlichen. Exporteure sollen in Zukunft nachweisen müssen, daß ihre subventionierten Waren auch tatsächlich an ihrem ausländischen Bestimmungsort ankommen. Eine »schwarze Liste« prangert Wiederholungstäter an.

Im Mai 1995 führte das Europäische Parlament eine Anhörung zur Betrugsbekämpfung durch und zog eine ernüchternde Bilanz: Die bestehenden Kontrollen seien noch viel zu lasch, von verwaltungs-

oder strafrechtlicher Ahndung könne kaum die Rede sein. Es herrsche Korruption sowohl unter den nationalen Beamten wie auch den Bediensteten der EU. Polizei, Justiz und Verwaltung in den einzelnen Mitgliedsstaaten müßten neu geordnet oder zumindest koordiniert werden. Die zwischenstaatliche Zusammenarbeit wäre effektiver, wenn die einschlägigen Verwaltungs- und Rechtsvorschriften harmonisiert würden. Notwendig wäre, um die grenzüberschreitende Kriminalität zu verfolgen, eine europäische Polizeibehörde und Gerichtsbarkeit.

Solche Eingriffe in ihre rechtliche Souveränität gehen vielen Ländern zu weit. Norbert Reich, Jura-Professor und Experte für Europäische Rechtspolitik an der Universität Bremen: »Theoretisch sind alle Länder für eine europäische Strafgerichtsbarkeit. In der Praxis jedoch gibt es eine geschlossene Front dagegen. Besonders Länder wie Deutschland, Großbritannien und Frankreich lassen sich nicht gerne in die Karten schauen. Auch die skandinavischen Staaten sind wenig begeistert über die Vorstellung. Nur die kleineren Länder sind eher bereit, hinzunehmen, daß EU-Bedienstete sich in ihr Hoheitsrecht einmischen.«

Eigentlich, so meint der Jurist, wäre es eine Selbstverständlichkeit, daß zu einem gemeinsamen Wirtschaftsrecht auch Instrumente gehören, die eine effektive Kontrolle gewährleisten. »Die Kommission müßte mehr Kompetenzen haben, vor Ort ermitteln können, zum Beispiel Durchsuchungen vorzunehmen. Sie muß Anklage gegen Subventionsbetrüger erheben und empfindliche Sanktionen verhängen können. Ein vergleichbares Modell gibt es bereits im Kartellrecht der EU.«

Schon jetzt könne, so Reich, die Kommission ihre Vergabepraxis für Subventionen überprüfen, diese an strikte Auflagen koppeln. Doch: »Zur Zeit wird erst überprüft, wenn es eigentlich zu spät ist. Die Kommission reagiert mit erheblichen Verzögerungen.«

Während die politische Regelung dieser Fragen noch aussteht, baut die EU-Kommission bereits ihren Verwaltungsapparat aus: Die UCLAF, 1988 gegründet, soll die Aktivitäten der Mitgliedsstaaten zur Betrugsbekämpfung koordinieren. »Wir arbeiten eng mit den Zollbehörden der Länder zusammen, zum Beispiel der italienischen Guardia di Finanza, aber auch mit den Behörden der Drittstaaten, etwa in Polen«, sagt Siegfried Reinke. Mehrere Einsatzgruppen, sogenannte

»Task Forces«, sind auf besonders häufige Delikte wie Betrug mit Alkohol, Zigaretten, Rindfleisch und Olivenöl spezialisiert.

Ein wesentlicher Teil der Arbeit der UCLAF besteht im Sammeln von Daten und im Aufbau einer »Intelligence«-Abteilung, »ähnlich wie der des FBI«, sagt Reinke. »Die organisierte Kriminalität ist so kompliziert und verflochten, daß man ihr nur mit Hilfe von ausgefeilten Software-Programmen auf die Spur kommt. Auch die Betrüger arbeiten längst mit intelligenter Software.«

Das Herz der UCLAF ist ein ausgefeiltes Netz von Datenbanken. Dazu gehört zum Beispiel eine, die Auskunft über internationale Rechtsvorschriften gibt, weiß, wer als Ansprechpartner bei den nationalen Behörden zuständig ist und welche Befugnisse diese Person hat. In einer anderen tauschen Finanzbehörden Steuerinformationen aus. Ein Zollinformationssystem soll langfristig alle Zollstellen der EU miteinander verknüpfen und mit den Dienststellen der Kommission verbinden, um eine bessere Kontrolle der Außengrenzen der Gemeinschaft zu gewährleisten.

In IRENE (IRrégularités, ENquêtes, Exploitation) werden die Betrugsfälle gespeichert, die von den Mitgliedsstaaten der Kommission gemeldet werden. Weil die Daten jedoch häufig unvollständig und nicht präzise genug sind, unterhält die UCLAF auch noch PRE-IRENE mit ihren eigenen Ermittlungsdaten. Dazu zählen zum Beispiel Hinweise des »Grünen Telefons«. Konkurrenten, Neider und auf Rache sinnende ehemalige Mitarbeiter können den heißen Draht zur Kommission gebührenfrei anwählen (Telefonnummer: 0130-820595) und einen Subventionsbetrug anzeigen. Eine Einrichtung mit historischer Tradition: Auch die venezianischen Dogen hatten eigene Briefkästen für Denunzianten, um kaufmännischem Betrug auf die Spur zu kommen.

All diese Informationen werden in der UCLAF vielfältig miteinander verknüpft und ausgewertet. Aus Sicht des deutschen Bundesbeauftragten für den Datenschutz, Joachim Jacob, birgt das auch Risiken. Zwar dürften deutsche Behörden, wie zum Beispiel der Zoll, der UCLAF nur Informationen liefern, die den geltenden Datenschutzbestimmungen entsprechen. Doch »die europäische Behörde unterliegt noch keinem Datenschutzrecht und wird – und das bedauere ich besonders – von keiner Stelle kontrolliert, ob sie das Persönlichkeitsrecht der betroffenen Bürger achtet. Es ist dringend geboten, in den

EU-Verträgen vorzusehen, eine unabhängige - europäische - Kontrollinstitution zu schaffen, die den Umgang mit personenbezogenen Daten bei Einrichtungen der EU kontollieren kann.«

Einen wichtigen Schritt in der Betrugsbekämpfung bedeutete ein völkerrechtliches Abkommen, in dem sich die EU-Staaten 1995 zum ersten Mal auf eine gemeinsame Definition von »Betrug« einigten. Dazu zählen alle »fahrlässigen oder irreführenden Unterlassungen« sowie »vorsätzliche und absichtliche Verhaltensweisen, die den Haushalt der Gemeinschaft schädigen«. Betrüger sollen von Handelsvorteilen ausgeschlossen werden und künftig Geldbußen bezahlen.

Ein Zusatzprotokoll bemüht sich auch um eine Zentralisierung der Strafverfolgung. Einzelne nationale Behörden können danach auch bei internationalen Ermittlungen die Federführung übernehmen. Künftig sollen nicht nur die Angestellten, sondern auch die Unternehmen selbst sanktioniert werden. Gleichzeitig wurde ein beratender Ausschuß der Kommission eingesetzt, der innerhalb der Gemeinschaft für eine abgestimmte Politik im Bereich der Betrugsbekämpfung sorgen soll, insbesondere bei der organisierten Finanzkriminalität.

Wie schwierig internationale Ermittlungen sind, zeigt das Beispiel eines Fleischbetrugs. Lebende Rinder wurden aus Osteuropa nach Italien importiert. Sie sollten dort geschlachtet und über Malta wieder in den Osten zurücktransportiert werden. Doch statt dessen wurde das Fleisch auf der Insel nur zwischengelagert, um dann - von Italien aus - in verschiedene Drittländer umgeleitet zu werden. Obwohl schon das illegal war, beantragten die Exporteure dafür auch noch Exporterstattungen, zum Beispiel für den Verkauf nach Gabun. Deklariert war die Ware als »Fleischstücke aus Hintervierteln männlicher Rinder«. Als Kommissionsbeamte und italienische Behördenvertreter vor Ort ermittelten, stellte sich heraus, daß in Gabun nur minderwertiges Fleisch und Schlachtabfälle angekommen waren. In diesem Fall wurde gleich mehrfach betrogen: Die Einfuhrabgabe auf Viehimporte aus Osteuropa wurde umgangen (18,5 Millionen ECU) und die Exporterstattungen nach Gabun (24 Millionen ECU) wurden unberechtigt kassiert. Ungeklärt ist außerdem noch, wohin das wertvolle Fleisch wirklich verkauft wurde.

Gegen 119 Personen in mehreren Ländern wurden daraufhin Strafverfahren eingeleitet. Die Liste der Vorwürfe ist lang: Bildung einer kriminellen Vereinigung, Betrug zum Nachteil des Gemeinschaftshaushaltes, Schmuggel, Steuerhinterziehung, Urkundenfälschung und Bestechung.

Fast 90 Prozent des EU-Haushaltes werden noch immer für Subventionen ausgegeben, und der größte Teil davon fließt in die Landwirtschaft. Zu den Nutznießern gehören dabei weniger die Bauern, sondern Exporteure, Speditionsunternehmen und Lagerhalter. Nicht wenige unter ihnen haben die europäische Überschuß- und Subventionspolitik zum Betrug ausgenutzt. Besonders häufig, zeigt die Statistik, sind erschwindelte Exporterstattungen und Lagerbeihilfen bei Wein, Rindfleisch, Olivenöl und Getreide. Vier Fünftel der aufgedeckten Fälle betreffen diese Güter.

Die Europäische Union muß jedes Jahr hohe Verluste durch Betrug hinnehmen, die Folge ihrer jahrzehntelangen Subventionspolitik. Dem Prinzip der gemeinsamen Kasse hat sie keine gemeinsame Kontrolle gegenübergesetzt. Im Gegenteil: Daß sie die Mitgliedsstaaten für die Verfolgung von Straftaten verantwortlich macht, ist kontraproduktiv, denn deren eigener nationaler Haushalt ist nicht direkt betroffen. Die Moral, Betrügern entschlossen das Handwerk zu legen, ist vor allem dort schwach ausgeprägt, wo große Unternehmen der heimischen Wirtschaft verwickelt sind.

Also müßte die Kommission mehr Kompetenzen erhalten – Betrugsfällen nachzugehen, die Strafverfolgung einzuleiten und vor allem auch empfindliche Sanktionen europaweit zu verhängen. Das würde wiederum voraussetzen, daß die Handlungen der Kommission demokratisch kontrolliert werden und nicht, wie heute noch, größtenteils hinter verschlossenen Türen und ohne Mitwirkung des Europäischen Parlaments ablaufen.

Subventionsempfänger müßten – wie jeder Sozialhilfeempfänger oder Arbeitslose – genau nachweisen, wofür sie ihr Geld erhalten. Deshalb sollen sie in Zukunft zum Beispiel verpflichtet werden nachzuweisen, daß die Waren auch ihren vorgesehenen Bestimmungsort erreicht haben. Ein weiterer Vorschlag zielt dahin, die Unternehmen zu hohen Sicherheitsleistungen zu zwingen. Ab einer bestimmten jährlichen Subventionssumme sollten die Empfänger in einer öffentlich zugänglichen Liste verzeichnet werden. Die jüngste Agrarreform zielt zumindest darauf ab, die Subventionen auch für Exporte deutlich zu reduzieren.

Faule Argumente

ODER Vom Feld auf die Müllkippe

Es war einmal ein Film, der die wachstumstreibenden Segnungen der chemischen Industrie in einer Form kritisierte, die zu parlamentarischen Anfragen im Bundestag führte, mit dem Ziel, seine Weiterverbreitung durch die Bundeszentrale für Politische Bildung zu stoppen. Er hieß »Vergiftet oder arbeitslos« und lag vor seiner Ausstrahlung 1982 im ZDF zwei Jahre im »Giftschrank« des Senders. Sein Autor, der Medienwissenschaftler Bernward Wember, hatte den Auftrag bekommen, mit Hilfe experimenteller Darstellungsformen eine Sendung zum Konfliktfeld »Ökologie – Ökonomie« zu machen. Als Beispiel wählte er die Landwirtschaft. Revolutionärer als alle seine ästhetischen Vermittlungsstrategien war jedoch der simple Text des Films: »Der Bauer« nämlich vertrat darin in der Diskussion mit dem »Manager« eine Meinung, die beim Bauernverband heftigste Kritik hervorrief und dennoch vermutlich das wiedergab, was sich viele Landwirte dachten, aber kaum mehr zu äußern wagten: »Eiskalt vernichtet wer'n uns're Überschüss'... ! Tonnenweis ... Jahr für Jahr... ! Der Hunger in der Welt int'ressiert Sie an feichten Scheißdreck... ! Des einzige, was Sie int'ressiert, ist Ihre Produktion ... bloß weil Eier Scheißmarkt net funktioniert... !« Dieser Dialog wurde mit Bilder unterlegt, auf denen ein Bulldozer unablässig neue Ladungen von Früchten in eine Erdgrube schiebt.

Überschuß im Überfluß

»Die Europäische Gemeinschaft finde ich gut«, so ein indischer Gastwirt. »Aber ich verstehe immer noch nicht, warum sie soviel Essen wegwerfen müssen. In meiner Heimat könnten viele Menschen davon leben.« So simpel (und richtig) die Frage, so kompliziert die Antwort. Der Reichtum des industriellen Nordens manifestiert sich nicht zuletzt in seinem Umgang mit Essen. »Milchseen« und »Butterberge« haben das Bild vom wohlgenährten Europäer und seinen Wirtschaftswundern geprägt. Rindfleisch wird bis nach Afrika verfrachtet, nicht etwa, um dort den Hunger zu stillen, sondern um in Europa den Überschußmarkt zu entlasten. Und es wurden viele Millionen Tonnen von Obst und Gemüse über Jahre als unverkäufliche Überschüsse in Erdgruben geschüttet, Lebensmittel, die durch ihren massiven Fäulnisprozeß und durch die Chemikalien, mit denen sie behandelt wurden, bereits Boden und Grundwasser verseuchen.

1995 zog der Europäische Rechnungshof eine Bilanz der Wegwerfwirtschaft: Im Rechnungsjahr 1992/1993 wurden insgesamt 4,3 Millionen Tonnen Obst und Gemüse aus dem Handel genommen. Zwei Prozent gingen für wohltätige Zwecke an Krankenhäuser und Schulen, 14 Prozent wurden zu Viehfutter verarbeitet, 24 Prozent zu Industriealkohol vergoren. 60 Prozent aber wurden weggeworfen.

»In keiner Verordnung der Gemeinschaft ist vorgesehen, daß Obst oder Gemüse vernichtet wird oder für eine solche Vernichtung bezahlt wird«, betonte die Kommission 1993. »Im Augenblick«, hieß es in dem »Argumentationskatalog«, der die EU-Bürger über die »Rücknahme« von Ernteprodukten aufklären sollte, »gibt es dort gemeinschaftsweit keine Überschußerzeugung.«

Das war damals falsch und ist es auch heute noch. Zwar bezahlt die EU nicht für die Vernichtung von Lebensmitteln. Was mit den als Intervention aufgekauften Waren passiert, entscheiden die Erzeugerorganisationen. Aber Überschüsse gibt es sehr wohl: Allein 1995 hat die EU 460 Millionen ECU für die Rücknahme von Obst und Gemüse ausgegeben. Und immer noch werden in Europa Lebensmittel vernichtet – rund 60 Prozent der jährlichen Rücknahme, schätzt der Europäische Rechnungshof.

Warum kann dieses Obst und Gemüse nicht einfach an Bedürftige verschenkt werden? Dazu schreibt die Kommission in ihrem »Argumentationskatalog«: »Es ist aus zweierlei Gründen schwierig, die Möglichkeit der Verteilung frischer Erzeugnisse noch weiter auszuschöpfen. Zum einen wegen der Zeit, da die leicht verderblichen Waren rasch zu den Empfängern transportiert werden müssen (...), zum anderen wegen der Entfernung.«

Der Rechnungshof hat dennoch empfohlen, die kostenlose Verteilung für Wohltätigkeitszwecke stärker zu fördern. Die Kommission zahlt dafür auch Beihilfen, etwa für Verpackung und Transport. Trotzdem verspüren die Erzeugerorganisationen wenig Anreiz, die Waren zu verschenken, weil die Kosten dafür zu hoch sind. Sie müssen außerdem die Verantwortung dafür übernehmen, daß Obst und Gemüse nicht doch irgendwo weiterverkauft werden. Vernichten ist billiger als die Organisation der Verteilung.

Warum werden überhaupt Überschüsse erzeugt? Für den Verbraucher ist es inzwischen selbstverständlich, daß er das ganze Jahr über frische Tomaten, Zucchini oder Äpfel kaufen kann. Er erwartet ein attraktives Angebot - unabhängig von der Saison. Außerhalb der Erntezeit importiert die EU deshalb verstärkt Produkte aus Drittländern. Um das Ungleichgewicht von Angebot und Nachfrage aufzuheben, hatte die EWG 1962 eine »Gemeinsame Marktorganisation für Obst und Gemüse (GMO)« konzipiert. In den nächsten zehn Jahren entfaltete sie ein kompliziertes Stützungssystem: Zölle, Ausgleichsabgaben und Einfuhrkontingente sollten die Importe so steuern, daß sie zum richtigen Zeitpunkt auf den Markt kamen. Erzeugerbeihilfen, Rücknahmen und Preisstützung sollten umgekehrt das Angebot auf dem europäischen Markt steuern. Gleichzeitig aber führten diese Instrumente zur späteren Überschußwirtschaft.

Vor allem in den südlichen Ländern Europas, in Griechenland, Italien, Spanien, aber auch in Frankreich verschwindet bis zur Hälfte der Ernte, vor allem Nektarinen, Pfirsiche und Tomaten, durch sogenannte »Intervention« aus dem Handel. Diese Länder kassierten jahrzehntelang über 90 Prozent der GMO-Gelder, 1994 zum Beispiel 1,5 Milliarden ECU. Erst Mitte 1996 wurde ein Kurswechsel vollzogen: Die garantierten Abnahmepreise wurden gesenkt, um die Überschüsse zu drosseln.

Eine wichtige Rolle in der GMO spielen die Erzeugerorganisationen. Das sind Zusammenschlüsse der Bauern, für die keine bestimmte Rechtsform vorgeschrieben ist. Als Gesellschaft mit beschränkter Haftung, Aktiengesellschaft oder eingetragene Genossenschaft übernehmen sie die Vermarktung der Waren. In Deutschland liefert inzwischen jeder zweite Obst- und Gemüseerzeuger seine Produkte bei einer der 75 Annahmestellen, wie zum Beispiel dem »Großmarkt Veiling« in Hamburg oder der »Fruchtbörse Berlin-Brandenburg«, ab. Die Erzeugerorganisationen kontrollieren den Großteil des Obst- und Gemüsemarktes und prüfen, ob die Ware den europäischen Qualitätsnormen entspricht. Außerdem sind sie für die »Intervention« zuständig: Wenn der Marktpreis zu tief sinkt, nehmen sie die Ware zum niedrigeren Rücknahmepreis entgegen. Das Geld dafür erhalten sie von der EU. Sie müssen von den nationalen Behörden anerkannt und überwacht werden.

In der Gemeinschaft gibt es etwa 1,8 Millionen meist kleinere und mittelgroße Obst- und Gemüsebetriebe. Ihre Chancen, die Ernte in eigener Regie zu verkaufen, sind schlecht, weil sich die Nachfrage zusehends konzentriert. Die Zahl der Märkte geht zurück, ebenso die der Einzelhandelsgeschäfte. In zahlreichen Mitgliedsstaaten wie zum Beispiel auch in Deutschland werden bis zu 60 Prozent der Ware in Supermarktketten verkauft, Tendenz steigend. Die Mitgliedschaft in einer Erzeugerorganisation soll den Obst- und Gemüsebauern zu mehr Durchsetzungskraft gegenüber Handel und Verarbeitungsindustrie verhelfen.

Doch ihre Doppelfunktion als Bauernvertretung und Zahlstelle der Kommission begünstigt Betrügereien und die Verschwendung von Gemeinschaftsgeldern. So kritisierte der Europäische Rechnungshof, daß sich einige Erzeugerorganisationen nur pro forma gegründet hätten, um über die Marktrücknahme Geld zu verdienen. Vor allem die Hauptproduzenten von Obst und Gemüse, die südeuropäischen Länder und Frankreich, würden ihrer Aufgabe als Kontrolleure nicht annähernd gerecht. Dort erfülle eine »große Mehrheit« nicht einmal die EU-Bedingungen für die staatliche Anerkennung, die dazu berechtigt, die von der Gemeinschaft finanzierte Marktrücknahme zu veranlassen und durchzuführen.

Auch wenn das Obst hinterher weggeworfen wird – Geld zahlt die EU nur für einwandfreie Produkte. Sie legt Qualitätsnormen fest, die vorschreiben, welche Farbe, Form und Größe Blumenkohl oder Birnen haben dürfen, wie sie aussehen, schmecken und riechen müssen. Die Erzeugerorganisationen überprüfen diese Kriterien. Doch betrogen wird oft. Ein Beispiel: In Griechenland wurden 60 Tonnen Pfirsiche und 42 Tonnen Nektarinen angeliefert und nach einer Prüfung zur Zahlung angewiesen. Als Kontrolleure des Rechnungshofes in der Erzeugerorganisation eine Stichprobe machten und sich einige Kisten genauer ansahen, war der Großteil der Ladung schon zur Vernichtung abtransportiert. Die restlichen Früchte aber waren in miserablem Zustand: beschädigt oder verfault.

Der Kontrolleur hätte zumindest diesen Teil der Ware ablehnen müssen. Schließlich erklärte sich die Erzeugerorganisation bereit, die übrigen 20 Tonnen Nektarinen auf eigene Kosten zu vernichten und dafür keine Ausgleichszahlung von der Gemeinschaft in Anspruch zu nehmen. Solche mangelhaften Qualitätskontrollen, erklärte der Europäische Rechnungshof, verursachten hohe Kosten. Allein die ertappte Erzeugerorganisation hatte 1993, dem Jahr der Überprüfung, fast 40.000 Tonnen Pfirsiche und 6.000 Tonnen Nektarinen vernichtet und dafür rund 7 Millionen ECU an Finanzausgleich kassiert.

Matschtomaten und Dosenkohl

Die Verführung zur risikolosen Überproduktion spornte jahrzehntelang die Obst- und Gemüsebauern zu immer größeren Leistungen an. Die Anbauflächen wurden ausgeweitet, zum Beispiel bei Zitrusfrüchten und Blumenkohl. Um nicht alle Überschüsse vernichten zu müssen, subventionierte die Kommission nun auch die Weiterverarbeitung von Obst und Gemüse: Aus Zitrusfrüchten wurde Saft, Tomaten wurden eingedost oder als Püree verpackt, Pfirsiche und Birnen zu Sirup verarbeitet. Wer solche Waren in Drittländern absetzte, erhielt außerdem noch Exporterstattungen. Bei anderen Ernteprodukten wie Kirschen, Gemüsepaprika oder Pilzen wurde die industrielle Verarbeitung gefördert, um die heimische Industrie gegenüber dem Ausland konkurrenzfähig zu halten.

Gezahlte Subventionen für Obst und Gemüse (in Mio. ECU)

	1992	1993	1994	1995
Exportbeihilfen	116,7	187,4	216,7	125
Kosten für Lagerhaltung	14,9	1,8	0,1	0,6
Rücknahmen (incl. Vernichtung)	187,5	605	369	460
Beihilfen für Verarbeitung (incl. Exportbeihilfen)	654,1	639	616	601,7
Gesamtausgaben	1.261,7	1.603,9	1.547,4	1.900,6

Die Verarbeitung sollte die Überschüsse verringern, aber sie heizte den Markt an. Viele Produkte wurden nun eigens dafür angebaut. So konstatierte der Europäische Rechnungshof 1993, daß es für Überschußerzeugnisse gewinnbringende Absatzmöglichkeiten gäbe. Es lohnte sich zum Beispiel eher, Tomaten anzupflanzen als andere Gemüsesorten, die nicht so leicht industriell genutzt werden können. 1993/94 mußte deshalb sogar eine Höchstmenge für Tomatenprodukte eingeführt werden.

Die EU-Kommission kritisierte diese Entwicklung: Die Erzeuger suchten nur ihren finanziellen Vorteil und entwickelten dabei »kein Verhältnis zum Markt«. Ungeachtet der europäischen Überschüsse wurde weiter produziert: In der Bretagne zum Beispiel Blumenkohl, der dann mit dem deutschen Überangebot aus der Pfalz konkurrierte. Neue Sorten wie »Nautilus«, »Profil« oder »White Ball« waren nicht nur größer und schwerer als die alten, sondern wuchsen auch außerhalb der üblichen Erntezeit und streckten die Vegetationsperiode dieses Gemüses. Die Lebensmittelindustrie förderte diese Überproduktion durch Vertragsanbau und drückte damit gleichzeitig die Preise für ihre Rohstoffe. Im Jahr 1996 wanderten 45 Prozent der geernteten Tomaten, 30 Prozent der Zitronen und 20 Prozent der Orangen in die Industrie.

Die Verarbeitung hat auch Auswirkungen auf den Geschmack. Denn die Industrie beeinflußt mit ihrer Nachfrage nicht nur, welche Gemüse verstärkt angebaut werden, sondern auch, welche Sorten es sind. Die Tomaten »Roma« und »San Marzano« sind einzig und allein für die Industrie gezüchtet worden: als besonders feste und für die maschinelle Ernte gut geeignete Früchte. Sie werden deshalb konsequent als Verarbeitungsrohware bezeichnet. Doch wenn die Marktpreise vielversprechend sind, kann die Industrieware auf verschlungenen Wegen auch in den Handel kommen. Griechenland bringt regelmäßig einen Teil seiner Wein-Ernte, aus denen eigentlich Rosinen werden sollten, als Tafeltrauben auf den Markt oder verkauft sie an Winzer. Das ist verboten, denn die Gemeinschaft zahlt den Erzeugern teures Geld, um diese Überschüsse vom Markt fernzuhalten.

Wie schwer Betrügereien zu verhindern sind, zeigt die wundersame Vermehrung von Früchten. Ein Beispiel: Um zu dokumentieren, wieviele subventionierte Nektarinen tatsächlich zu Saft gepreßt wurden, müssen die Rohware und das Endprodukt täglich überprüft werden. Da die Kontrolleure aber nicht rund um die Uhr arbeiten wie der Betrieb selbst, verläßt so manche EU-gesponsorte Rohware die Saftfabrik unverarbeitet durch die Hintertür. Am nächsten Tag wird sie dann am Liefertor erneut angeboten und bezahlt.

Wegen der minderen Qualität der Ware, die zur Verarbeitung gedacht ist, ziehen die Produzenten meist drei bis fünf Prozent vom Kaufpreis ab, mit der Begründung, daß sie einen Teil der Ladung aussortieren müssen. Doch nicht selten unterbleibt das: In die Maschinen kommt alles, egal, ob die Früchte unreif, faul oder verdreckt sind. »Eine große Zahl von Verarbeitern – besonders in Griechenland und Italien«, moniert der Rechnungshof, hätten Fertigerzeugnisse »aus nicht beihilfefähiger Rohware« hergestellt und dafür Finanzhilfen kassiert – 151 Millionen ECU zum Beispiel für die Herstellung von Tomatenkonzentrat (1994). Der Verbraucher ist der Dumme: Er subventioniert mit seinem Geld die Verschlechterung der Lebensmittelqualität.

Das sieht auch der Europäische Rechnungshof so. 1995 erklärte er mit vernichtender Offenheit: »Das gegenwärtige kostspielige System der Rücknahmen und der Vernichtung von Überschüssen zur Entlastung des Marktes und Sicherung eines Mindesteinkommens für die Erzeuger trägt zur Überschußerzeugung und Umweltverschmutzung bei und vermittelt außerdem einen negativen Eindruck in der Öffentlichkeit.«

Roden statt reifen

Nektarinen und Pfirsiche gehören zu den Obstsorten, bei denen die größten Überschüsse anfallen. Für 1993 zum Beispiel gibt die Kommission europaweit 4,37 Millionen Tonnen an, von denen etwa ein Fünftel unverkäuflich war. In Griechenland wurden damals 62 Prozent der einheimischen Ernte weggeworfen, in Frankreich 10, in Italien 5,5 und in Spanien 4,5 Prozent.

1996 beschloß die Kommission, für die Rodung der Obstbäume zu zahlen. Agrarkommissar Franz Fischler: »Das war nicht einfach, die betroffenen Landwirte vor allem in den südlichen Regionen davon zu überzeugen, daß sie damit aufhören müssen, Pfirsiche zu produzieren, die dann direkt auf die Müllhalde gekarrt werden.« Prämien werden für diejenigen Flächen bezahlt, auf denen mehr als 300 Bäumen stehen, die »nicht älter als 15 Jahre« sein dürfen. Dafür erhalten die Produzenten pro Hektar 5.000 ECU: Außerdem müssen sie sich verpflichten, keine neuen Pfirsich- oder Nektarinenbäume dort anzupflanzen.

Daß von 232.000 Hektar Anbaufläche weniger als ein halbes Prozent, nämlich nur 1.000 Hektar, verschwinden, will die Kommission sich die stattliche Summe von fünf Millionen ECU kosten lassen. Die Kommission rechnet vor, daß die Summe, welche die EU jährlich für die Vernichtung der Früchte bezahlt, abgezogen werden müsse. Damit koste die Aktion nur 1,4 Millionen ECU.

Diese Rechnung wurde vom Europäischen Parlament – erfolglos – angezweifelt. Man wisse nämlich gar nicht, so kritisierte es, wieviele Pfirsich- und Nektarinenbäume es überhaupt in der Gemeinschaft gebe, wieviele Bäume auf einem Hektar stehen, wie alt sie seien und welchen Ertrag sie brächten. Betrügereien seien deshalb kaum auszuschließen. Außerdem, so hieß es in einem Parlamentsbericht, sei vor allem die schlechte Qualität einiger Sorten für die Überschüsse verantwortlich. Fördere man statt dessen einen »genüßlicheren Verzehr zwischen den Mahlzeiten«, so ließe sich der Absatz des Obstes um 15 bis 20 Prozent erhöhen. Dann seien weder Rodung noch Rücknahme nötig.

In Zukunft wird sich der Pfirsich- und Nektarinenmarkt noch einmal ganz neu ordnen, wenn nämlich wegen internationaler Abkommen auch die Türkei und Afrika mehr Früchte nach Europa liefern werden.

Natur nach Norm

Die Welt produziert immer mehr Obst und Gemüse, doch der Absatz stagniert. Neue Märkte sind kaum noch zu erschließen. Die Entwicklungsländer haben entweder genügend eigene landwirtschaftliche Produkte, oder aber sie verfügen nicht über die notwendigen Devisen, um sie zu importieren. Deshalb werden sich die Hauptexportländer auf die Märkte mit hoher Kaufkraft konzentrieren.

Die europäischen Obst- und Gemüseproduzenten müssen sich also auf einen harten Wettbewerb gefaßt machen, in der Gemeinschaft wie auch außerhalb. 1994 begann in der Kommission die Diskussion über die Zukunft dieses Sektors. Der damalige Agrarkommissar René Steichen erklärte, die GATT-Verhandlungen würden »Dynamik und Wettbewerbsfähigkeit« erfordern. Deshalb müsse der Markt vereinfacht, müßten die »Entgleisungen und Schwachstellen« behoben werden. Nicht zuletzt sollten die 1,6 Milliarden ECU, die jährlich für die GMO ausgegeben werden, »im Interesse der Erzeuger und Verbraucher wirksamer eingesetzt werden«.

Die Reform von 1996 legte die schrittweise, aber doch erhebliche Senkung der Interventionsmengen fest und reduzierte die Rücknahmepreise im selben Zeitraum, teilweise um mehr als 40 Prozent. Gezielt Überschüsse zu produzieren, meint Bundeslandwirtschaftsminister Jochen Borchert (CDU), werde sich in Zukunft »nicht mehr lohnen«.

Ein Aspekt der neuen Politik ist, daß »lokale Eßgewohnheiten« stärker berücksichtigt werden sollen. Einzelne Erzeuger müssen nicht mehr die strengen Einheitsnormen der EU befolgen. Ein Signal in diese Richtung hatte Brüssel bereits 1993 gegeben. Damals war eine kleine grüne Birne namens »Winterküttel« in das Netz der Bürokratie geraten. Der Obsthändler Clemens Overmann in dem westfälischen Städtchen Werne hatte diese Winterbirne in seinem Laden angeboten und damit gegen EU-Recht verstoßen. Denn »Winterküttel« entsprach nicht der Qualitätsnorm, wonach Birnen unter anderem mindestens 45 Millimeter im Durchmesser haben müssen. Das mochte Overmann nicht einsehen. Eine lokale Spezialität wie die Küttelbirne, so der Kaufmann, könne doch nicht einfach der Regelungswut der EU-Bürokraten zum Opfer fallen.

Um das Problem öffentlich zu machen, zeigte er sich selbst an. Bald darauf rückten Beamte der Lebensmittelüberwachung an und vermaßen 33 Kilogramm Winterküttel – Birne für Birne. Jede zweite erfüllte nicht die EU-Norm. Overmann sollte ein Bußgeld zahlen. Zwei Jahre kämpfte der streitbare Regionalpatriot – bis ihm die nordrhein-westfälische Landesregierung mitteilen konnte, daß Brüssel grünes Licht für die Küttelbirne gab, da »regional bedeutsame Produkte auf regionalen Märkten vermarktet werden dürften«.

Der Deutsche Bauernverband (DBV) war keineswegs glücklich über diese Entscheidung. Die Freistellung von den EU-Qualitätsnormen müsse »auf Ab-Hof-Verkäufe an Endverbraucher« beschränkt bleiben. »Die Qualitätsnormen machen Sinn. Sie können von jedem, der am Handel beteiligt ist, schnell und gut nachvollzogen werden«, erklärte Hans-Dieter Stallknecht, Referent für Obst und Gemüse.

Die Kommission betont, daß Qualitätsnormen vor allem dazu dienen, unzulängliche Produkte auszusortieren. Merkmale wie Farbe, Größe und Handelsklasse machen den Markt übersichtlich und vereinfachen den Handel. Der Einkäufer kann Ware am Telefon oder Computer ordern, ohne daß er sie je zu Gesicht bekommen hat, geschweige denn probieren konnte. Auf den Normen beruht auch das System der Rücknahme: Wer sie nicht einhält, bekommt keine Entschädigung. Die Verbraucherverbände haben die Qualitätsnormen stets kritisiert: »Kleine Früchte bedeuten noch lange nicht eine mindere Qualität, insbesondere, was die Konsistenz und den Geschmack angeht.«

Damit haben die Qualitätsnormen auch kaum etwas zu tun. Statt dessen sollen sie die Rentabilität der Erzeugung sichern. Seit 1996 gelten für Obst und Gemüse die von der UN-Wirtschaftskommission für Europa festgesetzten Normen, die kaum von den alten EU-Standards abweichen. Sie sollen dafür sorgen, so die Kommission, daß »im internationalen Handel eine gemeinsame Sprache gesprochen wird«.

Standards bedeuten noch lange nicht, daß der Wunsch des Verbrauchers nach wohlschmeckendem Obst und Gemüse erfüllt wird. Ein Beispiel dafür sind Kiwi. Italien hat, trotz Bedenken der Kommission, große Mengen der vitaminreichen haarigen Früchte in Gegenden angebaut, die sich eigentlich nicht dafür eignen. Entsprechend schlecht fiel die Qualität des Obstes aus, sie reichte längst nicht an die der neuseeländischen Früchte heran. Jetzt fordern die Italiener von der Kommission, den Import der wohlschmeckenderen ausländischen Ware zu sanktionieren. »Das ist ein Unding!« sagt Fruchthändler Stülcken. »Internationale Arbeitsteilung macht Sinn. Wir können so außerhalb unserer Erntezeiten frisches Obst und Gemüse aus Drittländern importieren.«

Wenn Italien aber zu viele Kiwis produziert, sind die Kühlhäuser auch dann noch voll, wenn im Sommer aus Neuseeland bereits die neue Ernte importiert wird. Kühlhausware steht dann in Konkurrenz zu den frischen Früchten: Sie muß vernichtet oder verarbeitet werden, wenn die EU den Binnenmarkt nicht nach außen abschotten will, was die Handelsbeziehungen mit den Drittländern belasten würde.

Oder das Beispiel Apfel: Jedes Frühjahr entbrennt in der EU aufs neue ein Streit, wann die Grenzen für frische Importe aus Drittländern geöffnet werden sollen. Die europäischen Bauern fordern, dies solange hinauszuzögern oder zumindest zu begrenzen, bis die eigenen Kühllager geräumt sind. 1995 erklärten sie sogar, eine Einfuhr sei überhaupt nicht notwendig, da ihre Bestände bis zur nächsten Ernte reichen würden. Die europäische Verbraucherorganisation EURO COOP kritisiert, daß immer mehr Kühllager entstehen. Die lange Lagerzeit der Äpfel wirke sich nur nachteilig auf deren Geschmack aus. Statt im Winter frisches Obst kaufen zu können, müsse der Konsument auf alte Ware zurückgreifen.

Der Verbraucher hat auch das Nachsehen, wenn findige Betrüger die Preisunterschiede der in- und ausländischen Waren ausnutzen. Neuseeländische Zwiebeln zum Beispiel, die im Februar frisch auf den Markt kommen, kosten im Handel zwischen einer Mark und einer Mark fünfzig pro Kilo. Die EU-Zwiebeln aus den Lagerhäusern kann der Großhändler dagegen bereits für wenige Pfennige erwerben. Wenn er nun billige inländische Ware in Netze mit dem Hinweis »Neuseeland« packt, kann er raschen Profit machen.

Der Zukunfts-Bauer

Durch die Öffnung des Weltmarkts wird die Arbeitsteilung in der Landwirtschaft zunehmen. Aus den Bauern werden Rohstofflieferanten – wo früher Lobbyisten und Politiker die Normen setzten, diktiert nun der Markt die Regeln der Produktion. Die Masse setzt sich durch: Nur wer im großen Maßstab und damit billig erzeugen kann, wird im internationalen Wettbewerb überleben. Auf die Neuordnung im Binnenmarkt folgt die globale Marktbereinigung.

Die Rohstoffe für viele Lebensmittel werden künftig aus Ländern kommen, die um vieles billiger produzieren als die europäischen Bauern. Deshalb will die Kommission diesen Berufsstand, der es durch eine jahrzehntelange Subventionspolitik verlernt hat, nach dem Nutzen seiner Produkte zu fragen, das Marketing lehren.

Schon bald sollen die Erzeugerorganisationen dabei eine wichtige Aufgabe übernehmen: Sie werden es sein, die bestimmen, wie angebaut wird, welche Marketingstrategien angewandt werden und ob

Umweltargumente dabei eine Rolle spielen. Bei diesen Zusammenschlüssen handelt es sich um kommerziell geführte Unternehmen, die nicht zuletzt die wirtschaftliche Position der Erzeuger gegenüber den großen Handelsketten und der Verarbeitungsindustrie stärken sollen. Ihr Betriebsfonds setzt sich zur Hälfte aus Zuschüssen der EU und zur anderen Hälfte aus den Mitgliedsbeiträgen der angeschlossenen Landwirte zusammen. Diese müssen künftig ihre gesamten Erzeugnisse an die Erzeugerorganisation abliefern und dürfen nur mit deren Zustimmung direkt ab Hof verkaufen – maximal 25 Prozent ihrer Ernte. Obst- und Gemüseproduzenten, die sich diesem Diktat nicht unterwerfen wollen, können dennoch zur Ablieferung ihrer Produkte und zur Entrichtung von Mitgliedsbeiträgen gezwungen werden.

Grundsätzlich ist der Ansatz, die Macht der Erzeuger über ihre Organisationen gegenüber der Abnehmerseite – dem Handel und der Verarbeitungsindustrie – zu stärken, positiv zu bewerten. Umgekehrt wäre es aber richtiger, die Macht des Handels durch strengere Fusionskontrollen auf ein erträgliches Maß zu beschränken.

Sowohl Verarbeitungsindustrie als auch der Handel sind in erster Linie an Produkten in verläßlichen Mengen und gleichbleibender Qualität interessiert. Die Auffassung von Qualität orientiert sich dabei an international gültigen Normen, weniger an der umweltfreundlichen Anbauweise oder artgerechten Tierhaltung.

Für Gérard Choplin von der Europäischen Bauernorganisation (CPE) in Brüssel ist deswegen die Förderung der großen Erzeugerorganisationen der falsche Weg. »Die Produktion wird sich noch stärker konzentrieren und weiter industrialisieren, mit der Konsequenz, daß die Qualität schlechter wird.« Er fürchtet, daß es dabei zu einem weiteren Verdrängungsprozeß kommen wird: Diejenigen Landwirte, die direkt vermarkten, und die kleineren Erzeugerorganisationen werden vom Markt verschwinden.

Erst wenn die Erzeugerorganisationen ihre neue Macht nicht allein für Preisverhandlungen, sondern für eine ökologisch orientierte Anbaumethode nutzen können, kann von einer wirklichen Gegenmacht, die neue Maßstäbe bei der Qualität von landwirtschaftlichen Produkten setzt, gesprochen werden.

Die neuen Marketingverbände müssen vor allem profitabel wirtschaften. Das könnte zum Beispiel bedeuten, daß eine spanische Genossenschaft dann – statt im Inland zu produzieren – Tomaten billig in Marokko anbauen läßt und sie anschließend an eine holländische Erzeugerorganisation weiterverkauft. Es könnten sich auch Branchenverbände gründen, in denen Handel, Verarbeitungsindustrie und Erzeugerorganisationen sich zusammenschließen, um den Absatz von Gemüse und Obst zu koordinieren und gemeinsame Marktforschung zu betreiben. In Deutschland ist das Bundeslandwirtschaftsministerium noch skeptisch, ob es hier solche Verbände anerkennen würde: »Wir hätten da kartellrechtliche Bedenken.«

Geschmacksfragen

ODER Von Trockensuppen und Naßfertiggerichten

In trockenem Zustand sehen sie aus wie Mondgestein. Großporige Klümpchen von zwei Zentimeter Durchmesser ruhen auf einem Bett aus braunem Pulvergrieß. Auf der hellgelben Oberfläche glitzern auskristallisierte Mineralsalze. Daneben liegen vereinzelt orangefarbene Splitter, ein Hauch von Tomate oder Karotte. Blaßgrüne Bruchstücke in Konfettigröße wecken Erinnerungen an Porreescheiben oder Zwiebelringe. Acht Gramm Fett, steht auf der Packung, wird diese Speise im Endstadium ihrer Zubereitung enthalten, ebensoviel Eiweiß und 24 Gramm Kohlehydrate. In einem dreiviertel Liter Wasser zehn Minuten kochen und mit geschlossenem Deckel fünf Minuten ziehen lassen, lautet die Anweisung auf der aromaversiegelten Tüte. Während dieser Zeit vollzieht sich im Dunkeln des Kochtopfs ein physikalisch-chemisches Wunder: Die bunten Raspeln strecken sich zu arithmetisch präzisen Karottenstreifen. Aus punktförmigem Papiergrün materialisieren sich Petersilienblätter und Schnittlauchscheibchen. Auch das Mondgestein ist auf das Drei- bis Vierfache seiner ursprünglichen Größe herangewachsen und trotzt nun als locker-flokkiges Gebilde der Schwerkraft: Fertig ist die »Grießklößchen-Suppe, reichhaltig und lecker«.

Industrielle Hexenküchen

Kochen, Braten und Backen war immer schon angewandte Physik und Chemie. Seit der Mensch existiert, versucht er, das Angebot der Natur zu verfeinern. Doch mit der Verstädterung der Welt hat er viel von seinem Wissen über die Entstehung und die Beschaffenheit seiner Nahrungsmittel verloren. »Er kann«, so die kritischen Kochbuchautoren Martina Meuth und Bernd Neuner-Duttenhofer, »leicht betrogen werden.« Dann siegt die technische Machbarkeit über den Geschmack – jenes Produkt kognitiver und instinktiver Fähigkeiten, die dem Menschen ursprünglich nicht nur dazu dienten, seinem Gaumen Freude zu bereiten, sondern vor allem auch, ihn vor giftigen Stoffen in der Natur zu warnen.

Schritt für Schritt hat die Industrie den Zubereitungsprozeß von Nahrungsmitteln übernommen und die Verbraucher vom Herd gelockt. Nur jeder fünfte Erwachsene in Deutschland, zeigen Umfragen, widmet sich noch eigenen Kochkünsten, diesem Prozeß der Veredelung, der universelle Rohstoffe in individuelle Genüsse verwandelt. Die Industrie macht sich dabei den Zwiespalt zunutze, daß viele Konsumenten heute eng in ein Korsett von Arbeitszwängen eingebunden sind, aber dennoch von einer gesunden und naturnahen Ernährung träumen.

Nur noch vier Prozent der landwirtschaftlichen Erzeugnisse in Deutschland werden unverarbeitet an den Endverbraucher verkauft. Der Rest macht den Umweg über die verarbeitende Industrie. Paprika, Zwiebeln, Kartoffeln, Karotten oder Blumenkohl – Gemüse wird zu Tiefkühlkost oder landet als Konserve oder Tütensuppe im Einkaufskorb, gefriergetrocknet, sterilisiert und mit Zusatzstoffen versetzt.

Die Werbung erzählt dem Konsumenten, sein Fertig-Apfelkuchen sei »nach Omas Rezept« gebacken und die Gemüsesuppe komme quasi direkt »vom Bauernhof«. In Fernsehspots schweben taufrische Basilikumblätter auf würfelförmig gepreßte Kräutermischungen, und blonde Holländerinnen in weißen Hauben und Holzschuhen rühren eigenhändig ihren »echten Gouda«. Trotz des Einsatzes von immer mehr (chemischen) Zusatzstoffen und hochmodernen technischen Herstellungsverfahren, so Bernd Weber, Vorsitzender des Landesverbandes der Lebensmittelkontrolleure Rheinland-Pfalz e.V., gehe »die Lebensmittelindustrie mit ›Nostalgiewerbung‹ immer wieder auf Kundenfang«.

Mit der Realität ließe sich auch schlecht werben, denn in einem Lebensmittelbetrieb sieht es ziemlich ähnlich aus wie in einem Pharmaunternehmen, und mit Drogen möchte die Branche nicht assoziiert werden. In Destillierapparaten werden die Nahrungsmittel-Rohstoffe in ihre chemischen Einzelteile zerlegt und dann in Fließbandtechnik zu neuen Phantasieprodukten zusammengebaut. Dabei geht nicht nur ihr natürlicher Nährwert verloren, zur Erleichterung der Verarbeitung werden auch viele Zusatzstoffe beigemischt: Verdickungs-, Treib- und Antiklumpmittel, Antioxidantien, Enzyme, Aromen, Konservierungsmittel, Alkali, Säuren, Salze und Farben.

Was dem Naturprodukt während der Verarbeitung entzogen wird, muß zum Schluß durch Imitate ersetzt werden. Zum Beispiel der Geschmack. Die meisten empfindlichen Aromen werden während der Behandlung mit Hitze zerstört. Ihr Ersatz bleibt notgedrungen unzulänglich: Eine Erdbeere vereint während ihres Reifeprozesses im Naturzustand an die 300 verschiedenen Geschmacksstoffe, und nur ein Bruchteil davon konnte von Lebensmittelchemikern bisher identifiziert werden. Dennoch sind in Europa bereits über 12.000 künstliche Geschmacksstoffe auf dem Markt.

Behilflich dabei sind Pilze, Bakterien und Hefen. Unermüdlich scheiden sie in Bioreaktoren die verschiedensten Aromen ab, zum Beispiel »Bittermandel«. Und weil es sich dabei um biologische Organismen handelt, darf das fertige Lebensmittel, das nie eine echte Mandel gesehen hat, seine Bestandteile auf dem Etikett auch noch »natürlich« nennen.

Weil viele Aromen hitzeempfindlich sind, werden sie vor der Weiterverarbeitung extrahiert, zu ihrem Schutz mit Kunstharz umhüllt und schließlich wieder beigemischt. Dazu werden organische Lösemittel, in der Fachsprache »technische Hilfsmittel«, verwendet. Die Europäische Union erlaubt mindestens zehn solcher Substanzen, von denen Reste in der Nahrung verbleiben und dort nicht einmal deklariert werden müssen: Auf der Packung steht dann nur »enthält natürliche oder naturidentische Aromastoffe« und nicht etwa »enthält Lösungsmittel und Konservierungsstoffe«.

Ein wichtiges Merkmal der industriellen Lebensmittelverarbeitung ist die Uniformität. Um kostengünstig hergestellt, verpackt, transportiert und vermarktet werden zu können, müssen die Produkte in Form und Konsistenz, in Farbe und Qualität gleich bleiben. Deshalb werden bereits die Rohstoffe normiert. Kartoffeln zum Beispiel werden nicht als Ganzes verwendet, sondern zunächst in einem »Food-Processing« in Fette, Kohlenhydrate, Proteine und andere Bestandteile zerlegt. Am Ende bleiben Flüssigkeiten, Granulate oder Pulver übrig, die sich maschinell und rechnergesteuert zu unzählig vielen verschiedenen Produkten kombinieren lassen.

Eine Revolution in der Verarbeitungstechnik brachten die Extruder (engl: Ausquetscher), Maschinen, die ursprünglich nur nahtlose Blei- und Plastikrohre herstellen sollten oder Ziegelsteine und Seifen in Form brachten. Doch bald stellte sich heraus, daß diese Universalwerkzeuge sich besonders für die Lebensmittelerzeugung eigneten. Mit ihrer Hilfe nämlich konnten Substanzen miteinander verschmolzen werden, die sonst gar nicht oder nur schwer eine Verbindung eingingen. Auf diese Weise ließen sich Reste aus der Produktion kostengünstig verwerten, indem sie zu Snacks oder Süßigkeiten »gepreßt« wurden.

Im Extruder wandert eine Masse aus verschiedenen Breien, zum Beispiel Maisgrieß, Weizenmehl, gemahlenen Erdnüssen, Stärke, Zusatzstoffen und Wasser, durch spiralförmige Windungen und wird dabei immer stärker zusammengepreßt und geknetet. Dabei erhitzt sie sich auf 200 Grad Celsius. Am Rohrende angekommen, wird der Teig mit hohem Druck durch eine Düse gepreßt und bläht sich durch die plötzliche Luftzufuhr schlagartig auf. Rotierende Messer hacken dann die luftige Schaumschlange in kleine, mundgerechte Stücke. Abgekühlt und getrocknet werden sie in ein Aromabad getaucht, und fertig sind die Erdnußflips.

Je nachdem, wie der Rohstoff beschaffen und welcher Düsenkopf montiert ist, können Extruder Stangen, Würfel, Röllchen, Plättchen oder Ringe formen. Selbst Hähnchenteile werden zu luftigen Eß-Bällchen. Der Extruder schluckt alles und macht aus billigen Rohstoffen teure Fertigprodukte.

»In der Lebensmitteltechnik haben wir eine Menge interessanter Projekte in der Pipeline.« Dieter Vogel, Geschäftsführer der Frankfurter Fachgemeinschaft Nahrungsmittel- und Verpackungsmaschinen, sieht für seine Branche eine rosige Zukunft. Durch die hohen Wachstumsraten bei Fertigprodukten ist sie unter den 34 Maschinenbaubranchen auf Platz drei vorgerückt. Dabei spielt eine wesentliche Rolle, daß immer weniger naturbelassene Produkte und immer mehr Konzentrate wie Breie oder Granulate verarbeitet werden. Dies ermögliche, so Vogel, daß ein und dieselbe Technik in verschiedenen Branchen eingesetzt werden könne.

Oft sind diese ohnehin unter einem Dach vereint. Lebensmittel werden immer synthetischer, und es ist kein Zufall, daß große Nahrungsmittelkonzerne wie Unilever mittelbar oder direkt mit der pharmazeutischen oder chemischen Industrie verflochten sind. Sie profitieren von Fertigungsanlagen, die sich für die Produktion von Kartoffelchips, Erdnußflips, Keksen oder bayerischen Leberknödeln genauso eignen wie für die Erzeugung von Tierfutter oder pharmazeutischen Produkten.

Die englische Firma Food Machinery International Ltd. bietet zum Beispiel rotierende Aromatisier-Drehtrommeln an, die, Tag und Nacht im Einsatz, schichtweise die verschiedensten Ladungen an Rohstoffen verarbeiten können. Der Aromastoff wird dabei durch ein spezielles Verfahren negativ aufgeladen und von den positiv gepolten Lebensmitteln oder Pharmazeutika angezogen. Dabei werden diese gleichmäßig beschichtet. Mit dieser Methode, so der Hersteller, könne der Verbrauch von Aromapulver um 20 bis 30 Prozent reduziert werden.

Die universelle Technologie birgt jedoch auch hygienische Risiken. Amerikanische Ärzte behandelten eine Patientin, die allergisch auf Erdnüsse war. Obwohl sie sämtliche Nußprodukte vermied, hörten ihre Beschwerden nicht auf. Es stellte sich jedoch heraus, daß sie von Sonnenblumenbutter stammten, die auf derselben Produktionsanlage erzeugt worden war wie die Erdnußbutter. So landeten Erdnußallergene im Konkurrenzprodukt.

■ Wozu kochen?

Wozu kochen, wenn doch der Supermarkt schnellen Genuß verspricht? In seinen Tiefkühltruhen lagern sommerlich frische Gemüse neben Cremetorten und Pizzen »wie aus dem Holzofen«. In den Regalen warten Instant-Puddings neben Knödeln im Kochsäckchen und Halbfertig-Brötchen für das Sonntagsfrühstück. Nicht zu vergessen das Riesenangebot an Fertigsaucen, Gewürzmischungen und Aromawürfeln. Selbst ausgefallene kulinarische Vorlieben werden befriedigt: Thomy's »Rot-Weiß« spendet aus einer einzigen Tube Ketchup und Mayonnaise und malt appetitliche Streifenmuster auf Pommes oder Hamburger.

»Man stellt sich darauf ein, daß nach dem Jahr 2000 rund 80 Prozent der Bevölkerung sich nur noch mit Fertiggerichten ernähren oder in Restaurants essen gehen. Und das am stärksten wachsende Sortiment im deutschen Markt sind genau diese Produkte«, sagt Erwin Conradi, Leiter der »Metro«-Handelskette.

Von den jährlich mehr als 10.000 Produkten, welche die Lebensmittelindustrie auf den Markt bringt, ist das meiste »Convenience«-Ware – Nahrungsmittel, die vor allem an die Bequemlichkeit des Verbrauchers appelieren. An der Spitze dieser Hitliste stehen Gefrierprodukte. »Die Lust der Deutschen auf Tiefkühlkost ist ungebrochen«, frohlockt Manfred Sassen, Geschäftsführer des Deutschen Tiefkühlinstituts (DTI). »Seit Jahren wächst die Branche schneller als der gesamte Lebensmittelbereich!«

Rund 20 Kilo Gefrorenes kaufen die Deutschen jährlich und liegen damit im europäischen Mittelfeld. Die Dänen konsumieren fast doppelt so viel, und selbst das Gourmetland Frankreich kommt auf rund 30 Kilo pro Nase. Ein Drittel der Deutschen, die sich von Tiefkühlkost ernähren, sind alte Menschen, die von Heimdiensten beliefert werden. Aber auch viele Unternehmen verzichten auf teure Kantinen und lassen sich von Catering-Spezialisten aus der Truhe bedienen. Ein Drittel des Gesamtumsatzes der deutschen Lebensmittelindustrie wird bereits im Lieferservice erzielt.

Selbst Spitzenköche in Restaurants und Hotelketten greifen längst nicht mehr nur zu Gefrierkost, sondern stellen ihre exklusiv klingenden Menüs aus vorgekochten und portioniert abgepackten Convenience-Produkten zusammen. Der »Piatto di Pesce raffinato« – Seeteufelkotelett und Scampi vom Grill auf einer leichten Tomatensauce mit frischem Salbei –, den ein vornehmes Lokal an der Hamburger Alster serviert, besteht aus »System-Komponenten«, die nur noch erhitzt und wohl arrangiert wurden. Geliefert hat sie der Steakhaus-König Eugen Block, der mehr als 500 Betriebe in ganz Deutschland mit Convenience-Produkten versorgt.

Der »gastronomie report« lobt den schnellen Trend, die »Lebensmittel mit eingebauter Dienstleistung«. Convenience – das bedeute nicht mehr fade Fertiggerichte oder Suppeneintöpfe mit Dosengeschmack, sondern Kreativität nach »Art des Hauses«.

»Die Arbeit vieler Köche besteht nur noch darin, Büchsen aufzumachen, Beutel zu schneiden und Tiefgefrorenes aufzutauen«, sagt Bernd Ludwig, Hotelexperte aus Bad Homburg. 17.000 Arbeitsstunden konnten bei den elf deutschen Scandic-Hotels eingespart werden, nachdem sie ihre Hotelküchen auf Convenience umgestellt hatten. Die Holiday-Inn-Kette verteilte entsprechende Einkaufsempfehlungen an ihre Köche und rüstete die Küchen auf die neue Technik um.

Selbst das für Frische und Qualität bekannte Unternehmen Mövenpick füllt einen Teil seiner Karte mit Convenience-Gerichten.

Die Fertigportionen aus dem Plastikbeutel, die ungeöffnet im Wasserbad erhitzt werden, sparen nicht nur Geld und Arbeitskräfte, sondern kommen auch den strengen Hygienerichtlinien in der Gastronomie entgegen. Sie werden kurz vorgegart und dann schonend pasteurisiert. Richtig angewendet, bewahrt dieses Verfahren Geschmack, Konsistenz, Farbe und Inhaltsstoffe – besser als die Tiefkühlung. Wenn die Produkte sauber verarbeitet und nicht über sieben Grad gelagert werden, bleiben sie drei bis sechs Wochen haltbar und keimfrei. Die Mogelpackung wird von den wenigsten Gästen durchschaut. Manche allerdings wundern sich, wenn sie bereits zwei Minuten nach ihrer Bestellung das fertige Menü auf dem Tisch haben.

Je eintöniger die Rohstoffe, desto bunter die Zutaten. »Ethnisch essen«, diesen »Mega-Trend der 90er Jahre« propagierte der Nestlé-Konzern 1993 in Köln auf der »Anuga«, einer internationalen Ernährungsmesse. In einer großangelegten Studie hatten seine Experten den Nahrungsmittelmarkt in Deutschland nach neuen Trends und lukrativen Nischen abgeklopft. Fündig waren sie bei fremdländischen Spezialitäten geworden: Vier Milliarden Mark hatten die Deutschen ein Jahr zuvor für exotische Lebensmittel und Zutaten ausgegeben. Auch ausländische Spezialitätenrestaurants verzeichneten steigende Umsätze. Der Deutsche, der im Ausland mißtrauisch allzu Fremdes meidet und seine eigene Küche vorzieht, wo er sie bekommt, toleriert in den eigenen vier Wänden durchaus einen Hauch von Abenteuer. Nestlé formulierte das diplomatischer: »Essen und Trinken«, so steht in der Studie des Unternehmens, »überwindet nicht nur geographische Grenzen und verbindet Menschen verschiedenster Herkunft. Essen und Trinken ist überdies ein zutiefst kultureller Vorgang, der den Zustand einer Zivilisation widerspiegelt.«

Besonders beliebt als »ethnic food« sind italienische, asiatische und mexikanische Fast-Food-Produkte. Mit »Maggi Cariba CREOLE«, einem exotischen Gericht mit Hühnerfleisch in einer »pikant-scharfen Gemüsesoße mit Reis und Wildreis«, abgepackt in praktischen Ein-Portionen-Beuteln, lassen sich die Erinnerungen an den letzten Karibikurlaub rasch und bequem in der Mikrowelle oder im Wasserbad aufwärmen. Wer eher der asiatischen Küche zuneigt, findet »Asia-5-Minuten-Terrinen« in reicher Auswahl, zum Beispiel »JAVA« mit

Shrimps und feinen Eiernudeln. Trockensuppen wie »Pastaria Tagliatelline Funghi« oder feurige Dipps aus der »TexMex-Küche« runden das Angebot für den multikulturellen Genießer ab. Die Lebensmittelzeitung hat schon die nächste Entwicklungsperspektive ausgemacht, denn in den USA ist eine spannende Fusion im Gange: »Thai-Italian«.

Wenn Sie dieses Buch lesen, ist dieser Trend vermutlich schon längst wieder passé, denn eines der wichtigsten Kennzeichen der Lebensmittelbranche ist ihre Schnellebigkeit. Martina Meuth und Bernd Neuner-Duttenhofen halten das für keinen Zufall. »Wahre Geschmäcker«, darauf beharren die beiden Koch-Experten, hinterlassen unauslöschliche Spuren in unserer Erinnerung. Aromatisierte Lebensmittel weckten nur kurzfristig das Verlangen: »Ihre künstliche Zusammensetzung erledigt sich selbst, sie wirken nicht nach, sondern erzeugen schon Ekel, ehe unsere Erinnerung sie für würdig befinden könnte, unser Innenleben zu bereichern. Ihr Selbstzweck ist auf den Augenblick des Verzehrs gerichtet, ihre sinnliche Reproduktion unmöglich, weil unsere Sinne betrogen wurden.«

Die Lebensmittelbranche muß also flexibel bleiben und ihren Kunden ständig neue Geschmacksvarianten auftischen. Dabei entstehen die ausgefallensten Kreationen: Gänseleber mit Mangogeschmack, Karotteneis, Curry-Sauerkraut oder Schinken mit Marzipanduft. Nur der geringste Teil dieser »innovativen Produkte« kann sich halten, die meisten erweisen sich schon nach kürzester Zeit als Flop und verschwinden wieder aus den Regalen.

Um auf dem wechselhaften Weltmarkt die Nase vorn zu behalten, müssen sich die Nahrungsmittelerzeuger also ständig Neues einfallen lassen. Früher dauerte die Entwicklung eines Produkts drei bis fünf Jahre, heute haben Salatsoßen, Joghurts, Wurstspezialitäten oder Getränke maximal ein Jahr Zeit, um sich ein chemisch und werbetechnisch abgerundetes Image aufzubauen.

Dabei ermöglichen die High-Tech-Produktionsstraßen, daß einzelne Rezepturen rasch zu ändern und zu variieren sind. Weil es keinen gemeinschaftlichen europäischen Geschmack gibt, ist in den Markenartikeln bestimmter Suppen- oder Soßenhersteller in jedem Land etwas anderes drin. »Ich kann nur erfolgreich sein, wenn ich jeweils den lokalen Gusto treffe«, sagt Jörg Peter Dufft, Marketing-Chef bei Unilever.

Während die Rezepte und die Produktion regionalisiert werden, muß das Verkaufsprinzip jedoch in ganz Europa funktionieren. »Cornetto«-Eiskrem von Unilever ist solch ein typisches Euro-Produkt. Es ist in fast allen Mitgliedsländern zu haben, aber wird in unterschiedlichen Geschmacksrichtungen vertrieben.

Die Eß- und Trinkgewohnheiten der deutschen Konsumenten sind »kapriziös«, sagt Volker Pudel, Leiter der ernährungspsychologischen Forschungsstelle an der Universität Göttingen. Seit Jahren beobachtet er widersprüchliche Strömungen: »Der deutsche Verbraucher wünscht sich vom Essen der Zukunft Frische, Genuß und Gesundheit.« Er sei dabei neugierig auf neue Gaumenkitzel, »jedoch unterlegt mit dem Grundbedürfnis nach Sicherheit«. Und der Mikrobiologe Rudi Vogel von der Technischen Universität München-Weihenstephan meint: »Statt einer Aufbruchstimmung hin zu neuen Produkten ist eher eine Tendenz zurück zur Natur zu beobachten.«

Fit durch Food

Warum möchte der deutsche Verbraucher möglichst natürliche Nahrung? Weil er etwas für seine Gesundheit tun will. Um so anfälliger ist er – auch dies haben die Lebensmittelkonzerne längst entdeckt – für Produkte, die ihm Schönheit, Jugend und Fitneß versprechen. Den Trend »zurück zur Natur« unterlaufen die Hersteller, indem sie ihre High-Tech-Produkte zum gesünderen »Way-of-Life« erklären. So bekräftigte der langjährige Generaldirektor des Schweizer Nestlé-Konzerns, Helmut Maucher: »Unsere Produkte sind sicherer als Wurst oder Milch direkt vom Bauern. Jemand, der ohne Fett, ohne Salz und ohne Zucker die gleichen schmackhaften Produkte machen kann, ist in zwei Sekunden Milliardär.«

In Amerika und Japan sind »functional food« und »health food« stark im Kommen. Man ißt diese Produkte nicht, um sich zu ernähren, sondern um etwas für sich zu tun – für die Gesundheit, die Konzentration oder die Stimmung. Diese Lebensmittel »nach Maß« bedienen wie das »ethnic food« die Bedürfnisse spezifischer Verbrauchergruppen – neben Kranken, die Diät halten müssen, vor allem Säuglinge, Kleinkinder und Sportler. »In den USA will die Lebensmittelindustrie darauf hinaus, spezifische Lebensmittel für bestimmte Gesundheitsprofile zu entwickeln«, sagt Kees de Winter von der europäischen Verbraucherorganisation »beuc« in Brüssel. »Da machen Sie dann einen Gentest, um zu wissen, welche Krankheiten Sie vielleicht einmal bekommen können, und dann verspricht Ihnen die Industrie die entsprechende maßgeschneiderte Ernährung, um dieses Risiko zu senken.«

Dieser Gesundheitsmarkt mit seinem enormen wirtschaftlichen Potential ist einer der wichtigsten Strategiepfeiler der Lebensmittelbranche. Ein Großteil der Forschung wird in diesen Sektor investiert. Die Lebensmitteltechniker operieren unerwünschte Substanzen aus Produkten heraus, zum Beispiel Glucose aus Eiweiß oder Zucker aus Frucht- und Gemüsesäften. Chemie ersetzt ungesunde Bestandteile wie Fette oder Kochsalze. Außerdem wird werbewirksam das, was den Lebensmitteln bei der Verarbeitung an Nährstoffen entzogen wurde, als »Extraportion Gesundheit« wieder hinzugemixt oder als »Nahrungsergänzungsmittel« in Form von Tabletten, Pulver oder Trank extra angeboten.

Eine europäische Richtlinie nennt Vitamine, Mineralstoffe (Kalzium, Phosphor, Magnesium) und Spurenelemente (Eisen, Zink, Jod) und empfiehlt sogar Tagesdosen: Wenn 100 Gramm oder Milliliter eines Produktes mindestens 15 Prozent dieser Dosis abdecken, darf der Hersteller mit der Anreicherung werben. Dann können Argumente wie »reich an Kalzium« auf der Verpackung stehen. In der Herstellung sind solche Zusatzstoffe meist billig, umso teurer kommen dann die Endverbraucherpreise.

Für den Verbraucher ist diese Regelung eher verwirrend, denn sie berücksichtigt nicht die Menge, die täglich verzehrt wird: 100 Milliliter Milch zum Beispiel enthalten etwa 0,18 Milligramm Vitamin B2. Weil das aber nur rund 11 Prozent der empfohlenen Tagesdosis entspricht, darf auf das Vitamin nicht hingewiesen werden, obwohl Milch wegen des hohen Konsums zu seinen wichtigsten Lieferanten gehört. Dagegen kann das Vitamin bei einem süßen Brotaufstrich, der mit 0,24 Gramm versetzt wurde, beworben werden. Auch wenn davon vermutlich nur etwa 20 Gramm am Tag verzehrt werden – und damit nur 0,05 Milligramm Vitamin, 3 Prozent der Tagesdosis.

Mathilde Kersting vom Forschungsinstitut für Kinderernährung in Dortmund hat in einer Studie Nährstoffzusätze verglichen und festgestellt, daß Lebensmittel oft das Doppelte der Tagesdosis enthalten: »Der Zusatz von Nährstoffen geschieht ohne erkennbares Konzept und eher willkürlich.« So fanden die Verbraucherzentralen bei einer bundesweiten Analyse von angereicherten Milchprodukten heraus, daß der Hälfte von ihnen Vitamin E zugesetzt war, ein Nährstoff, mit dem die Bevölkerung ohnehin ausreichend versorgt ist. Fast ebenso viele enthielten auch noch Kalzium, obwohl gerade Milchprodukte von Natur aus reich an diesem Nährstoff sind.

Überdosierung kann jedoch schädlich sein: Zuviel Kalzium zum Beispiel blockiert die Aufnahme von Eisen, zuviel Eisen wiederum die Resorption von Zink. »Der überreiche Konsum hochangereicherter Produkte ist gesundheitlich nicht unbedenklich«, warnt Claus Leitzmann vom Institut für Ernährungswissenschaften der Universität Gießen. Trotzdem – so schätzt der Bundesfachverband der Arzneimittelhersteller – werden in Deutschland jährlich etwa 3 bis 4 Milliarden Mark mit Nahrungsergänzungsmitteln umgesetzt – Tendenz steigend. Dazu zählen neben den altbekannten Nährstoffen wie Vitaminen auch Ballaststoffe, ungesättigte Fettsäuren oder bioaktive Pflanzeninhaltsstoffe. Diese Substanzen sind isoliert als Pulver, Kapseln oder Tabletten erhältlich, in Apotheken, aber auch in Drogerien, Reformhäusern oder Supermärkten. »Nutraceuticals« werden diese Lebensmittel in den USA – in Anlehnung an Pharmazeutika – genannt.

Für den Gesetzgeber ist das problematisch, denn weder die Wirksamkeit noch die Unbedenklichkeit dieser Präparate ist erwiesen. Günther Wolfram, Präsident der Deutschen Gesellschaft für Ernährung, bezweifelt deshalb den Sinn von Nutraceuticals: »Es ist nur in wenigen Fällen am Menschen nachgewiesen, ob und inwiefern diese Lebensmittel tatsächlich gesundheitsfördernd wirken.«

Trotzdem können sie ohne besondere Zulassung oder Überprüfung verkauft werden. Das Berliner Bundesinstitut für gesundheitlichen Verbraucherschutz und Veterinärmedizin (BgVV) sieht darin sogar eine besondere Taktik: »Hersteller versuchen verstärkt, ihre arzneilich wirksamen Produkte als Nahrungsergänzungsmittel auf den Markt zu bringen, um eine aufwendige Arzneimittelzulassung zu umgehen.«

Werner Braun, Vordenker bei Nestlé in Lausanne, betont zwar: »Wir wollen keine rein funktionellen Lebensmittel kreieren nach dem Motto, wenn du das dreimal am Tag ißt, bleibst du ein Jahr lang gesund – so etwas kann man nur mit Pillen machen.« Doch mit seiner neuen Joghurt-Kreation LC1 hat der Konzern diesen Vorsatz zumindest aufgeweicht. Für seine »neue Generation von Milchprodukten«

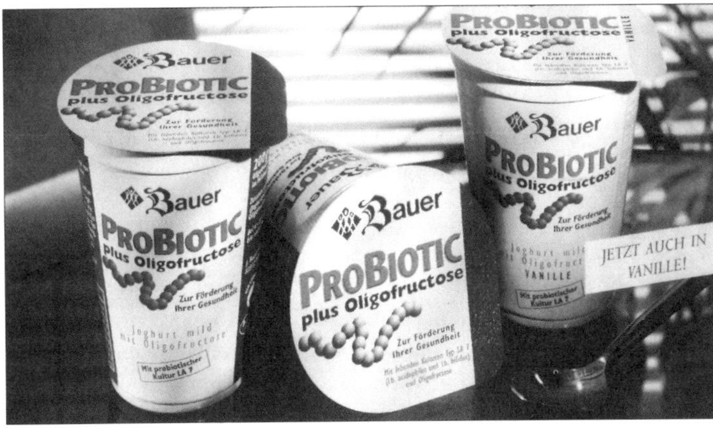

Reklame für Joghurt mit »probiotischer« Wirkung

haben seine Biologen aus dem menschlichen Verdauungstrakt einen Bakterienstamm isoliert und einem »Milchmischerzeugnis« beigesetzt. Auf der Verpackung wirbt Nestlé mit der Aussage, »daß Lactobacillus acidophilus 1 bei täglichem Verzehr die Darmflora positiv beeinflußt und insofern eine probiotische Wirkung ausübt«. LC1 siedele sich im Darm an und stimuliere »die wünschenswerte natürliche Aktivität körpereigener Zellen ... Täglich verzehrt, trägt Nestlé LC1 deshalb zu Ihrer Gesundheit bei«. In dem firmeneigenen Informationsmaterial wird außerdem betont, daß der Joghurt die Abwehr anrege, Durchfallerkrankungen vorbeuge und vermutlich »im besonderen vorbeugende Eigenschaften gegen Krankheiten bewirken kann, die durch [...] E.coli und Salmonellen verursacht werden«.

Die Firma »Omega DHA Food GmbH«, ein Gemeinschaftsunternehmen mehrerer deutscher Eier-Produzenten, brachte 1996 ein »neues Ei« auf den Markt, das angeblich »lebenswichtige« ungesättigte Fettsäuren enthält, die in der heutigen Nahrung rar geworden sind. Den Legehennen wird dazu Algen-Biomasse unters Futter gemischt. Der Genuß dieser Omega-Eier, so eine Presseinformation, sei »gut für Sehkraft und Gehirn«. Die Eier kosten etwa 50 Pfennige pro Stück.

Gesund-Produkt oder Lebensmittel? Mark Seidscheck, Geschäftsführer beim Bundesfachverband der Arzneimittelhersteller, sieht in solchen »Sowohl als auch«-Produkten einen Verstoß gegen geltendes Recht. Danach darf gesundheitsbezogene Werbung eigentlich nur bei

»diätetischen Lebensmitteln« betrieben werden – und die müssen gesondert gekennzeichnet werden. Dazu gehören Säuglings- und Kleinkindnahrung sowie Produkte gegen Stoffwechselstörungen, aber auch Fitneß-Drinks für Sportler, Kochsalzersatz und Süßstoffe. Wegen ihrer besonderen Zusammensetzung und gezielten, funktionellen Wirkung unterliegen sie einer strengeren Überprüfung durch die Behörden als normale Lebensmittel. Daß sie als Produkte nicht nur gesund sind, sondern sogar Krankheiten vorbeugen können, dürfen nur Arzneimittel von sich behaupten.

Eine ältere EU-Richtlinie regelt, was bisher europaweit als »diätetisches Produkt« gilt. Technologische Neuerungen müssen, bis diese aktualisiert ist, von den einzelnen Mitgliedsländern zugelassen werden. Diese Situation, fürchtet die Kommission, benachteiligt innovationsfreudige Unternehmen, weil sie ihre Erfindungen nicht sofort europaweit vermarkten können.

»Benachteiligung« – ein häufiges Wort im europäischen Sprachgebrauch. Während die Industrie bei jeder Gelegenheit ihr Klagelied anstimmt, spricht kaum jemand von den Nachteilen für den Verbraucher. Zum Beispiel, wenn er ein Produkt kaufen soll, dessen Unbedenklichkeit noch nicht erwiesen ist. Diätetische Lebensmittel sollen nämlich ohne gründliche Prüfung »vorübergehend« auf den Markt gebracht werden können, um den betreffenden Unternehmen »eine lohnende Verwertung ihrer neuentwickelten, besseren Erzeugnisse zu ermöglichen«. Zwei Jahre lang darf – nach einem Votum von EU-Experten – eine neue Gesundheitskreation am Verbraucher getestet werden.

Rot und rund

Die Hände zeigen die Spuren harter Arbeit. Erde klebt an den Fingernägeln, und der Ärmel ist verschmiert. Doch die prallen, roten Tomaten, die in einer Geste der Dankbarkeit und der Gastfreundschaft zugleich angeboten werden, sind so blank poliert, daß sie das Sonnenlicht reflektieren: »Ackern für Deutschland« steht über dem Werbeplakat. Und darunter: »Obst und Gemüse aus holländischen Familienbetrieben«.

Die Holland-Tomate versucht ein »Relaunching«. So nennt man in der Werbebranche den Versuch, ein bekanntes Produkt in neuem Outfit und mit verändertem Image auf den Markt zu bringen. Holländisches Gemüse hat in Deutschland den Ruf, zwar perfekt im Aussehen, aber reichlich fade im Geschmack zu sein. Die alte Holland-Tomate war der Idealtyp dieser Gemüse-Generation: schön bunt, schnittfest, lager- und transportfähig, das klassische Supermarktgewächs. Der Geschmack blieb auf der Strecke.

Irgendwann merkten das die deutschen Konsumenten. 1992 brach der holländische Tomatenmarkt zusammen, im folgenden Jahr fielen die Preise auf einen bis dahin ungekannten Tiefstand. Die Sonne hatte den holländischen Gewächshäusern den Rang abgelaufen: Früchte aus Marokko, Spanien und von den Kanarischen Inseln eroberten die Märkte. 1990 exportierten die Spanier (inklusive der Kanarischen Inseln) allein nach Deutschland 93.100 Tonnen Tomaten. Vier Jahre später war es bereits das Zweieinhalbfache, nämlich 230.000 Tonnen. Im harten Wettbewerb begannen die Glashaus-Produzenten, sich gegenseitig zu bekriegen: Die Belgier schimpften auf die niedrigen Erdgas-Tarife, zu denen die holländische Konkurrenz ihre Hallen beheizte. Die Franzosen zwangen ihre Supermärkte, keine belgische Ware mehr zu Dumpingpreisen zu kaufen. Spanien, erst seit 1986 in der EG, wurde kritisiert, weil dort die Bewässerung subventioniert wurde. Wohlschmeckende Freilandtomaten kamen vor allem von den Kanarischen Inseln. Die Hauptschuld aber sahen alle bei Marokko, das durch riesige Exportmengen den europäischen Markt durcheinanderbrachte.

Jahrzehntelang hatte Holland eine bedeutende Rolle auf den Fruchtmärkten gespielt. Die steigende Nachfrage von Obst und Gemüse besonders in Deutschland hatte seit Anfang der 50er Jahre im Nachbarland zu einer gewaltigen Expansion der Gärtnerbetriebe geführt. Die Produzenten, überwiegend Familienbetriebe, vergrößerten ihre Unternehmen und spezialisierten sich, modernisierten und mechanisierten ihren Unterglas-Anbau.

In Holland wurden aus Gärtnern Fabrikanten. In dem Land, das einen Großteil seiner Fläche dem Meer abgetrotzt hatte, wurde die Erde abgeschafft: Tomaten, Gurken, Paprika und Salate wuchsen fortan aus winzigen Kästen auf Substrat, vor allem auf Steinwolle. Über ein System dünner Schläuche wird jede einzelne Pflanze mit Wasser und optimierter Nährstofflösung versorgt. Ihre Zusammensetzung überwacht ein Computer. In kaum einem anderen Land sind die Erträge

Tomaten aus dem Unterglasanbau (Quelle: CBT)

pro Hektar so hoch wie in den Niederlanden: Rund 22.000 Produzenten stellen auf 90.000 Hektar Anbaufläche etwa zwei Millionen Tonnen Obst und Gemüse her. Knapp die Hälfte davon wird in Deutschland konsumiert.

Die Absatzprobleme blieben nicht aus, vor allem bei der Tomate. Die holländischen Bauern hätten zu lange einseitig auf Massenproduktion gesetzt, kritisierte das niederländische Landwirtschaftsministerium schon 1990, den Wünschen der Konsumenten dagegen zu wenig Beachtung geschenkt. Die deutschen Kunden griffen immer seltener nach der holländischen Standardtomate. Während 1991 noch 55 Prozent (288.500 Tonnen) aller in Deutschland verkauften Tomaten aus Holland kamen, waren es 1995 nur noch 32 Prozent (183.000 Tonnen). Die Niederländer verloren ihre Vormachtstellung im Reich der Tomaten.

In aufwendigen Marktuntersuchungen und Geschmackstests fanden die Holländer heraus, daß die Konsumenten die Einheitstomate satt hatten und sich mehr Vielfalt wünschten. Das Relaunching begann: Die niederländischen Veredelungsinstitute machten sich daran, neue Kreuzungen zu entwickeln. Sie sollten die von den Verbrauchern gewünschten idealen Eigenschaften miteinander kombinierten.

Das Ergebnis sind über 15 neue Tomatenkreationen, die je nach Gusto des Verbrauchers lose oder am Strauch angeboten werden: für jeden Geschmack eine – fleischige, saftige, süße, mit dem herben Geruch der Stauden, an denen sie gewachsen sind.

Die neue Vielfalt präsentiert sich in Form von Markenartikeln, die sich dem Verbraucher als eigene Namen einprägen und von ihm gezielt nachgefragt werden sollen: Die Cherry-Strauchtomate »Sweet Surprise« gilt als »differenziertes Produkt«, das einen besonders süßen Gaumenkitzel verspricht, die »Rote Feste« ist besonders gut aufzuschneiden und die »Rote Perle« extra fein, kleinfruchtig, süß und aromatisch. Die letzten Novitäten von 1996 sind eine neue Eiertomate, »Red Fresh«, lose oder als Strauchtomate, und »Tasty Tom«, vor allem süß. An jedem Strauch soll, für den Käufer erkenntlich, ein Anhänger mit der Adresse des Herstellers hängen, der persönlich für die Qualität seiner Ware bürgt.

Die Medienkampagne »Ackern für Deutschland« sollte Händlern und Verbrauchern den Kurswechsel signalisieren. Großhändler und Kunden konnten auf »Holland-Wochen« den neuen Geschmack testen. Mit Erfolg; der Absatz der neuen Sorten konnte das anhaltende Tief der Einheitstomate wenigstens zum Teil wettmachen. Allerdings mußten die Holländer für die Werbung andere Motive wählen. Verbraucherverbände nämlich hatten die Abbildung der Hände, an deren Fingernägeln noch Erde haftete, als Vortäuschung falscher Tatsachen erfolgreich moniert.

Die belgischen Nachbarn folgten dem positiven holländischen Beispiel. Einem Dutzend Tomatenvarianten verpaßten sie wohlklingende Namen wie »Flandria Prince« (lose Midlife-Tomate) oder »Flandria Princess« (dasselbe am Strauch). Jon Somers, belgischer Marketing-Experte für Gemüse, schwärmt, daß diese Tomaten nicht wie früher grün, sondern reif geerntet werden könnten – und trotzdem noch zwei bis drei Wochen hielten. Sie eigneten sich wegen ihrer Haltbarkeit und Transportsicherheit vor allem für den Export.

Auch bei anderen Produkten rückten die Wünsche der Verbraucher wieder in den Vordergrund. Eine Konsumentenumfrage aus dem Jahr 1993 hatten zum Beispiel gezeigt, was Engländer und Deutsche an der Paprika besonders interessierte. Das waren Frische, Geschmack, Farbe, aber auch die Anbaumethode. Die Auswertung der Studie lieferte auch gleich Empfehlungen: Weil »in Deutschland eine allgemeine Vorliebe für natürliche Produkte« herrsche, sei es nicht sinnvoll, »nach Paprika in perfekter Würfelform zu streben, da der unnatürliche Aspekt dadurch mehr hervorgehoben wird«. Statt dessen sollten die Gemüsesortimente künftig in verschiedenen Größen und Formen gemischt werden.

Parallel zu dieser Entwicklung hatte das niederländische Agrarministerium gefordert, die industrielle Landwirtschaft umweltfreundlicher zu machen. Der »umweltbewußte Anbau (UBA)« sollte ab 1991 den Einsatz chemischer Pflanzenschutzmittel drastisch reduzieren. Seither werden unter den Dächern der Gewächshäuser Schädlinge biologisch bekämpft: Schlupfwespen machen Jagd auf weiße Fliegen, Raubmilben vertilgen Rostmilben, Marienkäfer und anderes Getier machen sich über Blattläuse her, und Hummeln übernehmen die Arbeit der Bestäubung. Eine nahezu perfekte Natur, abgeschirmt von den Giften der äußeren Umwelt.

Fast alle der über 4.000 Glashaus-Gärtnereien in Holland haben sich inzwischen dem UBA-Projekt angeschlossen. Tomaten, Paprika, Gurken und Champignons stammen zu etwa 95 Prozent aus diesem »umweltbewußten Anbau«. Der bisher bei deutschen Verbrauchern als zu industriell und unnatürlich empfundene Anbau auf Substrat beansprucht nun ökologische Argumente: Dünger könne in optimaler Menge eingesetzt werden, argumentieren die Holländer. Die Belastung des Grundwassers sei deutlich reduziert worden.

Der Vergleich der in- und ausländischen Ware, so die Holländer stolz, zeige, daß niederländisches Gemüse deutlich weniger Agrargifte enthalte und »gegenüber den Produkten aus anderen Ländern der Europäischen Union gesünder« sei, so das Zentralbüro CBT. Die Produkte werden regelmäßig auf Rückstände von Schädlingsbekämpfungsmitteln untersucht. Erst machten das die Anbauer selbst, ab 1997 übernahmen unabhängige internationale Gutachter diese Aufgabe. »Der Anbau unter Glas hat ökologisch einen absoluten Vorteil«, sagt Lisbeth Boekestein von der CBT.

Obwohl der Unterglasanbau die Umweltlasten reduziert, ist er natürlich nicht »ökologisch« im Sinne des ökologischen Anbaus, weil er zugunsten eines optimalen Ertrags aus den natürlichen Kreisläufen herausgelöst wurde. Ob auch die Qualität der geernteten Früchte unterschiedlich ist, bleibt umstritten. Während sich die Inhaltsstoffe bei Messungen nicht von Freilandgemüse zu unterscheiden scheinen, weisen Biophysiker wie der Lebensmittelexperte Fritz A. Popp anhand von Biophotonen-Messungen darauf hin, daß der Energiehaushalt der Pflanzen verändert ist. Sein Mitarbeiter Marco Bischof: »So wie der Mensch durch Brillen- und Fensterglas eines für die Gesundheit und Vitalität essentiellen UV-Spektralbereichs beraubt wird, so erhalten auch Gemüsepflanzen bei Abschirmung durch gewöhnliches Glas oder Kunststoff kein UV-Licht.« In der Entwicklung sind Gewächshausdächer aus Spezialglas, Acryl oder Folien, die Sonnenlicht durchlassen.

Der umweltfreundliche Unterglasanbau wird in den Niederlanden mit einem kleinen Schmetterling auf den Lieferkartons ausgewiesen. Die deutschen Verbraucher bekommen ihn allerdings nur selten zu sehen, denn der Weg von der Ernte bis zum Supermarkt ist lang. Holländische Ware war in der Vergangenheit wegen ihres schlechten Images von Händlern oft umetikettiert worden. Befragungen bei deutschen Verbrauchern ergaben nämlich, daß sie am liebsten einheimische Freilandtomaten kauften. Das spiegele sich im Angebot jedoch nicht wieder, stellte 1994 die Fachzeitschrift »Gemüse« fest. Auf einem Markt, auf dem sich vor allem die Massenproduktion rentiert, hatte der Freilandanbau bei den hiesigen klimatischen Bedingungen keine Überlebenschance. Wenn die Früchte in Mitteleuropa unter freiem Himmel reif waren, fuhren die meisten Käufer gerade in die Sommerferien.

Lange Zeit war der Freilandanbau von deutschen Tomaten bereits so weit zurückgegangen, daß er statistisch gar nicht mehr erfaßt wurde. Seit einigen Jahren steigt er – weil die Verbraucher bereit sind, dafur tief in die Tasche zu greifen – wieder leicht an: 1995 auf 26.000 Tonnen. Gegen das rauhe Klima mit Hagel und Frost schützen manche Anbauer ihre Felder mit Hagelnetzen oder Folientunnel. »Die nicht offen diskutierte Frage lautet«, heißt es in einem Fachmagazin, »wie geschützt der Anbau sein darf, um das Produkt noch glaubwürdig als Freilandware vermarkten zu können?« Der bisher bedeutendste Vermarkter von Freilandtomaten in Deutschland, die Reichenau-Gemüse eG, beantwortet diese Frage, indem er Gewächshaus- und Freilandware nicht mehr getrennt ausweist. Statt dessen rückt er regionale Herkunft und den Begriff »Bodenkultur« in den Vordergrund.

Selbst im Süden, in Italien, Spanien, Marokko oder auf den Kanarischen Inseln, wird der Freilandanbau immer weiter eingeschränkt und unter Folien verlegt, um wetterbedingte Exportverluste zu vermeiden.

Es gibt bisher keine europäische Richtlinie, die Mindeststandards für Anbaumethoden oder Bezeichnungen vorschreibt. Hinweise wie »erdelos«, »bodenunabhängig« und »Hydro- oder Steinwollkultur« haben beim Verbraucher ein negatives Image, obwohl auch hierzulande immer mehr Produzenten auf Säcke, Matten, Container und Nährlösungen als Anbausubstrat umsteigen. Deutsche Agrarexperten haben deshalb vorgeschlagen, künftig nur noch zwischen »Boden-«, »Substrat-« und Nährlösungskultur« zu unterscheiden.

Der deutsche Tomatenanbauer, so die Fachzeitschrift »Gemüse« ist der Ansicht, daß die meisten Sorten ohnehin gleich gut oder schlecht schmecken. Testpersonen, so wird argumentiert, ließen sich in ihrem Urteil stark von Herkunft und Anbaumethode beeindrucken. Er selbst schätzt vor allem Eigenschaften, die das Leben der Frucht verlängern. Die neuen »longlife«-Tomaten wurden durch Auslese auf das Merkmal »gute Haltbarkeit« (feste Haut, dicke Kammerwände) hin gezüchtet oder durch Kreuzung mit Pflanzen, die ein Gen enthalten, welches den natürlichen Reifeprozeß verlangsamt. Dieses RIN-Gen, so die Zeitschrift »Gemüse«, sei nicht gentechnisch in die Tomate verpflanzt worden, sondern durch Mutation entstanden. Diese neuen Früchte sehen noch drei Wochen nach der Ernte frisch aus und eignen sich besonders für längere Transportwege. Es gibt auch »Midlife«-Sorten: Sie faulen nicht ganz so schnell wie die traditionellen, halten aber auch nicht so lange, höchstens drei Wochen.

Gentechnik wird im holländischen Gemüseanbau noch nicht eingesetzt. »Wir verfolgen die Entwicklung aber mit großem Interesse«, sagt Christian Kraus von der CBT. Sollte die Gentechnik deutliche Vorteile bieten, risikofrei sein und von den Verbrauchern akzeptiert werden, »dann werden wir natürlich auch hier über ihren Einsatz nachdenken«.

Das Tomatenpüree in den Regalen der englischen Supermarkt-Ketten »Safeway« und »Sainsbury« sieht aus wie jedes andere auch. Ehrlich gesagt, schmeckt es auch so. Nicht einmal eine chemische Analyse könnte zeigen, daß es sich von anderen unterscheidet. Obwohl es aus gentechnisch veränderten Tomaten hergestellt wurde, wie das Etikett anpreist: »Produced from Genetically Modified Tomatoes«.

Schräg gegenüber bei Co-op ist der billige Cheddar-Käse besonders beliebt. Er ist nicht mehr mit natürlichem Labferment aus dem Magen von Kälbern hergestellt, sondern mit einem gentechnisch erzeugten Gärmittel – Chymosin. Zu den Kunden gehören besonders viele Tierschützer. Sie wählen bewußt dieses Produkt, weil dafür kein Tier sterben mußte. Das Etikett »gentechnisch erzeugt« ist für sie Werbung.

In Holland hat eine belgische Firma Babymilch mit speziellen, mit gentechnischer Hilfe hergestellten Fettsäuren auf den Markt gebracht. Sie sollen der Gehirnentwicklung von Frühchen förderlich sein. Das Produkt »Nenatal« wird in Apotheken verkauft; sein Etikett klärt den Verbraucher nur darüber auf, daß es »mit Hilfe moderner Biotechnologie« hergestellt wurde. Das Wort Gentechnologie würde beim Konsumenten unangenehmere Assoziationen wecken als »Biotechnologie«, obwohl auch sie Teil dieser biologischen Verfahren ist.

Als die ersten gentechnischen Lebensmittel in den USA auf den Markt kamen, war die Reaktion der Verbraucher überwiegend negativ. Neuartige und patentierte Kreationen wie die Antimatsch-Tomate »Sav'r Flav'r« führten in vielen Ländern zu heftigen Debatten über die Frage, ob solche Produkte notwendig seien, ethisch vertretbar und gesundheitlich unbedenklich. Die Auseinandersetzung mündete in die politische Forderung, die veränderten Lebensmittel gesondert zu kennzeichnen.

Während sich die öffentliche Aufmerksamkeit um einige wenige spektakuläre Produkte wie die manipulierte Tomate oder Sojabohne drehte, hat sich im Stillen eine umfassende Revolution der Lebensmitteltechnologie vollzogen, die von den meisten Konsumenten nicht wahrgenommen wurde: »Bereits heute entstehen etwa 40 Prozent aller auf dem Markt befindlichen Lebensmittel unter Einsatz gentechnisch hergestellter Enzyme, Stärken, Vitamine und Zusatzstoffe«, sagt

Bundeswirtschaftsminister Günter Rexrodt (FDP). Zum Beispiel verkaufen die großen Enzym-Produzenten wie die dänische Firma Novo Nordisk, die holländische Gist-Brocades oder der amerikanische Pharmakonzern Pfizer jedes Jahr Enzyme für mehrere hundert Millionen Mark. »Ohne die Gentechnik«, so Gerhard Jicinsky, Geschäftsführer bei Novo Nordisk, »könnten wir viele Enzyme kaum noch wirtschaftlich produzieren.« Novo Nordisk liefert Enzyme auch nach Deutschland, hauptsächlich für die Brotherstellung.

Seit 15 Jahren sind bei der Verarbeitung von Lebensmitteln gentechnisch veränderte Mikroorganismen im Einsatz, die Aminosäuren, Vitamine, Süßstoffe und vor allem Enzyme produzieren – im Prinzip alle Substanzen, die nicht in den Rohstoffen selber stecken, sondern bei der Herstellung von Nahrungsmitteln verwendet werden. Zuckeraustauschstoffe wie Glucosesirup oder Fructose finden sich in vielen Lebensmitteln, zum Beispiel Bonbons, Lakritze, Marmelade oder Puddingpulver. Bei der Stärkeverarbeitung zum Beispiel werden häufig Enzyme verwendet, die von gentechnisch veränderten Mikroorganismen stammen.

Im Bereich der Mikroorganismen ist die Gentechnik am weitesten fortgeschritten. Doch Schritt für Schritt erobert sie das nächste große Anwendungsgebiet: das Saatgut. Durch genetische Manipulation am Samen kann der individuelle Reifeprozeß einer Frucht verzögert werden, gleichzeitig wird sie unempfindlich gegen bestimmte Agrargifte, zum Beispiel Unkrautvertilgungsmittel. Der US-Chemiekonzern Monsanto veränderte das Erbgut einer Sojabohne und machte sie so gegen das firmeneigene Pflanzengift »Roundup ready« unempfindlich: Während das aggressive Pestizid alle anderen Pflanzen angreift, bleiben die manipulierten Sojabüsche unversehrt.

Mit dieser Sojabohne kam Ende November 1996 zum ersten Mal eine gentechnisch veränderte Pflanze auf den deutschen Markt, deren Früchte in immerhin mehr als 30.000 Lebensmitteln Anwendung finden. Verbraucherschützer und Umweltverbände hatten die Trennung der per Schiff importierten Ware nach herkömmlichen und manipulierten Bohnen gefordert, um eine spätere Kennzeichnung der daraus hergestellten Produkte zu ermöglichen. Das sei deshalb nicht möglich, argumentierten die Amerikaner, weil die Sojaernte in den USA gemeinsam in Silos gelagert würde.

Obwohl auch der Lebensmittelhandel – zum Beispiel die Kaufhäuser »Karstadt« und »Hertie« – sowie einige Hersteller sich der Forderung nach Kennzeichnung angeschlossen hatten, wurden die Verbraucher schließlich, so Henrik Kröner von EuroCommerce, dem Dachverband der europäischen Groß- und Einzelhändler, »vor vollendete Tatsachen gestellt«.

Auch im Tierreich sind die Gen-Forscher aktiv. Die größte Gruppe der veränderten Organismen sind dabei Tiere, die als »Krankheitsmodelle« der medizinischen Forschung dienen – »Krebs-Mäuse«, »Arthritis-Schweine«, »Muskelschwund-Hunde« oder »Schizophrenie-Ratten«. Ihnen wurde ein menschliches Gen übertragen, um daran Entstehung oder Therapie von Leiden zu studieren. Noch werden gentechnisch manipulierte Tiere in der kommerziellen Landwirtschaft nicht eingesetzt. Über ein Dutzend solcher »transgenen« Tiere waren 1994 jedoch bereits beim Europäischen Patentamt in München angemeldet. Landwirtschaftliche Nutztiere sollen durch genetische Manipulationen ihr Futter besser verwerten und schneller wachsen, zum Beispiel Geflügel mit einem Rinder-Wachstumshormon. Auch viele Fische werden in der Zucht gentechnisch »optimiert«: Lachse zum Beispiel legen 37mal mehr Gewicht zu als ihre nicht manipulierten Artgenossen.

Da die Forschung an Schweinen und Kühen noch nicht so weit fortgeschritten ist, wird bei ihnen mit manipulierten Futtermitteln dafür gesorgt, daß ihr Energieumsatz steigt. In den Niederlanden wird über die Hälfte der Futtermittel für Schweine mit gentechnisch hergestellter Phytase versetzt, einem Enzym, das die Nährstoffverwertung verbessert. Auch in Frankreich, Belgien und Deutschland wird Phytase verwendet. Ein weiterer Effekt dabei ist, daß diese Fütterung die negativen Umweltauswirkungen der Massentierhaltung mildert: Die Gülle der Tiere enthält weniger Phosphat.

Die EU-Kommission in Brüssel beschäftigte sich mit dem wirtschaftlichen Potential der Gentechnologie zum ersten Mal 1983. Die Politiker rechneten mit »hoher Wertschöpfung« und »vollständiger industrieller Verbreitung«: Die gesamte Lebensmittelindustrie würde sich verändern. Der Nährwert der Waren könne gehoben, ihr Geschmack, Geruch und Aussehen verbessert werden. Auch würden Produkte künftig so kostengünstiger hergestellt und besser gelagert werden können.

Trotz dieser Zuversicht in die »Revolution durch Biotechnologie«

sah die Kommission aber auch schon die Probleme, die mit der Einführung dieser Techniken verbunden sein würden. Eine gesetzliche Regelung, die »Novel Food-Verordnung«, sollte einerseits »die Bedenken der Allgemeinheit zerstreuen« , zugleich aber auch »der Industrie einen Anreiz geben«.

Novel Food – neuartige Lebensmittel heißen im europäischen Sprachgebrauch nicht nur gentechnische Produkte, sondern sämtliche Zutaten und Waren, »die noch nie zuvor als Lebensmittel verzehrt worden sind« oder »durch die Verwendung neuer physikalischer, chemischer oder biologischer Verfahren grundlegend verändert« wurden. Dahinter verbirgt sich alles und nichts. Der Zucker im Tee, der kalorienreduzierte Erdbeer-Joghurt, das belegte Brot – alles kann »chemisch modifizierte« Bestandteile oder »synthetisch chemische Stoffe« enthalten. In all diesen Produkten könnten auch »neuartige oder ausgefallene« Rohstoffe aus Tieren, Pflanzen oder Mikroorganismen stecken, deren wichtiges Merkmal die genetische Veränderung ist: Sie dienen als Mehlverbesserer im Brot, zur Schädlingsabwehr im Salat oder verändern die Zusammensetzung von Schokolade so, daß sie kein Cholesterin mehr enthält.

Ob diese Produkte schädliche Auswirkungen auf Gesundheit und Umwelt haben, ist ungeklärt. Ein Streitpunkt bei »Novel Food« war deshalb das Zulassungsverfahren. Die Kritiker verlangten unter anderem, daß die Lebensmittelindustrie alle Unterlagen über die Herstellung offenlegen müßten – angesichts des international hohen Schutzes des Produktionsgeheimnisses ein aussichtsloses Unterfangen. Der Deutsche Bundesrat schlug ein Verfahren vor, das es ermöglicht hätte, Gen-Lebensmittel turnusmäßig zu überprüfen und bei negativen Auswirkungen vom Markt zu nehmen.

Ein weiterer Streitpunkt war die Kennzeichnung. Das Europäische Parlament und die Verbraucherorganisationen forderten, jedes Produkt auszuweisen, das in irgendeiner Weise mit Gentechnik in Berührung gekommen war. Zucker zum Beispiel, der aus manipulierten Zuckerrüben hergestellt wird, Pizza, die mit Käse belegt ist, der durch Labenzym aus der Retorte reifte, Cornflakes aus Gen-Mais oder Orangensaft mit gentechnischem Süßstoff.

Der für die Industrie zuständige Kommissar Martin Bangemann (FDP) lehnte eine solche Kennzeichnung kategorisch ab. Die Lebensmittelindustrie – allen voran der mächtige Verband SAGB (Senior

Advisory Group Biotechnology), dem alle führenden europäischen Chemie- und Nahrungsmittelkonzerne angehören – sah darin ein Hemmnis und forderte die Politiker auf, die »offene Feindseligkeit von politischen Interessengruppen gegenüber der modernen Biotechnologie« zu beseitigen. Auch der Bund für Lebensmittelrecht und Lebensmittelkunde (BLL), die deutsche Lobby der Ernährungsindustrie, sprach sich für eine Einschränkung der Kennzeichnungspflicht aus. Dagmar Roth-Behrendt, SPD-Abgeordnete im Europaparlament und Berichterstatterin zu Novel Food: »Mir wurde oft von der Industrie entgegengehalten, die Kennzeichnung hätte den Effekt eines Warnhinweises und mache das Produkt unverkäuflich.«

Die Angst der Industrie vor der Ablehnung der Verbraucher scheint begründet. In Deutschland ist sie besonders groß. 80 Prozent der Befragten gaben in Umfragen der vergangenen Jahre an, daß sie gentechnisch veränderte Lebensmittel nicht kaufen würden. Fast alle forderten eine umfassende Kennzeichnung. »Die Vorbehalte sind allerdings zurückgegangen«, sagt Katja Zimmermann, Expertin für Gen-Umfragen bei der Nürnberger Gesellschaft für Konsumumfragen (GfK). Das liege jedoch nicht an einer wachsenden Akzeptanz, sondern daran, daß die Verbraucher resigniert hätten und sich »vom Fortschritt plattgewalzt« fühlten.

13 Entwürfe für eine Novel Food-Verordnung legte die Kommission vor, aber keiner hielt der heftigen Kritik des Parlaments und der Verbraucherorganisationen stand. Im März 1996 schließlich einigte sich das Europäische Parlament auf ein Votum: Nur solche Lebensmittel sollten gekennzeichnet werden, die durch die Gentechnik »signifikant«, also nennenswert verändert würden.

Über die Frage, was darunter zu verstehen sei, konnten sich Parlament und Ministerrat jedoch nicht einigen. Ein Vermittlungsausschuß wurde einberufen. Im November 1996 kam nach sechs Wochen zäher Verhandlungen ein Kompromiß zustande: Diejenigen Lebensmittel sollen künftig gekennzeichnet werden, von denen »wissenschaftlich nachgewiesen« werden kann, daß sie sich durch die Gen-Manipulation in der Zusammensetzung, im Nährwert oder im Verwendungszweck verändert haben. Das bedeutet, daß zwar die Gentomate oder die Gen-Sojabohne gekennzeichnet werden müssen, weiterverarbeitete Produkte wie Ketchup oder Mehl jedoch einer Einzelfallprüfung überlassen bleiben, die klären muß, ob sich dieses Produkt entscheidend verändert hat. Ebenfalls nicht gekennzeichnet werden müssen gentechnisch veränderte Zusatzstoffe wie Aromen und Enzyme. Außerdem sieht die neue Verordnung vor, daß Großlieferungen von einer generellen Kennzeichnungspflicht ausgenommen sind. Bei denjenigen Großlieferungen, bei denen genmanipulierte und herkömmlich erzeugte Produkte gemischt sind, wie etwa dem amerikanischem Soja-Import, beschränkt sich die Kennzeichnung auf die Angabe: »kann gentechnisch modifizierte Organismen enthalten«.

Nur fünf bis zehn Prozent der Lebensmittel, die mit Hilfe der Gentechnik hergestellt werden, unterliegen nach dieser Regelung einer gesonderten Ausweispflicht. Hiltrud Breyer, grüne Europa-Abgeordnete und Mitglied des Vermittlungsausschusses, kritisierte die Novel Food-Verordnung deshalb als »Mogelpackung«. Sie enthalte keinerlei Kriterien, nach denen die Sicherheit dieser neuen Lebensmittel überprüft werden könnte. Wenn das Europa-Parlament der Verordnung in dieser Form zustimme, betont auch die Umweltschutzorganisation »Greenpeace«, könne die Kommission im Nachhinein ohne Beteiligung des Parlaments die wichtigen technischen Einzelheiten festlegen.

Was das im Einzelfall bedeuten kann, zeigt das Beispiel gentechnisch veränderter Maiskörner, die seit Oktober 1996, mit herkömmlich angebauten vermischt, aus den USA nach Europa exportiert wurden. Im Dezember beschloß die EU-Kommission, daß gentechnisch veränderte Maispflanzen oder aus ihnen hergestellte Nahrungsmittel, zum Beispiel Cornflakes oder Snacks, nicht gekennzeichnet werden müssen, und legitimierte im Nachhinein den illegalen Import. Damit setzte sie sich über die eindeutige Ablehnung gleich mehrerer Mitgliedsstaaten hinweg. Die Bedenken richteten sich vor allem gegen die dreifache Manipulation des Ciba-Geigy-Maises, der resistent gegen das Unkrautvernichtungsmittel Basta ist und außerdem selbständig ein Insektengift, das des Bacillus thuringiensis (Bt) produziert. Selbst wenn sich in der Folge Bt-resistente Insekten herausbilden könnten, argumentierte die Kommission, sei dies nicht als »negative Umweltauswirkung« zu bezeichnen, denn die Landwirtschaft kenne Methoden, mit denen die Vermehrung solcher Insekten kontrolliert werden könne. Diese Auffassung führt eines der wichtigsten Argumente für den Einsatz gentechnischer Pflanzen ad absurdum – nämlich den Einsatz von Ackergiften zu reduzieren.

Besonders umstritten ist jedoch, daß die manipulierten Pflanzen das Antibiotikum Ampicillin als Marker-Gen verwenden. Eine englische Studie zeigt, daß diese Resistenz auch auf Kühe übertragbar ist. Kritiker befürchten, daß sie sich in andere Krankheitserreger einkreuzen kann und diese damit gegen das auch in der Humanmedizin verwendete Antibiotikum immun macht. Im Gegensatz zur deutschen Regierung, die keinen Handlungsbedarf sieht, haben das österreichische und das französische Gesundheitsministerium wegen gesundheitlicher Bedenken den Import von Gen-Mais verboten.

Laborrezepte

Selbst Abfälle sind eßbar, wenn sie nur entsprechend bearbeitet wurden. In den Labors legen die Lebensmitteltechnologen ihren ganzen Ehrgeiz in die Erschließung neuer Nahrungsquellen. Zum Beispiel Lignin: Dieses Restprodukt aus der Zellstoffherstellung liefert preiswert Vanillegeschmack – das echte Gewürz wäre für die Herstellung von Massenerzeugnissen viel zu teuer.

Oder Surimi: 1994 untersuchte die Hamburger Bundesforschungsanstalt für Fischerei Meeresfrüchte aus dem Handel. In 70 Prozent der Stichproben fand sich das Imitat, das, aufgepeppt mit Aromen, Geschmacksverstärkern und anderen Zusätzen, als teure Shrimps, Tintenfische, Garnelen oder Krebsfleisch gehandelt wurde. Eigentlich muß es als Imitat gekennzeichnet werden. Doch wegen des billigen Herstellungspreises und der großen Gewinnspanne gegenüber dem Originalprodukt wird diese Vorschrift oft umgangen.

Surimi stammt ursprünglich aus Japan und heißt soviel wie »gewaschenes, zerkleinertes Fischfleisch«. Als Basis dienen verschiedene Fischarten, die auf riesigen Fabrikschiffen zu Mehl, Öl und dem Imitat verarbeitet werden. Da Surimi weiß und völlig geruch- und geschmacklos ist, dient es als ideales Basisprodukt in der Lebensmittelindustrie. Die gefrierstabilisierte Proteinmasse ist lange haltbar und wird mit Aromen, Zusatz- und Geschmacksstoffen zum Bestandteil von Wurst, Käse, Pizza, Suppen, Tierfutter, Babynahrung oder Kartoffelchips. Besonders beliebt ist seine Verwendung in Amerika und Kanada. In Europa ist es seit etwa zehn Jahren auf dem Markt, wobei der Verbrauch mit etwa 10.000 bis 12.000 Tonnen im Jahr eher gering ist.

Eine andere Proteinquelle haben englische ICI-Mitarbeiter erschlossen. Aus einem Schimmelpilz isolierten sie ein Mikroeiweiß, das sich in Fermentern billig und in beliebigen Mengen vermehren läßt. Wie Surimi ist diese Proteinmasse für den Verbraucher erst nach Beigabe von Aromen, Geschmacksverstärkern und Zusatzstoffen genießbar und vielseitig verwendbar. Im fertigen Zustand heißt das Produkt »Quorn« und soll zunächst als Fleischersatz bei Vegetariern einen Markt finden.

Aus norwegischem Tang gewannen Lebensmitteltechniker der Firma Proova Hydro Biopolymer in Hongkong Substanzen (Alginate), die als Ersatz für die Haifischflossen-Suppe dienen soll – eine begehrte, aber sehr teure chinesische Spezialität. Das Imitat wird Tierschützer freuen, denn Haie sind vom Aussterben bedroht.

Auf eine andere Idee verfielen japanische Chemiker in der Nähe von Tokio. Sie entwickelten aus den natürlichsten aller Abfälle, aus Fäkalien, eine proteinreiche Kreation, die in Textur, Geruch und Geschmack dem Rindfleisch sehr ähnlich ist. »Sogar ein Metzger hielt das Produkt für Fleisch«, freuten sich die Erfinder. Ihnen sei wohl bewußt, daß Klärschlamm ein Image-Problem hätte, sie wollten jedoch beweisen, daß im Prinzip recycelt und dem Körper wieder zugeführt werden könne, was derselbe ausgeschieden habe.

Machtpolitik

ODER Die Diktatur der Standards

»Es ist eindeutig richtig, daß das Europäische Parlament zur Zeit im Bereich der Agrarpolitik am wenigsten mitbestimmen kann, de facto nichts. Aber Essen und Trinken sind eine wichtige Sache, wo Transparenz herrschen muß. Es kann nicht länger sein, daß solche Dinge hinter verschlossenen Türen verhandelt werden.«
(EU-Agrarkommissar Franz Fischler am 27. November 1996)

Konzentrierte Nahrung

Wie muß ein optimales Vanilleeis beschaffen sein? Es muß riechen und aussehen wie das von Mövenpick, und es muß ein »Mundgefühl« erzeugen wie das Mucci-Eis von Aldi. Das zumindest meinten die Testpersonen, die 1993 im Auftrag der Langnese-Iglo-GmbH Hamburg verschiedene Eissorten probierten, wissenschaftlich überwacht vom Institut für Marketing und Handel der Universität Göttingen. Langnese wollte herausfinden, was die Konkurrenz möglicherweise besser macht, um ihr eigenes Produkt entsprechend zu optimieren und anzugleichen.

In den reichen Industrieländern sind die Bedürfnisse des Konsumenten im wahrsten Sinne des Wortes »gesättigt«: Er ißt nicht mehr, um sich zu ernähren, sondern um sich Wünsche zu erfüllen – nach individueller Lebensqualität, nach Leidenschaft, nach Befriedigung. Das führt dazu, daß Image und Verpackung eines Produkts einen weit höheren Stellenwert erhalten als sein Inhalt.

Den modischen Wechselbädern zwischen Trends wie »light«, »gesund« oder »exotisch« kann die Ernährungsindustrie nur mit hohen Investitionskosten und immer kürzeren Entwicklungszeiten begegnen. Bei Unilever zum Beispiel dauerte die Entwicklung eines

Streichfetts früher drei bis fünf Jahre. Heute dürfen solche Innovationen – egal ob Weichkäse, Dauerwurst oder exklusive Desserts mit »eingestrudelter« Sahne – höchstens ein Jahr dauern.

Wer bei diesem Spiel im Rennen bleiben will, muß sich entscheiden: Entweder billige Massenware produzieren oder aber ständig Innovationen mit massiver Werbung in den Markt drücken. »Wer bei einem Markenartikel nur die Nummer drei oder vier ist, wird leicht aus dem Regal geworfen«, bestätigt Nestlé-Manager Robert Raeber. Mit aufwendigen Kommunikationsstrategien versucht die Industrie auch, Produkte zu »repositionieren« – eine alte Marke erhält in anderer Verpackung ein neues Image.

In diesem Kampf um den Regalplatz kann nur bestehen, wer wirtschaftliche Macht hat. Bereits in Erwartung des europäischen Binnenmarkts kam es deshalb schon zwischen 1987 und 1989 zu einer gewaltigen Fusionswelle: Die Zahl der Übernahmen und Zusammenschlüsse in der Nahrungsmittel- und Getränkeindustrie stieg europaweit um 49 Prozent. Auch in Deutschland fielen viele mittelständische Betriebe dieser Entwicklung zum Opfer: Der französische Lebensmittelkonzern Danone kaufte das Konservenunternehmen Sonnen-Bassermann auf, die Kartoffelfirma Pfanni wurde von der amerikanischen CPC International geschluckt, und Milupa landete bei der holländischen Babykost-Firma Nutricia, um nur einige Beispiele zu nennen.

Die deutsche Wiedervereinigung und die Öffnung Osteuropas brachten der internationalen Nahrungsmittelindustrie noch einmal gehörige Absatzsteigerungen: 1990 wuchs zum Beispiel in Deutschland die Produktivität auf dem Sektor Ernährung um 13,2 Prozent. Die politische und wirtschaftliche Euphorie führte zu hitzigen Investitionen und übersteigerten Kapazitätserweiterungen. Heute aber ist der Nachholbedarf im Osten gestillt, sind die Märkte gesättigt. Die Hersteller müssen sich von den fetten Jahren mit überdurchschnittlich hohen Wachstumsraten verabschieden.

»1995 war für die Lebensmittelindustrie ein schweres Jahr«, schreibt die Bundesvereinigung der deutschen Ernährungsindustrie (BVE) in ihrem Jahresbericht. Die Anzahl der überwiegend mittelständisch organisierten Unternehmen hat sich auf rund 5.000 verringert, die Zahl der Beschäftigten ist auf 524.000 zurückgegangen. Die zehn größten deutschen Produzenten, darunter Kraft Jacobs Suchard,

Die 10 Größten der Nahrungsmittelindustrie in Deutschland
(Umsatz in Milliarden Mark)

Deutsche Unilever	9,3
Coca Cola	7,2
Nestlé Deutschland	6,9
Südzucker	6,3
Tchibo	6,0
Oetker	4,8
Kraft Jacobs Suchard	4,7
Moksel	4,0
Cobana/Fruchtring	3,1
Südfleisch	3,0

CPC Deutschland und Oetker auf den ersten Plätzen erwirtschaften nur elf Prozent des Branchenumsatzes von 221 Milliarden Mark.

Um dem Konkurrenzdruck und vor allem der Macht der starken Handelsketten zu widerstehen, so der BVE-Präsident Peter Traumann, werden weitere Rationalisierungen, Kooperationen und Zusammenschlüsse folgen. Bereits jetzt gibt es zahlreiche finanzielle Verflechtungen zwischen den einzelnen Unternehmen. Die Großen der Branche haben, wie das Münchner Ifo-Institut festgestellt hat, längst das Kapital vieler kleinerer und mittlerer Unternehmen übernommen, die nach außen hin noch selbständig erscheinen. In vielen Produktklassen, zum Beispiel bei Margarine, Zucker, Stärkeprodukten, Wein, Kaffee, Tee, Fisch, Gewürzen und Kartoffelerzeugnissen herrschten schon Oligopole: Einige wenige Unternehmen diktierten den Markt.

Fast alle 25 Branchen der deutschen Nahrungsmittelindustrie klagen über mangelnde Auslastung oder schwindende Nachfrage: Die Industriebäcker zum Beispiel, die der Wiedervereinigung eine zusätzliche Umsatzmilliarde zu verdanken hatten, verzeichnen heute Absatzeinbußen. Innerhalb der letzten sechs Jahre ist ihre Zahl deshalb von 140 Unternehmen auf 95 geschrumpft. Zehn davon liefern bereits die Hälfte der in Deutschland verzehrten Brot- und Backwaren. Der Trend zur Konzentration wurde durch das Nacht- und Sonntagsbackverbot noch unterstützt. Die kleineren Bäckereien konnten es nämlich nicht durch stärkere Automatisierung ausgleichen. Um mit den großen Handelsketten im Geschäft zu bleiben, müssen die Hersteller außerdem große Vertriebsnetze aufziehen und ihr Brot quer durch Deutschland fahren. »Wir müssen«, sagt Anton Dieter Hammel, Chef der Mitteldeutschen Simonsbrot-Fabrik in Eschwege, »unsere Kapazitäten ständig erhöhen«.

Auch die Molkereien setzen im Wettbewerb auf mehr Größe. Experten erwarten, daß bis zum Ende dieses Jahrzehnts von den heute etwas mehr als 300 deutschen Molkereien nur noch ein Drittel existieren wird. Konzentration, meint Bundeslandwirtschaftsminister Jochen Borchert (CDU), sei oft der einzige Weg, um dem Diktat der internationalen Handelsketten begegnen zu können.

Europaweit teilen sich einige wenige multinationale Konzerne wie Nestlé, Unilever oder der britische Nahrungsmittelkonzern BSN die Macht. In Europa halten sie einen ständig wachsenden Anteil am Gesamtmarkt, 1991 waren das etwa 20 Prozent. Sie konzentrieren den Nahrungsmittelsektor horizontal, vertikal und diagonal - und vereinen Samenhandel und Vertragsanbau genauso unter einem Dach wie die Produktion von Pflanzenschutzmittel und Zusatzstoffen, Fertigprodukten und Verpackungen bis hin zur Beteiligung an Ladenketten zum Verkauf.

Nur Mammutunternehmen kommen in den Genuß der Kostenvorteile für Industrie und Handel, die bei der Öffnung des Binnenmarktes auf insgesamt acht bis neun Milliarden Mark geschätzt wurden. Sie können ihre Produktionskapazitäten ohne große Verluste erweitern, alte Technologien modernisieren und neue einführen, mit Massenproduktion die hohen Fixkosten senken.

Wegen der unterschiedlichen Konsumgewohnheiten und wirtschaftlichen Strukturen ist der Konzentrationsgrad im Norden höher als im Süden. Während in Nord- und Mitteleuropa viel Fleisch, Butter, Schokolade und Kekse gegessen werden, ernähren sich die Südländer eher von frischem Obst und Gemüse. Sie verwenden weniger Fertignahrung. Italien, Spanien und Frankreich jedoch sind für die Nahrungsmittelindustrie ein besonders interessanter und umkämpfter Markt, denn in diesen Ländern geben die Verbraucher mehr als die Hälfte dessen aus, was in der gesamten EU für Essen investiert wird.

Trotz aller Unterschiede zeichnen sich zunehmend Gemeinsamkeiten ab. Europaweit sind die Konsumenten verstärkt an Produkten interessiert, die die Umwelt weniger belasten und außerdem der Gesundheit nicht schaden. Besonders dominant ist jedoch der Trend zu Fertignahrung und Snacks. Die höchsten Gewinne in der Nahrungsmittelindustrie sind mit landwirtschaftlichen Produkten zu erzielen, die weiterverarbeitet wurden: Je höher der Grad der »Veredelung«, desto höher die Wertschöpfung. Nicht das Ei bringt Geld, sondern die Eiernudeln, die Mayonnaise oder der Likör sichern Profit. Nicht die erntefrischen Erdbeeren, sondern der Fruchtjoghurt. Nicht das Masthähnchen, sondern die Hähnchen-Nuggets oder das fertige Hühnerfrikassee. An einem Hähnchen verdient der Mäster gerade mal 15 Pfennige. Mehr als 30 Hähnchen muß er also füttern und auf dem Großmarkt verkaufen, damit er sich an einer Pommesbude ein halbes Grillhähnchen leisten kann.

Es liegt auf der Hand, daß Unternehmen, die viele verschiedene Nahrungsmittelbranchen unter einem Dach vereinen, deutliche Produktionsvorteile haben. Mittelständische Betriebe können nur dort überleben, wo sie regionale Spezialitäten anbieten und lokale Märkte bedienen, zum Beispiel mit frischer Ware aus ökologischem Anbau oder Fleisch aus artgerechter Tierhaltung.

Doch was ein Erfolgsprodukt sein will, zum Beispiel die Unilever-Produkte »Cornetto-Eiscreme« oder »Unox«-Suppen, muß europaweit produziert, beworben und vertrieben werden. Das internationale Marketing bringt viele Kostenvorteile. Unterschiedliche Geschmacksnuancen, die in verschiedenen Ländern beigemischt werden, täuschen über die einheitliche Standardisierung von Fertiggerichten, Zahnpasten oder Kaugummis hinweg. »Die Aufgabe der Aromastoffe liegt darin«, heißt es in einem Fachbuch über Geschmacksforschung, »die besonderen und vielfältigen geschmacklichen Noten zu verleihen, die aufgrund der Verwendung geschmacksarmer Rohstoffe fehlen oder die durch den Einsatz rationalisierter Herstellungsverfahren geschädigt wurden beziehungsweise sich nicht im Lebensmittel bilden konnten.«

Vor allem bei Markenartikeln, meinen die Lebensmittelforscher, erwarten die Verbraucher einen spezifischen und gleichbleibenden Geschmack. Der kann am besten mit synthetisch hergestellten Aromastoffen erreicht werden, die in der Zusammensetzung standardisiert sind. Aus dem europäischen Einheitsbrei werden erst durch Zusatzstoffe nationale Gerichte.

Frankreichreisende können ein Loblied davon singen. Und deutsche Fernsehproduzenten verwandelten das Erfolgsgetränk in eine Erfolgsserie: »Kir Royal«. Die Münchner Schickeria machte dort vor, wie es geht: Ein Glas kühlen Champagners oder trockenen Weißweins wird durch einen Schuß herbsüßen »Cassis« zu einem prickelnd erfrischenden Aperitif – wundervoll!

Doch höchste Wonne hat bekanntlich ihre Gefahren. Um diese abzuwenden, zog die deutsche Regierung vor den Europäischen Gerichtshof. Der französische Traditionslikör »Cassis de Dijon«, so forderte sie, dürfe in Deutschland nicht verkauft werden. Ihre paradoxe Argumentation: Der im Vergleich zu deutschen Branntweinen niedrigere Alkoholgehalt des Importprodukts bedrohe Leib und Leben des Konsumenten.

In Deutschland durften Liköre nur dann in Verkehr gebracht werden, wenn sie einen Mindestgehalt an Alkohol von 32 Prozent enthielten. »Cassis de Dijon« konnte da nicht mithalten, ihm fehlten über 10 Prozent. Das gerade störte die deutschen Behörden. Eine unbeschränkte Freigabe von »Trinkbranntweinen beliebiger Alkoholgehalte«, so die kontrollierende Behörde, die Bundesmonopolverwaltung, könne zu einer Erhöhung des Konsums insgesamt führen und somit auch geeignet sein, Alkoholismus zu fördern. Um den Verbraucher vor »Täuschung« und »gegen unlautere Praktiken bei der Herstellung und dem Vertrieb von Spirituosen« zu schützen, wollte die Behörde deshalb den Import von »Cassis de Dijon« untersagen.

Laut Artikel 36 des EWG-Vertrags sind Einfuhrbeschränkungen erlaubt, wenn die Gesundheit und das Leben von Menschen bedroht sind. Die Lebensmittelkette REWE hingegen, die ihr Warensortiment durch den französischen Artikel erweitern wollte und das Thema deshalb aufs Tapet gebracht hatte, sah in dem Verbot einen Verstoß gegen Artikel 30 desselben Vertrags: Das deutsche Gesetz über einen Mindestweingeistgehalt stelle eine künstliche Abschottung gegenüber den anderen Ländern der Gemeinschaft dar. Einfuhrbeschränkungen oder alles, was solchen gleichkomme, seien zwischen Mitgliedsstaaten verboten.

In diesem Fall teilte der Europäische Gerichtshof die eigenwillige Gesundheitssicht der deutschen Behörden nicht. Generalanwalt Francesco Capotorti erklärte statt dessen, ein Angebot von alkoholärmeren Produkten gäbe vielmehr zu der Hoffnung Anlaß, daß der Verbraucher den Genuß schädlicherer Getränke einschränke. »Wäre es nicht besser für die Volksgesundheit«, fragte Capotorti, »wenn die Liebhaber eines Likörs vom Cassis-Geschmack neben der Befriedigung, ein Originalprodukt zu trinken, die Möglichkeit hätten, weniger Alkohol zu sich zu nehmen?« Der Europäische Gerichtshof gab REWE recht.

Die Bundesmonopolverwaltung hatte sich die Sache zu einfach gemacht. Der Artikel, auf den sie sich berief, sagt nämlich auch aus, daß Einfuhrverbote oder Handelsbeschränkungen zum Schutz der Verbrauchergesundheit »angemessen« und »verhältnismäßig« sein müssen. Sie dürfen keine willkürliche Diskriminierung eines Produkts oder eine verschleierte Beschränkung des Handels zwischen den Mitgliedsstaaten darstellen.

Dieses in Juristen- und Wirtschaftskreisen berühmt gewordene Urteil liegt fast zwanzig Jahre zurück. Es wurde zum Präzedenzfall in vielen Handelsstreitigkeiten. Von nun an sollte der Grundsatz gelten, daß jedes Erzeugnis, das in einem Mitgliedsstaat legal hergestellt und verkauft wurde, grundsätzlich auch in allen anderen EG-Ländern zugelassen werden muß – das »Prinzip der gegenseitigen Anerkennung«.

Als sich die Mitgliedsstaaten der EWG 1957 bei der Unterzeichnung der Römischen Verträge zur Angleichung ihrer Rechts- und Verwaltungsvorschriften verpflichteten, existierten für Nahrungsmittel viele verschiedene nationale Bestimmungen und Normen, die in den kommenden Jahrzehnten noch anwuchsen. In Frankreich zum Beispiel war Sorbinsäure zur Konservierung von Brot, in den Niederlanden von Käse verboten. In Deutschland dagegen machte dieser Stoff Schnittbrot haltbar. Das umstrittene Antibiotikum Natamycin, das zur Verhütung von Schimmelbefall auf die Käserinde gegeben wird, war nicht in Dänemark, wohl aber in Deutschland und den Niederlanden zugelassen. In Italien durften nach einem nationalen Reinheitsgebot Nudeln nur aus Hartweizen verkauft werden, während in Deutschland Nudeln mit Eiern hergestellt wurden. In Frankreich mußte ein Löffelbiskuit 270 Gramm Ei pro Kilogramm enthalten, in Deutschland aber 286 Gramm. Und in Italien durfte Rindfleisch in Konserven Johannisbrotkernmehl als Verdickungsmittel zugesetzt werden, das hierzulande für Fleischerzeugnisse nicht zugelassen war.

Um Handelskonflikte zu vermeiden, sollten die Produkte einheitlich gekennzeichnet werden. Das war schon deshalb nicht einfach, weil sie sich in jedem Land Europas anders zusammensetzten. Also mußte auch die Machart angeglichen werden. Die Europäische Gemeinschaft begann, sich mit industriellen Kochrezepten zu beschäftigen: Sie legte fest, was in die Schokolade hineindurfte, wie ein Honig und oder ein Fruchtsaft beschaffen sein mußte und was sich noch Wein nennen durfte.

Die bestehenden Unterschiede in Vorschriften und Normen nutzten die Länder jedoch weiter dazu aus, die Einfuhr von Konkurrenzprodukten zu verbieten. Gestritten wurde über die Normgröße von Erbsen, über die Klassifizierung von Kartoffeln oder über Soja als Bestandteil von Fleischprodukten. Bis der Spruch des Europäischen Gerichtshofs (Az: 120/78 vom 20. 2. 1979) zu einem Umdenken führte. Mit dem Weißbuch »Zur Vollendung des Binnenmarktes« verzichtete die Kommission 1985 darauf, die Produktion sämtlicher Lebensmittel zu harmonisieren: Alle Waren, die in einem Land der Gemeinschaft legal auf dem Markt waren, durften auch in anderen Staaten verkauft werden.

Einheitlich geregelt werden sollten nur noch die für den Gesundheits- und Verbraucherschutz wichtigen Bereiche, zum Beispiel Kennzeichnung, Bestrahlung oder Überwachung von Lebensmitteln, die Anwendung von Zusatzstoffen oder die Kreation neuartiger Nahrungsmittel (Novel Food). Die Arbeit der Europäischen Kommission ist damit weniger, aber nicht leichter geworden. Allein bei den Zusatzstoffen mußten rund 13.000 verschiedene gesetzliche Bestimmungen, Gepflogenheiten der Lebensmittelindustrie – und nicht zuletzt regionale Eßgewohnheiten – unter einen Hut gebracht werden. Dieser Prozeß dauerte Jahrzehnte. Die Richtlinie zur Anwendung von Zusatzstoffen zum Beispiel ist erst 1996 in Kraft getreten, die Regelung zu Novel Food etwa ein Jahr später.

Bei diesem Prozeß der »Harmonisierung« kam es auch im Europäischen Parlament immer wieder zu heftigen Debatten: Eine britische (konservative) Abgeordnete wehrte sich gegen die Vorstellung, daß aromatisierte Milchprodukte wegen einer Änderung der Richtlinie über Zusatzstoffe künftig eine andere Farbe haben sollten: »Wie soll ich den Leuten in Großbritannien erklären, wenn sich das Aussehen dieser Produkte ändert, daß sie das einzig und allein einem Änderungsantrag zu verdanken haben, den ein dänischer Sozialist in einem Ausschuß im fernen Brüssel eingebracht hat?« Ein spanischer Parlamentarier verteidigte sein Nationalgericht Paella, eine »Kulturtradition«, die »in kalvinistischer Manier« abgeschafft werden sollte. In einer fulminanten Rede wies er darauf hin, »daß genau an dem Tag, als mit einem rücksichtslosen Änderungsantrag versucht wurde, den Paella-Farbstoff zu verbieten, im Selbstbedienungsrestaurant des Parlaments die Paella als eine der Tagesgerichte angeboten wurde. 300 Portionen wurden verkauft, und zu Beginn dieser Sitzung habe ich – natürlich mit Befriedigung – festgestellt, daß keiner der Kollegen, die sie gegessen und zuvor für ihre Abschaffung gestimmt hatten, an irgendeinem Unwohlsein litt, worüber ich von Herzen froh bin.«

Praktisch bedeutet das Prinzip der gegenseitigen Anerkennung, daß die Mitgliedsstaaten zwar ihren eigenen Lebensmittelproduzenten strenge Vorschriften auferlegen können, zum Beispiel das Reinheitsgebot beim Bier. Doch im Zeichen des freien Wettbewerbs darf zum Beispiel auch holländisches Bier verkauft werden, das mit dem Dickungs- und Geliermittel Propylenglykolalginat (E 405) hergestellt wird. Umgekehrt können aber auch die Dänen den Import nitrithaltiger Leberwurst oder Frikadellen aus Deutschland nicht mehr ablehnen, obwohl dieser bei uns zugelassene Zusatzstoff dort als gesundheitsbedenklich gilt.

Der Handel mit EU-Produkten darf nicht behindert werden, es sei denn, er verstößt, so der EWG-Vertrag, gegen »die öffentliche Sittlichkeit, Ordnung und Sicherheit« oder er bedrohe »die Gesundheit und das Leben von Menschen, Tieren oder Pflanzen, das nationale Kulturgut von künstlerischem, geschichtlichem oder archäologischem Wert oder das gewerblich und kommerzielle Eigentum«. Verbote müssen wissenschaftlich fundiert werden.

Wie schwer es ist, nationale Märkte vor unerwünschten oder umstrittenen Produkten zu schützen, zeigt ein Beispiel aus den Niederlanden. 1982 wurde eine in Holland ansässige Zweigstelle der Schweizer Firma Sandoz angeklagt, weil sie dort ohne spezielle Zulassung Müsli-Riegel, »Power«-Backpulver und »Aufbautrank«-Pulver mit Vitamin-Zusätzen auf den Markt gebracht hatte. Im benachbarten Deutschland und Belgien waren sie ohne Probleme verkauft worden.

Die niederländische Behörde jedoch forderte von Sandoz den Nachweis, daß die Zusätze notwendig seien. Die Vitamine A und D könnten die Gesundheit der Verbraucher gefährden, argumentierte das Ministerium für Gesundheit und Umweltschutz, da auf der Verpackung nicht angegeben sei, wie eine individuelle und damit unbedenkliche Dosierung erreicht werden könne.

Die Firma Sandoz sah darin eine unerlaubte Handelsbeschränkung und brachte den Fall vor den Europäischen Gerichtshof. Es sei zwar bekannt, so argumentierte sie, daß die übermäßige Aufnahme bestimmter Vitamine schädliche Folgen oder unerwünschte Nebenwirkungen haben könne. Die Wissenschaft habe jedoch Toxizitätsschwellen und entsprechende Höchstmengen errechnet. Diese seien international anerkannt, und die Sandoz-Produkte entsprächen ihnen. In Großbritannien und Belgien, hieß es weiter, würden solche Produkte entsprechend gekennzeichnet, in Deutschland und Frankreich seien Höchstmengen vorgeschrieben, und in Dänemark, Italien und Griechenland müßten vitaminisierte Produkte registriert werden. All dies gewährleiste ausreichenden Verbraucherschutz. Das Verbot der Niederländer sei deshalb unverhältnismäßig.

Die Niederländer hielten dagegen, wegen der raschen Entwicklung neuer Zusatzstoffe solle ihr System der individuellen Zulassung einen optimalen Gesundheitsschutz der Konsumenten gewährleisten. Die absolute Unschädlichkeit solcher Zusätze lasse sich schon deshalb nicht nachweisen, weil sie von den Ernährungsgewohnheiten abhinge.

Alle Beteiligten waren sich darüber einig, daß der Vitamingehalt der Sandoz-Produkte weit von einer kritischen Schädlichkeitsschwelle entfernt war. Selbst der übermäßige Verzehr dieser Snacks konnte für sich genommen keine Gesundheitsgefährdung bewirken. Sie war jedoch nicht auszuschließen, wenn der Verbraucher zusätzlich mit anderen Nahrungsmitteln unkontrollierbare und nicht vorhersehbare Mengen an Vitaminen aufnahm.

Die europäischen Richter entschieden, daß dort, wo es keine gemeinsame Richtlinie gab, den Mitgliedsstaaten ein gewisser Handlungsspielraum verblieb. Sie könnten Genehmigungsverfahren vorschreiben und Auflagen machen, jedoch nicht in anderen Mitgliedsstaaten zugelassene Lebensmittel grundsätzlich verbieten.

Ob Stoffe in Lebensmitteln überhaupt notwendig oder nützlich sind für den Konsumenten, ist eine Frage, die sich im freien Warenverkehr nicht stellt, betonte der Europäische Gerichtshof. Ziel sei allein, »für die Erzeugnisse der verschiedenen Mitgliedsstaaten den Zugang zu Märkten zu gewährleisten, auf denen sie zuvor nicht erhältlich waren«.

Die deutsche Regierung hat erst 1992 das »Prinzip der gegenseitigen Anerkennung« in ihr nationales Lebensmittelrecht eingebaut. Seitdem können ausländische Produzenten beim Bundesministerium für Gesundheit einen Antrag auf Zulassung ihrer Produkte stellen. Diesem wird in der Regel schneller stattgegeben als einem nationalen Hersteller, der nach altem Recht behandelt wird.

Die unterschiedliche Behandlung in- und ausländischer Konkurrenten führte in der deutschen Lebensmittelindustrie zu heftigen Protesten. Sie fühlte sich »diskriminiert«: Während zum Beispiel in Deutschland der österreichische Energydrink »Red Bull« verkauft werden durfte, war den inländischen Produzenten verboten worden, ein ähnliches Produkt auf den Markt zu bringen. Die Begründung: Es müsse noch überprüft werden, wie seine Inhaltsstoffe (Taurin, Glucuronolacton, Niacin und andere) gesundheitlich zu bewerten seien. Während sich auf dem deutschen Markt inzwischen auch »blaue Säue«, »fliegende Pferde«, »rote Tiger« und »top secrets« wachsender Beliebtheit erfreuen, hat immer noch kein deutsches Produkt grünes Licht erhalten.

Für den Verbraucher bedeutet das Prinzip der gegenseitigen Anerkennung zweierlei: Er hat mehr Wahlfreiheit als früher, wie das Beispiel des französischen Cassis-Likörs zeigt. Aber er hat auch die Qual der Wahl: Er muß selbst entscheiden, was ihm guttut oder nicht und kann sich nicht mehr auf die Fürsorge des Staates, zum Beispiel seiner nationalen Gesundheitsbehörden, verlassen. Die Entscheidungen darüber, was ihm an Lebensmitteln angeboten wird, fallen nicht mehr auf nationaler, sondern auf europäischer und zunehmend auch auf internationaler Ebene.

Der Hamburger Experte für Lebensmittelrecht, Joachim Bergmann, betonte anläßlich eines Symposions der Stockmeyer-Stiftung 1996, wie stark sich das Bild des Konsumenten aus juristischer Sicht gewandelt habe. In der deutschen Rechtsprechung sei es das des »sogenannten flüchtigen Verbrauchers, der sich durch Eigenschaften wie Oberflächlichkeit, geringe Intelligenz, Informationsunfähigkeit, Informationsunwilligkeit« auszeichne. Im Gegensatz dazu halte der Europäische Gerichtshof »nur einen solchen Verbraucher für schutzwürdig, der sich als mündiger Bürger erweist, aufmerksam ist und insbesondere aufgrund seines Informationsinteresses und seiner Informationsfähigkeit die ihm angebotenen Informationsquellen zum Beispiel auf dem Etikett eines Produktes (...) zur Kenntnis nimmt und (...) seine Kaufentscheidung trifft.« Bergmann zieht den Schluß: »Es versteht sich von selbst, daß die Schwelle, wann ein derartig aufmerksamer, verständiger und an den ihm angebotenen Informationen interessierter Verbraucher getäuscht werden kann, erheblich höher liegt.«

Besonders wichtig wird deshalb die Kennzeichnung von Lebensmitteln, die seit 1979 in der EU vorgeschrieben ist. Auf einem in Europa gehandelten Produkt muß die Liste der Zutaten angegeben sein, außerdem die Füllmenge, das Haltbarkeitsdatum, Name und Anschrift des Herstellers oder Importeurs und eine Chargennummer.

Deutsche Verbraucherschützer bemängeln, daß diese Kennzeichnung nicht ausreicht. Sie fordern, auf dem Etikett darauf hinzuweisen, daß einzelne Produkte vom deutschen Lebensmittelrecht abweichen. Doch was kann der Verbraucher zum Beispiel daraus schließen, wenn auf niederländischen Oblaten neben »Farbstoff E 120« (echtes Karmin, natürlicher Farbstoff aus Schildläusen) und »Farbstoff E 160 b« (Bixin und Norbixin, natürlicher Farbstoff aus dem Samen des Annattobaumes) der Hinweis steht »nach niederländischem Rezept«? Und was sagt ihm der Zusatz »Cremige Fischzubereitung nach französischem Rezept«, wenn er nicht weiß, daß sich dahinter der künstliche Azo-Farbstoff E 124 verbirgt, der einen höheren Edelfischanteil vortäuscht und zum Beispiel in Norwegen verboten ist?

Ihm bleibt unklar, warum diese Zutaten nach deutschem Recht bisher nicht erlaubt waren. Erst die Informationen »technisch nicht notwendig«, »gesundheitlich bedenklich«, »kann Allergien auslösen« oder »möglicherweise krebserregend« wären eine Hilfe für seine Kaufentscheidung.

Um den Verbraucher wirklich zu informieren, müßte speziell gekennzeichnet sein, welche Zusatzstoffe in bestimmten Ländern verboten sind. Auf der Allgäuer Käserinde müßte also neben der gesetzlich vorgeschriebenen Kennzeichnung »Konservierungsmittel E 235« (Antibiotikum Natamycin, verhütet Schimmelbildung bei Käse) der Hinweis stehen »in Dänemark verboten, gilt dort als krebserregend«.

Doch in der neuen Richtlinie, die seit Ende 1996 die Verwendung von Zusatzstoffen in der EU einheitlich regelt, ist das nicht der Fall. Sie legt fest, in welchem Lebensmittel welcher Stoff verwendet werden darf, teilweise gibt sie Mengenbegrenzungen vor.

Dem Verbraucher verborgen bleiben Rückstände von Agrargiften oder Tierarzneimitteln, für die in den Mitgliedsländern unterschiedliche Grenzwerte gelten. Daß auch hier strenge nationale Vorschriften dem Verbraucher nicht helfen, zeigt ein Beispiel aus dem Jahr 1993. Damals wurden hohe Rückstände von Pflanzenschutzmitteln in ausländischem Obst und Gemüse gemessen. Italienische und spanische Tomaten enthielten fünfmal mehr Chlorthalonil, als die deutsche Höchstmengenverordnung (0,2 mg/kg) erlaubte. In französischen Nektarinen und Pfirsichen fanden sich sogar bis zu 150mal mehr Rückstände des Stoffes Iprodion als in Deutschland genehmigt (0,02 mg/kg). Doch weil diese Früchte in Frankreich, Spanien und Italien legal auf dem Markt waren, galt auch hier das »Prinzip der gegenseitigen Anerkennung«: Das Bundesgesundheitsministerium gab grünes Licht zum Verkauf.

Die damalige Ministerin für Jugend, Familie und Gesundheit in Hessen, Iris Blaul (Bündnis 90/Die Grünen) bezeichnete diese Entscheidung als eklatante Mißachtung des Konsumenteninteresses und warf dem Bundesgesundheitsministerium vor, es würde sich vom »vorsorgenden Verbraucherschutz« verabschieden. »Im Interesse der Verbraucherinformation« sei unverzichtbar, Rückstände »deutlich und verständlich lesbar zu deklarieren«.

Doch der Protest blieb folgenlos. Denn schon 1990 hatte sich die EU auf Höchstmengen für Chlorthalonil (2 mg/kg) und für Iprodion (10 mg/kg) geeinigt. Die hohen Rückstandsmengen in den genannten Früchten entsprachen dem europäischen Recht und waren somit völlig legal – auch in Deutschland.

Länder, die die Einfuhr von Produkten aus anderen Mitgliedsstaaten verbieten oder einschränken, müssen mit schwerwiegenden Folgen rechnen. Die elsäßische Brauerei »Brasserie du Pecheur« zum Beispiel forderte Schadensersatz für entgangene Gewinne in Höhe von 1,8 Millionen Mark, weil sie wegen eines Verstoßes gegen das deutsche Reinheitsgebot zwischen 1981 und 1987 ihr Bier nicht in Deutschland verkaufen durfte. Der Europäische Gerichtshof hatte 1996 entschieden, daß solche Ansprüche in Prinzip gestellt werden können. Das Verfahren wurde an den Bundesgerichtshof zurückverwiesen. Dieser entschied allerdings, daß in diesem Fall ein Schadensersatz nicht zu zahlen sei. Für den beanstandeten Zeitraum habe es noch keine klare europäische Rechtslage gegeben (Az III ZR 127/91 vom 24. Oktober 1996).

Zum Verbot bestimmter Lebensmittel berechtigt nur noch der wissenschaftliche Nachweis, daß ein Produkt sich schädlich auswirken kann. Zweifel oder Unsicherheiten über die Schädlichkeit einer Ware, eines Zusatzstoffes oder eines Herstellungsverfahrens reichen nicht aus. Die Rolle einzelner Experten wird in diesem Zusammenhang immer wichtiger, wie das folgende Kapitel zeigen wird.

Lobbies und Lügen

Wer bestimmt, wie krumm die Gurke sein darf? Wer legt fest, wieviel künstlicher Süßstoff unter den Fleischsalat gemischt wird? Wer entscheidet, wie gentechnisch hergestellte Lebensmittel gekennzeichnet werden? Politiker und Experten in Brüssel.

Viele europäische Bürger sind sich immer noch nicht bewußt, wieviel Einfluß die Europäische Union auf ihren Alltag hat. An den Direktwahlen zum Europäischen Parlament beteiligen sich seit ihrer Einführung 1979 immer weniger Menschen, 1994 waren es nur 56,8 Prozent der 269 Millionen Wahlberechtigten – die bisher geringste Beteiligung an einer Europawahl.

Das Vertrauen in die Entscheidungsmechanismen der EU ist gering. Für die meisten Menschen ist ein politisch und wirtschaftlich vereintes Europa zwar ein sympathischer Gedanke, doch nichts, auf das man, realistisch gesehen, demokratischen Einfluß nehmen könnte. Das europäische Dreieck aus Kommission, Ministerrat und Parlament ist selbst für die Medien nicht leicht zu vermitteln, so unübersichtlich und kompliziert sind die Meinungsbildungsprozesse und Abstimmungsmechanismen. Entsprechend schwer tun sich auch Europaabgeordnete, ihren Wählern zu erklären, warum es im Brüsseler und Straßburger Gewirr von Fraktionen und Nationen nicht gerade leicht ist, deren Willen umzusetzen.

Das Demokratiedefizit der Europäischen Union ist eklatant: Die rund 370 Millionen Bürger in 15 Ländern sind Teil eines Apparates geworden, der, wie der Mainzer Politikwissenschaftler Wolfgang

Merkel meint, mehr von wirtschaftlicher Logik getrieben wird als von demokratischen Entscheidungen. Die Europäische Union ist weder ein Bundesstaat noch ein Staatenbund. »Es ist kein Zufall«, so Merkel, »daß weder in der Rechts- noch in der Politikwissenschaft eine angemessene normative Theorie der politischen Beteiligung und demokratischen Verantwortlichkeit für die Europäische Union in Sicht ist.«

Ministerrat und Kommission, Europäisches Parlament und Europäischer Gerichtshof fällen täglich Entscheidungen, auf die wir selbst auch mittelbar kaum mehr Einfluß haben. Das Europaparlament, das einzige der Gremien, das unmittelbar gewählt wird, ist nicht, wie in den nationalen Volksvertretungen, Träger der Legislative. Es spielt keine zentrale Rolle bei der Verabschiedung von Gesetzen. In einigen Bereichen muß es nicht einmal angehört werden. Die Aufgabe der Legislative hat statt dessen der Rat übernommen, der sich aus Regierungsvertretern der Mitgliedsstaaten zusammensetzt. Politologe Merkel beklagt deshalb eine »eigentümliche Asymmetrie von Macht und direkter demokratischer Legitimität«. Sein Fazit: »Die Entscheidungen in der Gemeinschaft entziehen sich zunehmend der Zurechenbarkeit und demokratischen Kontrolle.«

Die meisten Bürger fühlen sich überfordert von den komplexen Sachfragen, die das riesige wirtschaftliche und soziale Gefüge des gemeinsamen Marktes aufwirft. Sie müssen notgedrungen den »Experten« vertrauen, die im Hintergrund der offiziellen Gremien und meist hinter verschlossenen Türen die rechtlichen Grundlagen für die Europäische Union entwerfen.

Die Generaldirektionen, der »Behördenapparat« der Kommission, entwerfen die Gesetzesvorschläge unter Ausschluß der Öffentlichkeit. Ihre mit einfacher Mehrheit beschlossenen Gesetzesentwürfe werden von der gesamten Kommission einhellig vertreten (Kollegialprinzip) und nicht, wie in einem Landesparlament, öffentlich kontrovers diskutiert. Was den Entstehungs- und Entscheidungsprozeß eines Gesetzes angeht, gibt es keine Öffentlichkeit. Das Parlament kann nur in wenigen Bereichen mitentscheiden, wie zum Beispiel Gesundheit, Bildung, Kultur, Verbraucher- und Umweltschutz. In anderen muß es nur gehört werden. Besonders in den wichtigsten Bereichen wie Industrie oder Landwirtschaft hat es jedoch überhaupt keinen Einfluß.

Die EU-Kommissare werden nicht gewählt, sondern von den Regierungen ernannt. Martin Bangemann (FDP), Kommissar für Industrie, braucht lediglich die Rückendeckung des deutschen Kabinetts und des Kanzlers. Das Europäische Parlament kann die Kommission nur als ganzes Gremium bestätigen oder ablehnen. Bangemann führt eines der einflußreichsten Ressorts in Brüssel: Von der gentechnischen Tomate über das digitale Fernsehen bis hin zum Satellitentelefon fällt alles unter seine Zuständigkeit. Fast jede Richtlinie, die in den 90er Jahren aus Brüssel kam, war eine Bangemann-Richtlinie.

Etwa 80 Prozent der für die deutsche Innenpolitik relevanten Entscheidungen werden in Brüssel getroffen. Über die Hälfte der deutschen Gesetze und Verordnungen haben bereits ihren Ursprung in einem Gesetz der Europäischen Union. Wer darauf Einfluß nehmen will, muß sich im Brüsseler Gremien-Gestrüpp gut auskennen und am besten vor Ort präsent sein.

Etwa 3.000 Interessengruppen mit mehr als 10.000 Beschäftigten arbeiten im Vorfeld politischer Entscheidungen der EU. Viele davon haben Büros in Brüssel: an die 500 internationale Verbände – Berufsorganisationen und Handelsverbände, Umwelt- und Verbraucherschutz – sowie rund 200 Firmen und mehr als 100 Rechtsberater, PR-Teams und Consultingunternehmen. Andere Lobbyisten reisen an, wenn Themen ihres Interesses verhandelt werden.

Bevor die USA im Herbst 1996 gentechnisch veränderte Sojabohnen nach Europa exportierten, schickte der amerikanische Chemiekonzern Monsanto ein Team nach Brüssel und Straßburg, um dort monatelang intensive Lobbyarbeit in den europäischen Behörden, bei Parlament und Ministerrat zu machen. Hersteller von Babynahrung wollen sich absichern, daß ein neuartiges Milchprotein aus der Retorte zugelassen wird, und Verbraucherverbände mobilisieren Fraktionsvertreter, um die Kennzeichnung von Stoffen durchzusetzen, die möglicherweise gesundheitsschädigend sind.

Die Methoden der Beeinflussung sind vielfältig, sie reichen von harmlosen Infobriefen über wissenschaftliche Gutachten bis hin zu vorformulierten Gesetzestexten. Vor allem aber sind sie diskret. Vertraulichkeit und intime Atmosphäre sind der ideale Rahmen für erfolgreiche Lobbyarbeit.

Die Kommission begrüßt ausdrücklich solche »Anregungen«. Sie seien, betont sie 1993 in einem Bericht zum Einfluß von Interessengruppen, »unerläßlich für die Ausarbeitung gesunder und realistischer Politik«. Allerdings gäbe es Fälle »aggressiver« Meinungsarbeit, gelegentlich käme es auch zu »Fehlverhalten« auf Seiten der europäischen Behörden oder Politiker. Zum Beispiel wenn unerlaubt interne und nicht zur Veröffentlichung bestimmte Dokumente der Kommission an Interessengruppen weitergegeben würden. Die werden schon aktiv, bevor der offizielle Gesetzgebungsprozeß überhaupt in Gang gesetzt wurde. Dagmar Roth-Behrendt (SPD), Europaabgeordnete, bestätigt dies: »Kürzlich wurde ich von der Industrie angerufen und nach meiner Meinung zu einem neuen Richtlinien-Vorschlag gefragt. Ich kannte ihn aber noch gar nicht. Umgekehrt rufe ich, wenn ich etwas wissen will, eher eine Interessengruppe an, als mich an die Kommission zu wenden!«

Juristen der Europäischen Rechtsakademie Trier kritisierten 1997, das Studium von Texten der EU-Gremien mache deutlich, daß Partikularinteressen immer wieder das Allgemeininteresse verdrängten. Für Lobbyisten schlug die Kommission einen »Wohlverhaltenskodex« vor. Interessengruppen sollten sich zu »Ehrlichkeit und Kompetenz« verpflichten und »stets den Namen des Kunden nennen«, für den sie tätig sind. Das Parlament war mit diesem Appell nicht zufrieden: Es forderte, Lobbyisten müßten sich registrieren lassen und einen deutlich sichtbaren Ausweis am Revers tragen, wenn sie das Parlamentsgebäude betreten. Im Sommer 1996 einigte man sich darauf, daß ein Abgeordneter keine Geschenke oder andere Zuwendungen annehmen dürfe, die ihm nicht »im Rahmen seiner politischen Tätigkeit« gewährt werden. Berufliche Aktitäten oder Beraterverträge mit Firmen oder Regierungen sollen offengelegt werden. Über die Höhe der Einkünfte muß jedoch nicht Rechenschaft abgelegt werden. Die weit einflußreichere Lobby-Arbeit bei den europäischen Behörden und der Kommission ist nach wie vor ungeregelt.

In Deutschland werden Interessengruppen, die beim Bundestag oder der Regierung tätig sind, offiziell akkreditiert. Sie erhalten dann Zugang zu den Institutionen und können offiziell an der Ausarbeitung von Gesetzen beteiligt werden.

Den größten Einfluß haben Interessenvertreter in Brüssel, wenn sie eine offizielle Funktion ausüben, zum Beispiel als technische Sachverständige. Dann sind sie Mitglied in einem oder mehreren der beratenden Ausschüsse, in denen die wichtige Vorarbeit für einen Gesetzesentwurf geleistet wird. Die Kommission ist ganz auf die Kompetenz dieser Experten angewiesen.

In einem Bericht des Europäischen Parlaments wird vor der Macht dieser Spezialisten gewarnt. Die Kommission dürfe nicht ihre Gesetzesentwürfe »von der vorherigen Zustimmung nationaler Experten abhängig machen«. Viele kämen aus der Privatwirtschaft und kehrten dorthin wieder zurück, seien also interessengebunden. Auch eine »unausgewogene geographische Verteilung« derjenigen Sachverständigen, die als Beamte von den Mitgliedsstaaten abgeordnet werden, verzerre den politischen Entscheidungsprozeß.

Wahnsinn europäisch: BSE

Welch wichtige, aber demokratisch kaum zu kontrollierende Sonderrolle Experten bekommen können, zeigt das Beispiel der Rinderseuche BSE. Als Politiker müsse er sich auf die Aussagen der Wissenschaftler verlassen, meinte Agrarkommissar Franz Fischler zu der Entscheidung Brüssels, welche Rindfleischprodukte Großbritannien in Zukunft exportieren und welche es nicht verkaufen dürfe: »Wir müssen sicherstellen, daß unsere Vorschläge für die Gesetzgebung auf einer gesunden wissenschaftlichen Grundlage stehen.«

Mehrere Ausschüsse, in denen sich ständige, aber auch extra einberufene Mitglieder treffen, beraten die Kommission. Im Fall BSE ist der wichtigste der »Wissenschaftliche Veterinärausschuß«, in dem Experten mit internationalem Ruf sitzen: Mediziner, Ökonomen, Juristen und Tierärzte. Dieses Gremium gab entscheidende Empfehlungen zu den Importverboten ab. Seine Mitglieder werden auf Empfehlung der einzelnen Länder von der Kommission ernannt.

Der »Ständige Veterinärausschuß« dagegen versammelt Vertreter der nationalen Ministerien. Geht es um lebende Tiere, schickt zum Beispiel das Bundesministerium für Landwirtschaft einen Referenten, geht es um Fleisch, das zum Verzehr bestimmt ist, kommt jemand vom Gesundheitsministerium. Dieser Ausschuß prüft die Vorschläge der Kommission. Bekommen sie dort keine qualifizierte Mehrheit (Zweidrittelbeschluß) muß der Ministerrat sich mit der Frage beschäftigen.

Das System der beratenden, verwaltenden und regelnden Ausschüsse, von denen es in Brüssel mehrere hundert gibt, wird im Euro-Jargon »Komitologie« genannt. Es verschafft der Kommission weitreichende Entscheidungsbefugnisse ohne Beteiligung des Europäischen

Parlaments. Die Komitologie tritt als Entscheidungsverfahren dann in Kraft, wenn es um die Details der Durchführung von bereits erlassenen Rechtsakten geht. Die Macht dieser Gremien ist groß: So konnte zum Beispiel die Kommission mit ihrer Hilfe gegen den Willen des Parlaments die Gentechnik in die bereits erlassene Bio-Verordnung einführen und genveränderten Mais ohne Sonderkennzeichnung auf dem EU-Markt zulassen.

An den Beratungen dieser Gremien dürfen Verbrauchervertreter oder Europaparlamentarier nicht teilnehmen. Welche Folgen dieser Ausschluß der Öffentlichkeit hat, beweist die kurze Notiz eines Kommissions-Beamten zum Thema BSE, die im Juli 1996 der Presse zugespielt wurde. »Man muß diese Angelegenheit herunterspielen, indem man die Leute desinformiert«, hieß es in dem Aktenvermerk aus dem Jahr 1990. Außerdem wolle man Großbritannien bitten, seine wissenschaftlichen Ergebnisse nicht weiter zu veröffentlichen: »Es ist besser zu sagen, daß die Presse zur Übertreibung neigt.«

Bei dem eifrigen Beamten handelte es sich ausgerechnet um einen Mitarbeiter der Abteilung »Politischer Dienst für den Verbraucher«. Ob er schon damals ahnte, daß der Rinderwahnsinn die Europäische Union vor eine politische Zerreißprobe stellen würde?

BSE ist nicht nur eine englische Krankheit, sondern eine europäische. Die Seuche ist eine Folge des harten Konkurrenzdrucks und Preiskrieges auf dem Binnenmarkt, denn nur aus Kostengründen wurden auch die Kadaver kranker Tiere noch zu Futtermehl verarbeitet und widernatürlich an Wiederkäuer verabreicht. Und erst die Umstellung auf ein billigeres Produktionsverfahren ließ den Erreger im Futter überleben. So konnte die Krankheit, die früher nur Schafe und in sehr seltenen Fällen Menschen befiel, die Artengrenze durchbrechen und zu einer Epidemie werden, deren Folgen für den Verbraucher noch längst nicht absehbar sind.

1983 wurden in England die ersten BSE-Fälle bekannt. Ein Jahr später begannen Wissenschaftler mit der Untersuchung der bis dahin bei Kühen unbekannten Krankheit, die zur Zersetzung ihres Gehirns und schließlich zum Tod führte. Jedes Jahr kamen neue Fälle hinzu. Die englische Regierung reagierte aber erst 1988. Sie verbot die Verfütterung von Tierkörpermehl an Wiederkäuer. Herstellung und Export in andere Länder blieben jedoch erlaubt, ebenso wie die Verfütterung an andere Säugetiere.

Rinderwahnsinn
Registrierte BSE-Fälle in der EU

Land	1991	1992	1993	1994	1995	1996 (bis Sept.)	Gesamt
Belgien	-	-	-	-	-	-	
Dänemark	-	1	-	-	-	-	1
Deutschland	-	-	-	4	-	-	4
Griechenland	-	-	-	-	-	-	
Spanien	-	-	-	-	-	-	
Frankreich	5	-	1	3	3	10	22
Irland	17	18	16	19	16	35	121
Italien	-	-	-	2	-	-	2
Luxemburg	-	-	-	-	-	-	
Niederlande	-	-	-	-	-	-	
Österreich	-	-	-	-	-	-	
Portugal	-	-	1	7	14	23	45
Finnland	-	-	-	-	-	-	
Schweden	-	-	-	-	-	-	
Großbritannien	25.032	36.681	37.370	28.944	14.062	1.714	143.803
andere Länder							
Schweiz	9	15	29	63	68	35	219
Falklandinseln	1						
Oman	1						
Kanada	1						

Quelle: Europäische Kommission (Stand September 1996)

In der Europäischen Union konnten sich die zuständigen Agrarminister auf keine klare Linie einigen. Erst als Deutschland, Frankreich und Italien ein Jahr später Importverbote aussprachen, weil ihre Verbraucher kein Rindfleisch mehr kaufen wollten, kam ein Entscheidungsprozeß in Gang. 1990 beschloß die Kommission, daß lebende Rinder, die älter als sechs Monate waren, nicht mehr aus Großbritannien ausgeführt werden durften. Seit dem Fütterverbot war die Zahl der erkrankten Tiere deutlich zurückgegangen, also ging man davon aus, daß jüngere Kälber, die keine kontaminierte Nahrung mehr erhalten hatten, gesund waren. Außerdem spielte dabei vermutlich ein politischer Faktor eine wichtige Rolle: England produzierte Kalbfleisch vor allem für den französischen Markt.

Das Fleisch von Rindern durfte dann ausgeführt werden, wenn es von Tieren stammte, deren Bestände seit zwei Jahren BSE-frei waren. Und obwohl der Mechanismus der Ansteckung nicht geklärt war, wurde schließlich selbst Fleisch aus Herden exportiert, in denen Tiere dem Wahnsinn zum Opfer gefallen waren. Es mußte nur von den Knochen und dem anhängenden Lymph- und Nervengewebe, in dem man die höchste Erregerkonzentration vermutete, befreit werden – eine Vorsichtsmaßnahme, deren saubere Durchführung viele Metzger und Tierärzte von Anfang an für unrealistisch hielten.

Einer der offiziellen Berater der britischen Regierung, der Mediziner Richard Southwood, hatte zu diesem Zeitpunkt bereits davor gewarnt, daß BSE möglicherweise auch für den Menschen ansteckend sein könnte,und den Rat gegeben, die Hirne der geschlachteten Tiere routinemäßig untersuchen zu lassen, um mehr Klarheit über das Ausmaß der Seuche zu erhalten.

Die britische Regierung wurde von der Europäischen Kommission zu intensiven Kontrollen verpflichtet, kam ihnen, wie Neal King, Präsident der Königlichen Gemeinschaft der Veterinärmediziner, beklagte, aber nur unzureichend nach. In einem Brief an den Landwirtschaftsminister kritisierte er noch 1994: »Die Aussagekraft des offiziellen Zertifikats der Veterinäre, so scheint es, ist durch unzureichende Disziplin und weitgehende Umgehung vorhandener Kontrollen in der Fleischbeschaffung erheblich beeinträchtigt.«

Mit der Frage, worum es sich bei dem geheimnisvollen Erreger handelte und ob er dem Menschen gefährlich sein könnte, beschäftigten sich bald Wissenschaftler aus England, Frankreich, Deutschland und den USA. Die eindringlichsten Warnungen kamen von deutschen Forschern, die auf einem Symposion des Bundesgesundheitsamtes 1993 erklärten, die Übertragbarkeit auf den Menschen sei zwar unwahrscheinlich, aber nicht unmöglich. Inzwischen war nachgewiesen, daß die Krankheit die Artengrenzen überwinden konnte und zum Beispiel Hauskatzen oder Zootiere infiziert hatte.

Gesundheitsminister Horst Seehofer (CSU) forderte 1994 weitere Beschränkungen des Rindfleischhandels und drohte mit einem nationalen Alleingang. Um den Konflikt zu entschärfen, kündigte EU-

Agrarkommissar René Steichen an, die Herstellung und Verwendung von Tiermehl europaweit strenger zu regeln – zehn Jahre, nachdem die Seuche zum ersten Mal aufgetreten war. Doch nach Ansicht der Kommission waren die Bedenken, wie Steichen betonte, »unberechtigt«. Faktisch wurden die entsprechenden EU-Richtlinien danach auch nicht verschärft, sondern sogar gelockert. Für »Empfehlungen wider besseres Wissen« hält der Experte für Tierkörperbeseitigung an der Universität Hohenheim, Oskar Riedinger, das Urteil des wissenschaftlichen Veterinärausschusses, Temperaturen zwischen 80 und 100 Grad reichten aus, um eine Verbreitung des unbekannten Erregers zu verhindern. Die Kommission setzte aufgrund dieser Fehleinschätzung die strengen Sterilisationsvorschriften der bestehenden EU-Richtlinie außer Kraft – auf Druck des Europäischen Fleischmehlverbandes, so Riedinger. Erst im Frühjahr 1996 sollte sich der EU-Agrarministerrat – wieder auf Empfehlung des wissenschaftlichen Veterinärausschusses – zu dem Beschluß durchringen, Temperaturen von 133 Grad und zusätzliche physikalische Verfahren vorzuschreiben.

Als deutlich wurde, daß auch Rinder erkrankten, die nach 1988, also nach dem Fütterungsverbot geboren waren, weitete die EU ihr Exportverbot im August 1994 aus. Nun durften Rinder aus Großbritannien nur noch dann exportiert werden, wenn sie aus Herden stammten, die sechs Jahre frei von BSE waren.

Währenddessen hatten die Verbraucher bereits das Vertrauen in die politischen Entscheidungen verloren. Der Rindfleisch-Absatz sank, in manchen Regionen bis auf 40 Prozent des alten Umsatzes. Antonius Nienhaus, Geschäftsführer der Centralen Marketinggesellschaft der deutschen Agrarwirtschaft (CMA), warnte: »Wenn wir nicht schnell zupacken, rutscht uns der Markt weg!«

Die Seuche breitete sich in Europa aus. Ob die EU-Vorschriften in England eingehalten wurden, ließ sich praktisch nicht kontrollieren: Rinder aus BSE-Beständen konnten mehrfach den Besitzer wechseln und irgendwann als angeblich risikoloses Fleisch verkauft werden. Genausowenig, wie das Fütterungsverbot garantiert werden konnte, waren verbotene Tiertransporte in einem Binnenmarkt ohne Zollschranken auszuschließen. Journalisten von »ZEIT-tv« konnten im englischen Petham in der Nähe von Dover filmen, wie nachlässig die Exportkontrollen durchgeführt wurden. Ein privater Tierarzt füllte in wenigen Minuten die Zertifikate für 500 Kälber aus. Wirksamere

Kontrollen, erklärte er ohne Scheu, seien bei den Gebührensätzen, die ihm gezahlt würden, »unwirtschaftlich«.

Im November 1994 mußte der Wissenschaftliche Veterinärausschuß feststellen, daß das Verfütterungsverbot von Tiermehl an Wiederkäuer in Großbritannien nicht hundertprozentig eingehalten worden war. Weil bei Rindern, die nach dem 1. Januar 1992 geboren waren, bis dahin kein BSE-Fall mehr aufgetreten war, empfahl der Ausschuß trotzdem, für diese Tiere das Exportverbot aufzuheben. Als Bundesgesundheitsminister Horst Seehofer (CSU) die entsprechende EU-Richtlinie Anfang 1995 in nationales Recht umsetzte, hagelte es Proteste. Der Bundesrat beschloß ein nationales Importverbot, obwohl das angesichts der fehlenden Kontrollmöglichkeiten mehr symbolische als praktische Bedeutung hatte. So bekräftigte Minister Seehofer: »Ein absolutes Einfuhrverbot, das dem geltenden EU-Recht widerspricht, hat nicht die geringste Chance auf Verwirklichung.«

Wieder einmal überholte die Realität die Politik: Als im Juni 1995 bekannt wurde, daß nun auch Tiere, die nach dem 1. Januar 1992 geboren waren, erkrankten, mußte der Wissenschaftliche Veterinärausschuß seine erst sechs Monate alte Empfehlung überprüfen. Als Ergebnis wurden die Exportbestimmungen wieder verschärft: Die Tiere mußten noch jünger und nach dem 1. Januar1993 geboren worden sein.

Von Brüssel oder Deutschland aus, so zeigte sich, war nicht effektiv zu überwachen, daß nur unbedenkliches Rindfleisch exportiert wurde. Solange die Engländer die Seuche nicht ernst nahmen, konnte sich der lebensbedrohliche Erreger weiter ausbreiten. Noch acht Jahre nach dem Verbot, gestand der britische Landwirtschaftsminister im Frühjahr 1996 ein, wurde in Großbritannien vermutlich kontaminiertes Tiermehl illegal verfüttert.

Inzwischen war bereits der gesamte Import von britischem Fleisch nach Deutschland zum Erliegen gekommen. Großbritannien exportierte aber zum Beispiel immer noch über 100.000 Tonnen Rindfleisch nach Frankreich, an seinen wichtigsten Kunden. Daraus hergestellte Wurstwaren wurden auch in andere Länder der Union ausgeführt.

Ende 1995 wurde zum ersten Mal auch in Großbritannien öffentliche Kritik an der einheimischen Politik laut. Sir Bernard Tomlinson, einer der führenden Neuropathologen und Berater der Regierung, erklärte öffentlich, er werde keine Fleischpasteten oder Innereien mehr anrühren. Hirn und andere Innereien von Jungtieren unter sechs Monaten zu verwenden, sei ein zu großes Risiko. Ein Epidemiologe der Universität Warwick stellte die These auf, es würde auch Fleisch von Tieren verzehrt, bei denen die Infektion unerkannt geblieben sei.

Am 20. März 1996 kam es zu einem Tumult im Unterhaus. Der britische Gesundheitsminister Stephen Dorrell erklärte dort - ohne Rücksprache mit der Regierung –, es gäbe vielleicht einen Zusammenhang zwischen BSE und der bei Menschen bis dahin höchst selten diagnostizierten Nervenkrankheit Creuzfeldt-Jakob-Syndrom (CJS).

In Großbritannien waren bis zu diesem Zeitpunkt vermutlich 1,5 Millionen BSE-verseuchte Rinder verzehrt worden, erklärte der britische BSE-Experte Stephen Dealler. »Wir müssen daher von einer Epidemie unbekannten Ausmaßes ausgehen!« Genährt wurde dieser Verdacht durch die steigende Anzahl von Creutzfeldt-Jakob-Fällen, zu denen - ungewöhnlich für dieses Leiden - auch Jugendliche zählten. Bei der Obduktion wiesen ihre Gehirne eine gegenüber der bekannten CJS-Krankheit bisher unbekannte Form der Zerstörung auf.

Colin Blakemore, Professor für Neurophysiologie, warf nun der englischen Regierung vor, sie habe nur Experten zu Rate gezogen, »die genehme Antworten geben« und deren Rezepte »ökonomische Schmerzfreiheit« garantierten. Auch Ernährungswissenschaftler Tim Lang von der Thames Valley University sprach von fatalen Fehlern. Wissenschaftler, die eine von der Regierung abweichende Meinung vertraten, seien jahrelang als »Spinner«, »Untergangsapostel« oder »linksextrem« disqualifiziert worden. So der Mikrobiologe Richard Lacey aus Leeds: Er hatte bereits 1990 vor der tödlichen Gehirnkrankheit gewarnt und die Notschlachtung aller britischen Rinder gefordert.

Jetzt brach auch in Großbritannien der Rindfleischabsatz zusammen. Neben Drittländern wie Singapur und Südafrika verhängten mehrere Mitgliedsstaaten der EU Importverbote: Frankreich und Belgien, Schweden, Portugal und die Niederlande. Die deutschen Minister für Landwirtschaft und Gesundheit sprachen sich weiter gegen einen nationalen Alleingang aus. Horst Seehofer: »Ich kann als verantwortlicher Bundesminister nicht vorsätzlich Recht brechen. Wir haben der EU die Kompetenz für den Verbraucherschutz übertragen.« Die Kommission bezeichnete die Schutzmaßnahmen der Mitgliedsländer als »illegal«.

Erst am 25. März 1996 beugte sie sich dem internationalen Druck und verkündete ein umfassendes Exportverbot für britisches Rindfleisch, daß auch für alle Drittländer galt. Es schloß Kosmetika und Medikamente, Embryos und Rindersamen ein. Bis dahin hatte das Inselreich Tausende Tonnen Fleisch, aber auch Kälber und Zuchtbullen exportiert. 1995 waren vier Fünftel der Produktion im Ausland gelandet: 98.000 Tonnen in Frankreich, 27.200 Tonnen in Italien, 24.100 Tonnen in Irland, 17.845 Tonnen in Holland. Südafrika, das größte Abnehmerland außerhalb der EU, hatte 27.000 Tonnen eingeführt, Deutschland immerhin noch 1.500.

Endlich wurde auch der Export von Tierkörpermehl aus Großbritannien verboten, das bis dahin ungeniert weitervermarktet worden war. 1993 hatten noch 27 Staaten das Kadavermehl bezogen: Hauptabnehmer war Indonesien mit 18.500 Tonnen, gefolgt von Israel mit 3.700 und Italien mit 1.700 Tonnen.

Der britische Premierminister John Major sprach von einer »kollektiven Hysterie«. Dennoch reagierte die Regierung prompt: In einer gigantischen Notschlachtungs-Aktion sollten innerhalb der nächsten sechs Jahre alle Rinder getötet werden, die zum damaligen Zeitpunkt älter als 30 Monate waren: 700.000 Stück. Die Kosten dafür wurden auf über sechs Milliarden Mark geschätzt. 70 Prozent davon, sollte später der Agrarrat festlegen, müßten aus EU-Mitteln bezahlt werden.

Die Massenvernichtung der Rinder stellte die Briten vor riesige logistische und technische Probleme. Um den äußerst hitzebeständigen Erreger bei der Vernichtung der Kadaver abzutöten, standen nur neun Hochtemperaturöfen zur Verfügung. Pro Woche konnten darin maximal 3.000 Rinder verbrannt werden, nur ein Fünftel der Menge, die notwendig war, um die gebotene Sechs-Jahres-Frist einzuhalten. Ideen, wie die Tierkörper in offenen Gräben zu verbrennen und die Asche dann zu vergraben oder ins Meer zu streuen, wurden wegen des zu großen Infektionsrisikos verworfen. Als Zwischenlösung blieb nur, die Tiere tiefzufrieren und zwischenzulagern. Das kostete Zeit, vielleicht genug, hofften manche, bis sich herausstellte, daß das Fleisch doch als unbedenkliche Ware verkauft werden konnte.

Im Frühjahr 1996 mußte die Kommission zu einem Instrument zurückkehren, das sie eigentlich abschaffen wollte: der Intervention. Agrarkommissar Franz Fischler beklagte, daß die Gemeinschaft allein zwischen April und November 1996 wieder 420.000 Tonnen Rindfleisch einlagern mußte: »Das hat uns 400 Millionen Mark gekostet.«

Der BSE-Skandal führte zur bisher größten politischen Krise der Europäischen Union. Aus Protest gegen die Beschlüsse der Kommission verfolgte Großbritannien monatelang eine Blockadepolitik und verhinderte mehr als 60 Beschlüsse. Um die Situation zu entspannen, gab Kommissionspräsident Jacques Santer am 5. Juni 1996 vor dem Europäischen Parlament bekannt, daß die Briten Rindertalg, Gelatine und Rindersamen wieder auf den Markt bringen durften – »gemäß den Regeln der Komitologie«.

Wieder einmal wurden wichtige Entscheidungen hinter verschlossenen Türen getroffen. Die Kommission hatte ihren ursprünglichen Vorschlag zur Ausfuhrlockerung beim »Ständigen Veterinärausschuß« nicht durchbringen können, und auch der Agrar-Ministerrat hatte sich innerhalb der vorgeschriebenen Zeit weder zu einer Zustimmung noch Ablehnung durchgerungen. Deshalb konnte die Kommission schließlich in eigener Regie ihren Willen durchsetzen und – unter bestimmten Auflagen – das Exportverbot lockern.

Obwohl oder gerade weil ohnehin viel zu viele Rinder in der EU existierten, spielten die meisten Politiker zu lange die Risiken der Rinderseuche herunter. Sie fürchteten europaweit den Zusammenbruch des Fleischmarkts. Nicht nur die Viehzüchter waren betroffen, sondern auch Schlachthöfe, Konservenfabriken, Spediteure, Im- und Exporthändler, das Fleischerhandwerk. Statt die Krise zu nutzen, um die Tierproduktion auf eine andere Grundlage zu stellen – die Zahl der Tiere von der Größe der landwirtschaftlichen Flächen abhängig zu machen sowie Subventionen von einer umweltverträglichen Produktion – klappten die europäischen Agrarökonomen die politischen Scheuklappen aus: Solange eine Gefahr für Leib und Leben nicht eindeutig wissenschaftlich bewiesen war, konnte sie anscheinend nicht existieren.

Die wissenschaftlichen Experten, welche die EU-Kommission berieten, standen, so zeigt die BSE-Krise, unter starkem Druck ihrer nationalen Regierung. Aus Angst vor den wirtschaftlichen Folgen ihrer Entscheidungen betrieb sie sogar eine »Desinformationspolitik«. Ihre – unter Ausschluß der Öffentlichkeit getroffenen – Empfehlungen mußten sie immer wieder revidieren. Kontroverse Debatten über die Richtigkeit der politischen Entscheidungen wurden wiederum unter

Berufung auf die »anerkannte wissenschaftliche Meinung« immer wieder von der Kommission abgeblockt.

Auch Agrarkommissar Fischler nahm die Seuche zum Anlaß, die Rolle der wissenschaftlichen Experten kritisch zu beleuchten. Vor dem Untersuchungsausschuß des Europäischen Parlaments, der klären sollte, ob sich die Kommission in der Behandlung der BSE-Frage korrekt verhalten habe, sagte er im Dezember 1996, es müsse überlegt werden, wie die Expertengremien in Zukunft arbeiten sollten. Man müsse sich fragen, ob die Wissenschaftler wirklich unabhängig von Interessen ihrer Regierungen oder Lobbies seien, und das Verfahren neu überdenken, nach dem sie als Experten berufen würden. Trotzdem wies er die Kritik zurück, die Kommission habe sich zu stark auf das Urteil einiger Experten gestützt. Es gäbe keine Alternative für die politische Entscheidungsfindung; die wissenschaftliche Expertise sei schließlich auch das entscheidende Kriterium im Falle einer möglichen Auseinandersetzung vor der Welthandelsorganisation (WTO).

Im Fall BSE zeigt sich auch, daß das Verfahren der »Komitologie« – eigentlich gedacht, um Gesetze schneller an Innovationen und technologischen Fortschritt anzupassen – deutliche Grenzen hat. Bei der Entscheidung von so grundlegenden Fragen wie der Kontrolle einer lebensbedrohlichen Krankheit müßte mehr Öffentlichkeit hergestellt werden, zum Beispiel durch die Aufnahme von Konsumentenschützern in die Ausschüsse oder zumindest durch Beteiligung des Europäischen Parlaments. Das nämlich hatte bereits 1993 ein Verkaufsverbot von BSE-verdächtigem Fleisch gefordert – vergeblich. Nach dem Maastrichter Vertrag I hat es nämlich keinerlei Kompetenz im Bereich Landwirtschaft. Europaabgeordneter Peter Liese (CDU): »Das Beispiel BSE zeigt, daß es nicht nur ein Gebot der Demokratie ist, dem Europäischen Parlament mehr Befugnisse zu geben, sondern daß gerade die Anliegen des vorbeugenden Verbraucherschutzes beim Europäischen Parlament besser aufgehoben sind als allein bei Kommission und Ministerrat.«

Im Januar 1997 legte der Parlamentarische Untersuchungsausschuß, der die Versäumnisse der EU-Kommission angesichts der BSE-Krise klären sollte, seinen Abschlußbericht vor. Die Parlamentarier kamen zu dem Ergebnis, daß die Hauptschuld bei Großbritannien gelegen habe. Die englische Regierung habe zwar vielen EU-Forderungen formal entsprochen, sie in der Realität jedoch nicht umgesetzt. So seien zum Beispiel die Verfütterungs- und Ausfuhrverbote bei Tiermehl nicht kontrolliert worden.

Umgekehrt hätten jedoch auch Kommission und Rat viele Fehler gemacht, indem sie den Interessen des Rindfleischmarkts Vorrang vor möglichen Gesundheitsschäden beim Menschen gaben. Die britischen Vorkehrungen zum Eindämmen der Seuche wurden nicht überprüft. Die britische Regierung habe starken Druck auf die Kommission ausgeübt, das Ausmaß der BSE-Krankheit herunterzuspielen. Britische Beamte und Wissenschaftler seien außerdem überproportional in den Gremien der Kommission vertreten gewesen: So führte in der »Untergruppe BSE« des »Wissenschaftlichen Veterinärausschusses« fast immer ein Brite den Vorsitz. Auch die Protokolle wurden von einem britischen Beamten geführt. Der Untersuchungsausschuß zog deshalb den Schluß, in diesem Fall hätte unter den Ausschußmitgliedern ein nationaler Proporz gewahrt werden müssen. Außerdem kritisierte er, daß wissenschaftliche Minderheitenmeinungen unterdrückt wurden. Das System der »Komitologie« erweise sich deshalb für den Verbraucherschutz als unwirksam.

Der Präsident der Europäischen Kommission, Jacques Santer, reagierte auf die Kritik an der BSE-Politik mit dem Vorschlag, eine unabhängige Gesundheitsbehörde zu schaffen, um diese Thematik nicht mehr der Direktion Landwirtschaft, sondern der für Verbraucherschutz zuständigen Abteilung zu unterstellen.

Als Folgekosten des Rinderwahns prognostizierte Agrarkommissar Franz Fischler anläßlich der Grünen Woche 1997 eine Summe von zehn Milliarden Mark bis 1998. Die wirklichen Ausmaße der Krankheit sind jedoch noch völlig offen, da bisher weder die Erreger noch die Art ihrer Verbreitung und damit auch nicht die mögliche »Durchseuchung« des Binnenmarkts geklärt sind. (Siehe auch die BSE-Chronik im Info-Teil, S. 201f.)

Etikettenschwindel

ODER Die Schweine-Internationale

Was macht ein deutsches Schwein zum italienischen Schinken? Die Tatsache, daß es zum Beispiel in Südtirol gepfeffert, gesalzen und luftgetrocknet wurde. Das niederdeutsche Schwein kann sein gesamtes Leben in der Heimat verbracht haben, dort gezeugt und gefüttert worden sein, auch sein dem Delikateßladen geweihtes Leben verloren haben – was zählt, ist der Ort der Verarbeitung. Oder was macht ein holländisches Küken zum gallischen Hahn? Der Transport über die Grenze ins französische Nachbarland, wo es gemästet und geschlachtet wird.

Was Federvieh und Schweinespeck angeht, so hat die EU ihre Visionen schon verwirklicht: Nationale Grenzen und regionale Zugehörigkeiten werden immer unwichtiger. Die Freiheit des Gütertransports verwischt die Spuren alter Identität – heraus kommt ein standardisiertes Produkt, ein europäisches Lebensmittel.

Für den Konsumenten, meinen die Planer der EU, hat das nur Vorteile. Er kann in jedem Land, in dem er sich aufhält, die gleiche Hygiene, dieselbe Zutatenliste und den entsprechenden hohen technischen Standard erwarten. Aber ist das gleichzusetzen mit dem Begriff »Qualität«?

Früher hing die Güte eines Masttieres oder einer Obstsorte entscheidend vom Standort ab: Dort hatten sich das Rind oder der Apfel genetisch angepaßt, hatten sich seine geschmacklichen Merkmale, seine Schwächen und Vorzüge herausgebildet. Heute ist die genetische Vielfalt stark reduziert. Die industrialisierte Landwirtschaft setzt Saatgut und Tierarten ein, die so »optimiert« und »spezialisiert« wurden, daß sie weitgehend unabhangig von ihrer Umgebung größtmögliche Erträge liefern.

Bäumchen, wechsle dich

Zwischen Rhein und Maas soll das »Europa der Regionen« sich verwirklichen: Holländische und deutsche Gemüsebauern aus Oost-Brabant sowie den Gegenden Limburg und Niederrhein haben sich zusammengeschlossen und wollen unter dem wohlklingenden Namen »Rhemosa« Tomaten, Gurken, Paprika und Auberginen aus dem Glashaus auf den Markt bringen. In der »Rhemosa«-Region ähneln sich die Anbaumethoden inzwischen so sehr, daß die vorgeschriebene Angabe, ob die Früchte nun holländisch oder deutsch sind, für den Kunden längst ihren Sinn verloren hat. »Langfristig werden nur noch Markennamen für die Qualität einer Ware bürgen«, sagt Christian Kraus von der holländischen Marketingorganisation CBT. »Die Herkunft wird immer unwichtiger und nach und nach ganz verschwinden.«

»Wir gehen davon aus, daß jedes Lebensmittel, das in der EU gehandelt wird, denselben hohen Standard hat«, sagt Michael Erhardt, Kabinettsmitglied des Agrarkommissars in Brüssel. »Auch ausländische Waren, zum Beispiel aus den USA, gelten, wenn sie einmal auf dem Binnenmarkt zugelassen wurden, als europäische Produkte. Woher sie ursprünglich kommen, ist dann der Verpackung nicht mehr anzusehen.«

Noch ist die Angabe, woher eine Ware stammt, für Gemüse und Obst zwingend vorgeschrieben, egal, ob sie lose oder abgepackt verkauft werden. Für alle anderen Waren gilt: Dem Etikett auf der Verpackung kann der Käufer nur entnehmen, woher der Hersteller oder der Importeur kommen. Es sagt dagegen nichts über den Ursprung der Ware aus. Der muß nur dann ausgewiesen werden, wenn der Verbraucher durch das Fehlen einer solchen Angabe getäuscht werden könnte, zum Beispiel bei Münster-Käse. In Frankreich wird er mit einer anderen Rezeptur unter demselben Namen hergestellt.

Der Strichcode, der auch den Preis verschlüsselt, enthält eine Ziffer mit einer Länderkennzeichnung (siehe Anhang), die sich jedoch ebenfalls nur auf den Produzenten oder Importeur bezieht. Außerdem gibt er eine Chargennummer an. Neben dem Namen des Produkts stehen auf dem Etikett noch Informationen zur Füllmenge und zum Mindesthaltbarkeitsdatum sowie eine Zutatenliste.

Diese Angaben, so schreiben es europäische Gesetze vor, müssen

»wahr, klar und vollständig« sein. Vor der Harmonisierung des Lebensmittelrechts 1979 galten in den Ländern der Gemeinschaft völlig unterschiedliche Vorschriften, was den Handel stark beeinträchtigte. In Skandinavien zum Beispiel war die Kennzeichnung bereits sehr detailliert, in Deutschland war sie ähnlich ausführlich, basierte aber auf einer Vielzahl verschiedener Gesetze, die einen verläßlichen Überblick erschwerten.

Die Öffnung des Binnenmarkts hat die Arbeitsteilung unter den europäischen Mitgliedsländern, aber auch die Kooperation mit ihren Nachbarn verstärkt. Selten wird ein Lebensmittel nur in einem Land hergestellt, meist sind einzelne Glieder der Produktionskette auf andere Nationen verteilt. Zum Beispiel Geflügel: Masthähnchen, die in Deutschland aufwachsen, werden in Holland geschlachtet oder umgekehrt. Wenn das Tier dann abgepackt, frisch oder tiefgefroren, ganz oder schon pfannengerecht zerteilt, im Supermarkt liegt, informieren die Länderkennzeichen DE oder NL auf der Verpackung nur noch darüber, in welchem Land das Hähnchen geschlachtet wurde.

Seit dem 1. Juli 1991 muß europäisches Geflügel nicht nur einheitlich gekennzeichnet, sondern vor allem auch nach einem einheitlichen Standard produziert und vermarktet werden. Die Tiere werden vor der Schlachtung tierärztlich untersucht. Die EU-Gesetze schreiben außerdem vor, wie die Schlachthöfe ausgestattet sein müssen, um die vorgeschriebenen Hygienenormen einzuhalten.

Die Verarbeitung von landwirtschaftlichen Produkten bringt lukrative Gewinne. Weil viele Rohstoffe außerhalb des Erzeugerlandes veredelt werden, beteiligen sich die Produzenten auch über die Grenzen hinweg an Schlachthöfen, Zerlegebetrieben und Konserven- oder Tiefkühlfirmen. »Unsere Betriebe sollen bei der Verarbeitung der Produkte an Ort und Stelle mitwirken«, betonte der holländische Botschafter in Bonn. Seinem Land liege daran, »durch Internationalisierung an der Wertschöpfung im Exportland« zu partizipieren. In ähnlicher Weise beteiligen sich auch deutsche oder französische Erzeuger an Veredelungsbetrieben im Ausland.

Das Preisgefälle für einzelne Verarbeitungsschritte ist groß. So ist es zum Beispiel billiger, lebende Tiere zum Schlachten oder Entbeinen nach Italien zu karren, als den nächstgelegenen Schlachthof anzusteuern. Harter Preiskampf, Schweinepest und Rinderwahn führten Anfang der 90er Jahre dazu, daß gerade große Schlachthöfe wie die der »Norddeutschen Fleischzentrale« in Hamburg, der Firma »Westfleisch« in Münster oder von Moksel im Allgäu darüber klagten, daß ihre Anlagen nur zu 60 Prozent ausgelastet seien. »Die Branche steckt in ihrer bislang tiefsten Krise«, erklärte eine Mitarbeiterin des Deutschen Raiffeisenverbandes in Bonn.

Um die Kapazitäten besser auszulasten, wurden immer mehr Schlachttiere aus Nachbarländern herangeschafft. 1994 stammte jedes fünfte Schwein, das in Deutschland verarbeitet wurde, aus Holland oder Dänemark. »Woher das Tier nun kam«, sagt Henning Viedt, Vorsitzender des Bundesverbandes der Lebensmittelkontrolleure in Hamburg, »kann hinterher niemand mehr sagen. Es trägt nun den Stempel des Schlachthofes und ist damit ein deutsches Tier geworden.«

Original und Fälschung

Kein Mensch erwartet, daß das »Wiener Würstchen« tatsächlich aus Wien kommt – im übrigen heißt es dort »Frankfurter«. Ähnlich ist es mit der »Schwarzwälder Kirschtorte« oder dem »Tilsiter«. Viele Herkunftsbezeichnungen sind längst zu Gattungsnamen geworden. Die sind nicht geschützt und können von jedermann verwendet werden. Die Thüringer Bratwurst darf auch von einem Metzger in Kiel gestopft werden, und Linzer Torte können Konditoren von New York bis Kiew backen, wenn sie die wichtigsten Ingredienzien berücksichtigen. Der billigste Gouda-Käse kommt längst nicht mehr aus Holland, sondern aus Ostdeutschland.

Doch muß jeder »Dresdner Christstollen« aus Sachsen sein? »Eine knifflige Frage«, meint Jörg Brösame vom Deutschen Patentamt in Berlin. »Die Schwierigkeit besteht in solchen Fällen darin, das geographische Gebiet abzugrenzen.« Weil die Trennung zwischen Herkunftsbezeichnung und Gattungsbegriff nicht eindeutig ist, kommt es immer wieder zu Streitigkeiten. So wollen die sächsischen Bäcker, in deren Hauptstadt der erste »Dresdner« aus dem Ofen geholt wurde, ihren bayerischen Zunftgenossen untersagen lassen, ihr Traditionsbackwerk zu kopieren.

Und was ist dran an »Rügener Teewurst«, »Holsteinischem Katenschinken« oder »Original Bayerischem Leberkäs«? Die Machart zählt meist mehr als die Herkunft: So brachte 1992 ein Augsburger Wurstfabrikant einen Leberkäs in Folie millionenfach in die Kühltheken der Supermärkte. »Original bayerisch« stand auf dem Etikett. Doch weil dieses Produkt keine Kruste hatte, liefen bald die Verbraucherverbände Sturm: Nur Leberkäs mit Kruste sei ein »original bayerischer«, fand auch das Augsburger Amtsgericht und verurteilte den Fabrikanten zu einer empfindlichen Geldbuße.

Der Herstellungsort ist auch wichtiger als der Ursprung der Rohstoffe. So darf nach einem Urteil des Oberlandesgerichts Koblenz aus dem Jahr 1995 »Westfälisches Bauernbrot« aus Mehl einer ganz anderen Region gebacken werden. Ebenso können »Westfälische Mettwürste« mit Fleisch aus einer x-beliebigen Gegend gefüllt werden und »Schwarzwälder Schinken« von französischen Schweinen stammen.

Der Konsument ist verwirrt. Mal bezieht sich der Name eines Lebensmittels auf die Machart, mal auf den Produktionsort. Und dann gibt es auch noch »Nürnberger Lebkuchen« oder »Lübecker Marzipan«, deren Rezeptur vorgeschrieben und deren Marke in Deutschland besonders geschützt sind.

Jahrzehntelang gab es in Europa kein einheitliches Schutzsystem für nationale Nahrungsmittel. Deshalb konnten Bäcker in Paris, London oder Rom ebenfalls »Nürnberger Lebkuchen« erzeugen. Das soll jetzt anders werden. Schon Anfang der 90er Jahre hatte die Kommission festgestellt, daß die Verbraucher zunehmend »Agrarprodukte mit besonderen Merkmalen« und »bestimmbarer geographischer Herkunft« bevorzugen, wie zum Beispiel französische Mais-Hähnchen oder Rocquefort, Käse mit einer bestimmten Reifeart. Eine EU-weite Umfrage 1995 bestätigte, daß für die Konsumenten der Ursprung eines Produkts besonders wichtig ist. 76 Prozent betonten, sie bevorzugten Essen »nach traditioneller Art«.

Viele europäische Länder, vor allem aber Frankreich, Spanien und Italien, haben behördlich kontrollierte Bezeichnungen, um den Ursprung ihrer Lebensmittel hervorzuheben. Kürzel wie D.O.C. (Denominazione di Origine Controllata e Garantita) sind fast jedem Konsumenten bekannt und bürgen für eine bestimmte Qualität. Italien zum Beispiel vermarktet 90 Prozent seiner Käseproduktion unter Ursprungsbezeichnungen wie »Parmigiano Reggiano« oder »Pecorino Sardo«.

Diese Original-Ware muß nicht immer besser sein als ein ähnliches Produkt, auf jeden Fall jedoch hat sie ein besseres Image und ist teurer. Um zu verhindern, daß Herkunftsbezeichnungen nur dazu verwendet werden, den Preis hochzutreiben, schuf die Kommission drei neue Schutzsysteme, die bereits seit 1992 gelten, aber sich noch nicht im Handel durchgesetzt haben: Die »geschützte Ursprungsbezeichnung (g.U.)« besagt, daß ein Erzeugnis, zum Beispiel »Tiroler Graukäse«, in einer bestimmten Region nach einem anerkannten und festgelegten Verfahren hergestellt werden muß. In diesem Fall muß die Milch von Tiroler Kühen stammen.

Die »geschützte geographische Angabe (g.g.A.)« bedeutet, daß mindestens ein Stadium der Erzeugung oder Verarbeitung in einer Beziehung zum Herkunftsgebiet steht. Dazu zählen auch Produkte wie »Lübecker Marzipan«.

Die »garantiert traditionelle Spezialität (g.t.S.)« bürgt für »besondere Merkmale« wie traditionelle Haltung von Tieren oder eine bestimmte Lagerung der Produkte während ihrer Reife. Die Geographie spielt hier keine Rolle mehr. Diese Produkte können mit den Farben der EU und einem blau-gelben Sonnenlogo gekennzeichnet werden.

»Nürnberger Lebkuchen« oder »Lübecker Marzipan« (g.g.A.) sind nun vor Nachahmung geschützt, zusammen mit mehreren hundert anderen Nahrungsmitteln, die bisher unter diesem neuen Schutzsystem von der Kommission zugelassen wurden. Dazu zählen auch die Käse »Esrom« und »Danablu« aus Dänemark (g.g.A), die Wachauer Marille (g.U.) aus Österreich, Feta aus Griechenland (g.U.) oder Nüsse aus Grenoble (g.U.).

Ob die drei neuen Siegel zu mehr Transparenz für den Konsumenten führen, ist jedoch fraglich. Während sich die südlichen Länder (mit ihrem hohen Anteil an traditionsreichen Erzeugnissen) zufrieden mit den Kennzeichnungen zeigten, kritisierten sie die nordeuropäischen Staaten (mit ihrem hohen Anteil an Plagiat-Produkten). In Dänemark, Großbritannien, Holland und Deutschland monierten Politiker und Lobbyisten, die Angaben seien zu wenig trennscharf. Wo höre die strengere »geschützte Ursprungsbezeichnung (g.U.)« auf und wo fange die weit unschärfere »geographische Angabe (g.g.A.)« an?

Heftiger Streit entzündete sich sogleich an der Frage, welchen Produkten überhaupt eine Ursprungsbezeichnung zustehe und bei welchen es sich wie beim »Gouda« nur um einen Gattungsbegriff handele. Griechenland zum Beispiel mußte das Recht auf Schutz für seinen »Feta« hart erkämpfen. Dieser kleinporige Weichkäse, der original aus Ziegen- oder Schafsmilch besteht, wird seit vielen Jahren mit großem Erfolg auch in Dänemark hergestellt, auch wenn das Endprodukt aus dortiger Kuhmilch und dem Weißmacher E 131 mit dem Vorbild kaum noch etwas gemein hat. Rund 90.000 Tonnen Feta rollen jährlich aus Skandinavien in Richtung Süden, dorthin, woher der Käse ursprünglich kommt – in die östlichen Mittelmeerländer.

Für die Dänen stand ein Jahresumsatz von 350 Millionen Mark auf dem Spiel. Regierungschef Poul Rasmussen intervenierte persönlich bei Kommissionspräsident Jacques Santer. Auch Bundeslandwirtschaftsminister Jochen Borchert (CDU) vertrat die Auffassung – »die auch von vielen Kollegen geteilt wird« –, daß es sich bei Feta, Parmesan und Parmaschinken um Gattungsbezeichnungen handele, die gar nicht mehr geschützt werden könnten. »Feta«, so der Minister, »wird schon seit vielen Jahren nicht nur in Griechenland, sondern auch in Deutschland und anderen Mitgliedsstaaten hergestellt. Daher ist aus dieser Sicht ein Schutz dieser Bezeichnung nur für griechischen Feta nicht möglich.«

Um mehr Licht in das Dunkel der Begriffe zu bringen, wurde bei der Kommission eigens ein Gremium, der »wissenschaftliche Ausschuß für Ursprungsbezeichnungen, geographische Angaben und die Bescheinigungen besonderer Merkmale von Agrarerzeugnissen und Lebensmittel ins Leben gerufen. »Hochqualifizierte Persönlichkeiten« aus Rechts- und Agrarwissenschaften, so die Kommission, sollten bei der Abwägung helfen.

Die erste Liste der geschützten Ursprungsbezeichnungen, die im Juli 1996 von der Kommission veröffentlicht wurde, nannte schließlich doch »Parmaschinken« , »Feta« und »Parmesan« (dieser in Verbindung mit dem Herstellungsort) unter den geschützten Bezeichnungen. »Emmentaler«, »Gouda« und »Tilsiter« dagegen gelten nun europaweit als Gattungsbegriffe.

Der Feta-Fall ist jedoch noch nicht abgeschlossen. Die deutsche Regierung hat sich an den Europäischen Gerichtshof gewandt, um klären zu lassen, ob es bei der Kommissionsentscheidung bleiben muß.

Bis Ende 1996 waren rund 1.500 Anträge auf Schutz von Nahrungsmitteln bei der Kommission eingegangen. Deutschland hat als Spitzenreiter 900 Produkte angemeldet und bisher vor allem Mineralwässer erfolgreich schützen lassen. »Schwarzwälder Schinken«, »Schwarzwaldforelle« und »Münchner Bier« sollen folgen. Diese Produkte werden dann europaweit registriert.

An den europäischen Konsumenten ist diese Debatte vorbeigelaufen. 1995 hatten drei von vier Verbrauchern noch nichts von dem neuen europäischen Schutzsystem gehört. Zumindest in Deutschland liegt das auch daran, daß der Handel wenig Interesse an regionalen Spezialitäten hat. Denn, sagt Antonius Nienhaus von der Marketingorganisation der deutschen Landwirte (CMA), dabei profitiere er nicht von den hohen Rabatten, die ihm Hersteller von standardisierter Massenware einräumten, um europaweit große Mengen ihrer Produkte abzusetzen.

Mit einer aufwendigen Informationskampage will die Kommission deshalb 1997 um Vertrauen in die Kürzel »g.U.«, »g.g.A.« und »g.t.S.« werben. 8,8 Millionen ECU werden investiert, um in drei Schritten Hersteller, Handel und Käufer von ihren Vorteilen zu überzeugen.

Mit Brief und Siegel

»Durch die BSE-Krise werden wir lange Zeit nicht zu den früheren Verbrauchsquoten zurückkehren – wenn das überhaupt jemals wieder möglich ist.« Franz Fischler, Agrarkommissar der Europäischen Union, ist überzeugt, daß der Verbraucher, sollte er jemals wieder Rindfleisch essen, genau wissen will, woher es dann kommt.

Das Vertrauen in die Qualität von Fleisch ist endgültig zerstört. Nach vielen Skandalen – verbotene Tierarzneimittel, Hormonmast, Schweinepest und Legehennen-Qual – hat die britische Rinderseuche BSE die Konsumenten das Fürchten gelehrt. Es gab wissenschaftliche Gutachten und politische Beteuerungen, Importbeschränkungen und Fütterverbote, doch trotzdem breitete sich die Krankheit in ganz Europa aus. Im Handelsdschungel des Binnenmarkts wurde aus so manchem englischen »beef« zum Beispiel ein französisches »bœuf«, und kein Konsument wagte zu fragen, woher das Rindergulasch aus dem italienischen oder deutschen Fertigmenü wirklich stammte.

In der Krise suchten die Konsumenten das Naheliegende: den

Metzger ihres Vertrauens, den Viehhalter aus der Region, den Biobauern aus der Umgebung. Überall sanken die Fleischumsätze rapide, vor allem in den Selbstbedienungsabteilungen mit vorgefertigten Packungen. Metzger in Bayern registrierten in den Städten Umsatzrückgänge um die 15 Prozent, auf dem Land deutlich weniger. »Dort kommt noch Vertrauen über die Theke«, sagt Klaus Heck von der Mainzer Fleischerinnung. Baden-württembergische Metzgereien, die mit Zertifikaten beteuerten, ihre Ware sei deutsch und BSE-frei, waren deutlich weniger betroffen. Mit Umsatzzuwächsen von rund 20 Prozent profitierten nach Angaben des Bioland-Landesverbandes Baden-Württemberg und Demeter die Ökofleischer. »Die Herkunft der Lebensmittel«, bestätigt auch CMA-Chef Antonius Nienhaus, »erhält eine nie dagewesene Bedeutung.«

Die anonyme Massenproduktion, so zeigte die Rinderseuche, war an ihre Grenzen gelangt. Auch Agrarkommissar Franz Fischler, selbst gelernter Landwirt, erklärte, BSE habe die Bauern und Politiker gelehrt, daß man »nicht zu weit gehen« dürfe. Bereits zehn Jahre vor dem Höhepunkt der Seuche, so sagte Fischler, seien in Europa doppelt so viele Rinder erzeugt wie verbraucht worden. Die Krankheit hatte den schon überhitzten Markt dann endgültig zusammenbrechen lassen.

Im Jahre 1988 hatte noch jeder Bundesbürger im Schnitt 15,8 Kilogramm Rindfleisch verzehrt, 1995 war es nur noch halb so viel: 7,9 Kilo, mit weiter abnehmender Tendenz. Die Rinderseuche BSE, so zeigte eine Umfrage der Bundesforschungsanstalt für Ernährung von Ende 1996, war auch der Auslöser für ein steigendes Mißtrauen der Bevölkerung gegenüber anderen Lebensmitteln. Jeder vierte der 2.000 Befragten konnte nicht ein einziges Lebensmittel nennen, das ihm wirklich sicher erschien.

Um neue Absatzwege zu erschließen, empfahl der Bundesverband der Deutschen Fleischindustrie 1995 seinen Mitgliedern, sich verstärkt auf Fertigprodukte aus Gemüse, Getreide, Milch oder Pflanzenöl zu verlegen, denen Fleisch zugesetzt wird. »Bratapfel auf Rindfleisch in Aspik« oder »Blumenkohlwurst« zählen zu den neuartigen »Kombinationsprodukten«, die ein Jahr später mit der neuen Fleischverordnung der EG zugelassen wurden. Die größte Hoffnung für die Branche sehen Experten in kombinierten Fertiggerichten wie der schnellen Hackfleischpizza für den Single-Feierabend oder in der Geflügel-Broccoli-Krokette, die nur noch heißgemacht werden muß. Solche Fertiggerichte sind nicht frei von Risiken. Aus Furcht vor einer möglichen Übertragung der Rinderseuche BSE auf den Menschen beschloß der französische Nahrungsmittelkonzern Danone, den Verkauf von zehn Gerichten der Marken Panzani und William Saurin, die englisches Rindfleisch enthielten, zu verbieten. Mit einer »Qualitätscharta« verpflichtete sich der Konzern, künftig nur noch französisches Rindfleisch zu verwenden.

Mit offensiven Image- und Werbekampagnen soll die Vertrauenskrise bekämpft werden. Wichtigstes Versprechen ist dabei, das Fleisch stamme aus »kontrollierter Aufzucht«, komme also garantiert nicht aus England, sondern von heimischen Betrieben. Verschiedenste Gütesiegel, unterzeichnet von »unabhängigen« und »anerkannten« Kontrolleuren, sollen dies bezeugen.

So bestätigt zum Beispiel Landwirtschaftsminister Reinhold Bocklet (CSU) in großflächigen Zeitungsannoncen höchstpersönlich, daß bayerisches Rindfleisch »sicher« sei. Eine andere Anzeige verspricht sogar eine »Geburtsurkunde« samt »Qualitäts- und Herkunftssicherungssystem«. Und eine Werbung der CMA garantiert »tiergerechte Haltung und Fütterung« vor dem Foto einer Alpenlandschaft mit Weiden, auf denen kein einziges Tier mehr steht.

Läßt sich der Weg eines Tieres von der Geburt bis zur Fleischtheke wirklich einwandfrei nachweisen? Die Verbraucherzentrale in Nordrhein-Westfalen versuchte dies am Beispiel Schweinefleisch. Diejenigen Tiere, so stellte sich heraus, die einen Paß, eine Ohrmarke oder eine Tätowierung hatten, ließen sich relativ gut zurückverfolgen. In dem Moment jedoch, wo das Fleisch in kleinere oder größere Portionen zerlegt war, gelang das nur noch selten.

Ist deutsches Rindfleisch wirklich sicher? Theoretisch ja: Die Fleischhygieneverordnung schreibt vor, daß Überwachungsbeamte stichprobenartig die Futtermittel sowie Urin-, Kot- und Blutproben nehmen müssen, um festzustellen, ob das Tier mit verbotenen Masthilfen behandelt wurde. Außerdem muß anhand von Unterlagen nachgewiesen werden, mit welchen Medikamenten in welcher Dosierung das Rind vom Tierarzt behandelt wurde.

Ist das Tier schlachtreif, soll es, den Vorschriften des Tierschutzes entsprechend, zum nächsten Schlachthof gefahren werden, der im statistischen Durchschnitt nicht mehr als 100 Kilometer entfernt liegt. Dort wird es von einem Tierarzt oder ausgebildeten Kontrolleur untersucht. Auch der Schlachtvorgang selbst wird überwacht, die Hygienevorschriften müssen eingehalten werden. Das Fleisch wird anschließend bakteriologisch untersucht und mit einem Stempel zum Verzehr freigegeben.

Um seine Herkunft zu dokumentieren, erhält jedes Tier nach der »Viehverkehrsverordnung« spätestens sechs Wochen nach der Geburt eine amtliche Ohrmarke, die es bis zur Schlachtung tragen muß. Sie enthält eine Nummer, die nach einem bundesweiten System vergeben wird und Verwechslungen ausschließt. Seit Oktober 1995 wurde für Rinder zusätzlich ein »Paß« eingeführt. Dieses Begleitpapier weist nach, in welchen Betrieben das Tier seit seiner Geburt aufwuchs, und nennt sämtliche Halter. Diese »Viehverkehrsverordnung« ist für die Haltung von Rindern, Schweinen, Schafen und Ziegen bindend.

Die Realität sieht anders aus: Trotz dieser strengen Vorschriften sind 1995 zum Beispiel mehrere tausend Tonnen Fleisch in den Handel gelangt, die mit dem erbgutschädigenden Wirkstoff Chloramphenicol belastet waren. Auch Ohrmarken und Tierpässe konnten das nicht verhindern. Die nordrhein-westfälische Umweltministerin Bärbel Höhn (Bündnis 90/Die Grünen) kritisierte die »verwirrende Gesetzeslage«, die nicht zwischen Medikamenten, Chemikalien und Futtermittelzusatzstoffen unterscheide. Deshalb seien einige der gesundheitsschädlichen Stoffe in der einen Anwendung verboten, in der anderen aber erlaubt.

Ein Problem ist auch der kaum zu kontrollierende Handel mit Tieren zwischen den Ländern der Gemeinschaft und Drittstaaten. Jährlich werden 250 Millionen Schlachttiere quer durch Europa transportiert. Rinder, die aus einem anderen EU-Land importiert werden und anschließend etwa 30 Tage in deutschen Ställen stehen, dürfen danach als »deutsche« Tiere weiterverkauft werden. Selbst die Deutsche Fleischwirtschaft zieht unter diesen Bedingungen das Fazit, daß ein »vollständiger und durchgängiger Herkunftsnachweis nur unter Einschränkungen« zu führen ist.

Um angesichts der unbekannten Risiken der BSE-Krankheit eine möglichst große Sicherheit bei Rindfleisch zu erzielen, schlug die Kommission Ende 1996 einen europaweiten Rinderpaß vor. Die Tiere sollen einen computerlesbaren Code erhalten, der Geburtsdatum, Geschlecht, Rasse, Mutterkuh, Halter und seine »Bewegungsspuren« verschlüsselt. Dieser Code muß in allen Ländern der Union lesbar sein.

Auf freiwilliger Basis soll eine zweite Kennzeichnung für Fleischprodukte eingeführt werden. Auf ihr soll das Land oder die Region stehen, aus der das Tier stammt, seine Fütterung und Mastmethode, sein Geschlecht und der Zeitpunkt der Schlachtung. Agrarkommissar Fischler: »Jedes Glied der Produktionskette, vom Züchter bis zum Kleinhändler, wird große Verantwortung tragen.«

Der europäische Verband der fleischverarbeitenden Industrie sieht in diesem Vorschlag, wie sie Ende Oktober 1996 in einem Brief an die Kommission betont, einen »Alptraum«. Er sei nicht dazu angetan, den Rindfleischabsatz zu fördern, sondern führe im Gegenteil wegen der damit verbundenen organisatorischen Schwierigkeiten zu problematischen Preissteigerungen. Die Fleischindustrie sähe sich, so wird gedroht, möglicherweise dazu gezwungen, auf Rindfleisch künftig ganz zu verzichten. »Fleischfabrikanten«, so heißt es weiter in dem Brief, »suchen ihr Fleisch nicht nach nationalen Gesichtspunkten aus, sondern nach bestimmten Kriterien wie Fett, Proteingehalt und anderen Inhaltsstoffen.«

Der Handel dagegen ist sehr interessiert an einer »ganzheitlichen Verantwortungskette«, die das Vertrauen des Kunden in Rindfleisch wieder herstellen soll. Der Rückgang des Fleischverzehrs hat nämlich auch empfindliche Folgen für andere Warengruppen. Fleisch- und Wursttheken gelten im Supermarkt als »Frequenzbringer«: Der Kunde, der deshalb das Geschäft aufsucht, kauft nebenbei auch noch Toilettenpapier, Zahnpasta und Kaffee. Das Fernbleiben vieler Käufer versetzte den Handel deshalb in Alarmstimmung.

Als Reaktion darauf verabschiedeten führende Lebensmittelhändler wie REWE, Edeka, Metro, Lidl & Schwarz im August 1994 eine »Frankfurter Deklaration«. Darin forderten sie von ihren Fleischlieferanten mehr Transparenz und Sicherheit im Hinblick auf Herkunft und Qualität. Drei Monate später etablierte das Europäische Handelsinstitut in Köln, das die Interessen des Handels vertritt und viele internationale Standards für den Verkauf entwickelte, einen Arbeitskreis »Fleischwaren«. Ziel ist ein Regelwerk, das ermöglicht, ein Stück Fleisch von der Geburt über die Schlachtung bis hin zu Zerlegung, Verpackung und Verkauf identifizieren zu können. Es wird an einem einheitlichen Herkunftsetikett gearbeitet. Ein Problem ist dabei die arbeitsteilige Tierzucht und Verarbeitung. Soll als Herkunftsangabe der Geburtsort des Tieres genannt werden oder der Mastort? Soll der Kontinent erwähnt werden, oder das Bundesland? Gotthard Hilse vom deutschen Bundesverband der Fleischwarenindustrie weist darauf hin, daß die Kennzeichnung bei vorgefertigten Produkten schon aus technischen Gründen unmöglich sei: »Ein Wurstwarenhersteller bezieht keine Rinderhälften, sondern Fleisch in der Größe von Gulaschwürfeln. Da ist es unmöglich, einen Einzeltiernachweis zu führen.«

Während die Kommission sich bemüht, internationale »Verantwortungsketten« aufzubauen, versuchen einzelne Mitgliedsländer, ihr nationales Image aufzuwerten, um die Waren aus heimischer Produktion abzusetzen – auch im Ausland. 200 Millionen Mark steckten die europäischen Nachbarländer 1995 in Kampagnen, um ihre nationalen Produkte in Deutschland zu bewerben – die Marketingorganisation der deutschen Landwirte, die CMA, gab im Inland rund 55 Millionen Mark für Informationskampagnen aus.

Auch die Regionen treten miteinander in Wettbewerb. Das bayerische Landwirtschaftsministerium will international mit einem weißblauen Siegel »Qualität aus Bayern – Garantierte Herkunft« für sein Fleisch werben. Weil ein solches Zertifikat nahelegt, bayerisches Fleisch sei besser als anderes aus Europa, das vielleicht keine garantierte Herkunft verspricht, könnte es wettbewerbsverzerrend wirken, fürchtet die Kommission. Nach einem Urteil des Europäischen Gerichtshofes von 1992 darf nämlich Qualität nicht in Verbindung mit einer bestimmten Herkunft betont werden, da dies andere EU-Länder diskriminieren könnte. Nur sehr allgemeine Slogans wie »Aus deutschen Landen – frisch auf den Tisch« werden toleriert.

»Qualität aus Bayern – Garantierte Herkunft« – auf arabisch

Als zum Beispiel der deutsche Geflügelzüchter Wiesenhof mit kontrolliertem Federvieh warb, bekam er Probleme mit dem französischen Putenzüchterverband. Die Begründung: Die Reklame stelle heraus, daß die Tiere mit ausgewähltem Getreide (deutsch), vollem Namen des Züchters (deutsch) und Herkunftszertifikat (deutsch) geadelt würden. Dieser Hinweis auf die »heimische« Herkunft des Produkts, so argumentierten die Franzosen, sei ein in der EU nicht erlaubter Wettbewerbsvorteil. Die Klage wurde jedoch später zurückgezogen.

Herkunftsgarantien gibt es nicht nur für Rind- und Schweinefleisch, sondern neuerdings auch für Eier, Geflügel und Milch. Eine »nationale Ei-Marke« präsentierte Ende 1996 »Meier's Erzeugergemeinschaft«, ein Zusammenschluß von »Hühnerhof Heidegold«, »Goldei« und »Gutshof-Ei«. Unter dem Namen »Meier's« will die Firma jährlich bundesweit rund eine Milliarde Eier verkaufen, deren Markenname für deutsche Qualität bürgen soll. Das Außergewöhnliche daran ist die Ortsangabe der jeweiligen Legefarm auf der Packung, eine Novität auf dem Markt, die dem Ei Identität verleihen soll. Der Gebrauchswert für den Kunden ist allerdings gering, wenn ihm die Herkunftsangabe noch nichts über die Art der Legehennenhaltung und damit über die Qualität der Eier sagt.

Als »TÜV-Zeichen für deutsche Lebensmittelqualität« soll auch das Logo der CMA gelten. Etwa 12.000 Produkte tragen derzeit das Zeichen der Marketingorganisation der deutschen Landwirtschaft. Zu einem Streit mit den holländischen Nachbarn kam es, als die Niederländer beantragten, unter demselben Siegel auch einige ihrer Produkte zu vermarkten. Durch ihr System der »integralen Ketten-Überwachung« für Fleisch und Geflügel, so argumentierten sie, seien holländische Hähnchen mindestens so gut wie deutsche und verdienten es, mit einem CMA-Siegel ausgezeichnet zu werden.

Nach der europäischen Rechtslage müssen öffentlich-rechtlich finanzierte Gütesiegel unabhängig von einer nationalen Zugehörigkeit Gültigkeit haben. Die CMA wehrte sich dennoch gegen das Ansinnen der Niederländer. Es sei den Konsumenten nur schwer zu vermitteln, daß ein holländisches Produkt unter einem eingeführten deutschen Qualitätssiegel laufe. Der Fall wurde vorläufig zu den Akten gelegt.

»Bei öffentlich-rechtlich finanzierten Gütesiegeln ist es EU-rechtlich nicht zulässig«, erklärt Michael Erhard, Kabinettsmitglied der Agrarkommission, »die Qualität in Verbindung mit der Herkunft zu betonen.« Bei privaten Gütesiegeln sei dies anders.

Alles bio, oder was?

Schon die Papiertüte sieht ökologisch korrekt aus, braun, aus groben Fasern gepreßt, Kartoffeln sind drin. »Ernte aus kontrolliertem Anbau – auf unseren Anbau ist Verlaß« steht auf der Tüte. Zwei Meter weiter im Supermarktregal steht Mehl, diesmal ein graues Säckchen mit Zertifikat: »ohne chemische Pflanzenschutzmittel und Mineraldünger«. Und auf dem Pflaumenmus prangt eine grellgelbe Sonnenblume – »Bio« steht quer über ihrem braunen Kern.

Mit steigendem Gesundheitsbewußtsein wächst die Nachfrage nach ökologischen Produkten – ein neuer Markt auch für die Lebensmittelindustrie, die seit einigen Jahren eigene »Bio«-Sortimente anbietet. Wer wirklich umweltbewußt einkaufen will, muß sich in der Terminologie gut auskennen. Was bedeutet der Begriff »aus kontrolliertem Anbau«, der zum Beispiel auf der Verpackung verschiedener Erzeugnisse von »Pfanni« steht? Er zeigt, daß diese Kartoffeln mit weniger Einsatz an Agrarchemikalien angebaut wurden, bedeutet aber nicht unbedingt, daß es sich um Produkte aus »ökologischem Anbau« handelt.

Anfang der 90er Jahre glaubten bis zu 20 Prozent der Verbraucher, oft oder zumindest regelmäßig Nahrungsmittel aus ökologischem Anbau zu kaufen. In Wirklichkeit jedoch betrug der Anteil dieser Waren an der gesamten Verbrauchsmenge nur 0,3 bis 0,4 Prozent. 1996 gaben bei einer Umfrage der Zeitschrift »Brigitte« die Hälfte der 5.000 befragten Frauen an, nach Möglichkeit Produkte »aus biologischem Anbau« zu verwenden, obwohl der Anteil dieser Waren inzwischen kaum über ein Prozent gestiegen sein dürfte.

Was »umweltfreundlich« oder »natürlich« ist, »kontrolliert« oder »integriert«, bleibt meist der Phantasie der Hersteller oder der Käufer überlassen. Viele Konsumenten glauben, daß es sich bei solchen Produkten um »bessere« Lebensmittel handelt, aber sie wissen nicht, worin deren Vorteil wirklich liegt. Oft werden solche Bezeichnungen mit »ökologischem Anbau« verwechselt. Hinter diesem Begriff verbergen sich jedoch weit strengere Kriterien. Eine ausgewogene und vielseitige Bodennutzung, die dem Standort entspricht. Eine Kreislaufwirtschaft ohne Monokulturen und Massentierhaltung: Der Bauer hat nicht mehr Tiere, als er füttern und deren Gülle er ohne Schaden als Dünger verwenden kann. Vollständiger Verzicht auf chemisch-synthetische Pflanzenschutzmittel.

Oft mit Biolandbau verwechselt wird der »integrierte Anbau«, der auf vielen Etiketten genannt wird. Es gibt dazu zwar eine offizielle Definition der Weltgesundheitsorganisation (WHO), die dem »ökologischen Landbau« sogar sehr nahe kommt und erst im äußersten Notfall Chemie zuläßt. Doch sie ist nicht verbindlich, und »die Industrie besetzt diesen Begriff meist ganz anders«, sagt Lutz Ribbe von Euronatur. »Es geht ihr nicht darum, die Chemie aus der Landwirtschaft weitgehend zu verbannen, sondern sie auf einem bestimmten Niveau zu halten.« »Integrierter Anbau« heißt deshalb nicht, daß auf Agrochemikalien verzichtet wurde.

Als ersten Schritt auf dem Weg zu einer ökologischen Landwirtschaft förderte die EU-Kommission seit 1989 die »Extensivierung«. Nach der Stillegung von Agrarflächen wurde die »umweltgerechte und die natürlichen Lebensräume schützende Landwirtschaft« mit Subventionen unterstützt. Der EU ging es bei ihrem Programm allerdings weniger um eine »Wende« in der Landwirtschaft, sondern vor allem um den Abbau der Überschüsse. Die Bauern bekamen Geld dafür, daß sie weniger produzierten, sei es, weil sie weniger Chemie einsetzten, sei es, weil sie ökologisch anbauten.

Der finanzielle Anreiz erleichterte vielen Bauern den Umstieg auf umweltfreundlichere Produktionsmethoden. Außerdem setzte die EU-Kommission ab 1993 Mindeststandards für Herstellung, Kontrolle und Kennzeichnung von »Öko«-Produkten fest, die weniger streng waren als zum Beispiel die Richtlinien der deutschen Anbauverbände. Das öffnete den Bio-Markt auch für diejenigen Landwirte, die nicht ihren gesamten Betrieb auf ökologische Kreislaufwirtschaft umstellen wollen.

Um nach den europäischen Kriterien anerkannt zu werden, reicht es, wenn sie einzelne Produkte ökologisch erzeugen. Die Tierhaltung spielt dabei überhaupt keine Rolle, sie wird von der EU-Verordnung nicht erfaßt. Ein »europäischer« Ökobauer kann also einen Teil seiner Ackerfläche ökologisch und den anderen konventionell bewirtschaften.

Produkte aus ökologischem Anbau durften zunächst die Aufschrift »EG-Kontrollverfahren – Ökologische Agrarwirtschaft« tragen, und zwar dann, wenn ihre pflanzlichen Bestandteile zu 95 Prozent aus ökologischem Anbau stammten. Mitte 1995 wurde auch diese Vorschrift gelockert: Seither liegt die Grenze bei 70 Prozent – dann allerdings muß dieser geringere Anteil auf der Verpackung vermerkt werden. Alle EU-Öko-Produkte erkennt der Konsument jetzt an einer Kontrollnummer, zum Beispiel »EG-Bio-Control-No. D-BY-M-13-2132-B«.

Die meisten deutschen Bio-Erzeuger sind Mitglied im Anbauverband der Arbeitsgemeinschaft Ökologischer Landbau (AGÖL), zu dem sich acht Organisationen, darunter demeter, Bioland, Naturland und ECO VIN, zusammengeschlossen haben. Der Dachverband überwacht die Einhaltung der – strengeren – Anbaurichtlinien und hilft bei der Vermarktung. Die Produkte tragen eigene Schutzzeichen.

Seit der EU-Regelung suchen jedoch Landwirte auch verstärkt den direkten Kontakt zu Abnehmern. Zum Beispiel verkaufen einige der größten ehemaligen ostdeutschen LPGs ihre Bio-Produkte an Supermarktketten und die Verarbeitungsindustrie.

Die europäische Bioverordnung hat das Angebot an Bioprodukten vergrößert und verbilligt. Nun können auch Handelsunternehmen wie Spar, Tengelmann und Edeka auf der Basis von verläßlichen Mengen in gleichbleibender Qualität eigene Öko-Marken kreieren: Tengelmann verkauft »Naturkind«, REWE vertreibt »Füllhorn«, und Metro stellt »Grünes Land« in die Regale. Sogar die Lufthansa wirbt inzwischen mit Ökokost, die sie ihren First- und Business-Class-Kunden auf ihren Flügen von Deutschland nach Nordamerika anbietet. Statt dieses Engagement für gesunde Nahrung zu begrüßen, wetterte der Präsident des Deutschen Bauernverbandes, Constantin Freiherr von Heereman, solche Werbung würde »indirekt 98 Prozent der Landwirte« diskriminieren, die »den technischen Fortschritt verantwortungsbewußt beim Einsatz von Dünge- und Pflanzenschutzmitteln« nutzen.

Die österreichische Billa-Merkur AG bietet seit Mitte 1994 unter der Marke »Ja, Natürlich« Milchprodukte, Obst, Gemüse und Fleisch sowie Tiefkühlkost aus biologischem Anbau in ihren Supermärkten an. »Wir haben ›Bio‹ aus der Bioecke herausgeholt und einen Genußartikel daraus gemacht«, sagt Billa-Sprecherin Regina Ertelt.

Österreich hat den größten Anteil an Bio-Landwirten in Europa, 20.000, die meisten davon sind Bergbauern, die keine intensive Landwirtschaft haben, sondern extensive Landwirtschaft betreiben. Auch im Waldviertel entlang der Donau, dem traditionellen Kartoffel- und Roggengebiet Österreichs, liefern viele Höfe inzwischen den größten Teil ihrer Ernte an die beiden Supermärkte ab. Zwiebeln, Rind- und

Schweinefleisch sollen folgen. Der Ehrgeiz von Billa-Merkur ist, »ganze Täler, ganze Einzugsbereiche« auf biologischen Landbau umzustellen. Der Tanklaster soll nicht jedem einzelnen Liter hinterherfahren, sondern die Bio-Milch auf kurzen Wegen kostengünstig einsammeln. Die Lieferlogistik in der Region ist inzwischen so perfekt, daß auch geringe Mengen ohne größeren Kostenanteil zum Verpacken und Verkauf transportiert werden.

Ermöglicht hat das »Ja, Natürlich«-Programm erst die Bio-Richtlinie der EU, bestätigt Regina Ertelt. »Wir nutzen auch die saisonal früheren Ernten im Ausland. Wenn Obst und Gemüse dann im Inland reif sind, steigen wir auf österreichische Ware um.« Die Basis sind in jedem Fall feste Lieferverträge. »Das sichert uns die Qualität und dem Produzenten die Existenz.«

Ein Wermutstropfen in dem ökologischen Konzept ist die Verpackung. »Die läßt sich leider nicht verhindern«, sagen die Billa-Merkur-Planer. »Verpackung ist Produktschutz und dient dazu, den Konsumenten über die Herkunft der Ware aufzuklären.« Joghurts zum Beispiel werden in Kartonbechern angeboten, und Bio-Karotten sind in Polyethylen-Beutel eingeschweißt. Auch sind die Transportwege zu den Logistikzentren des Konzerns zwar optimiert, aber eben doch länger, als der Weg zu einem regionalen Markt wäre.

Bei den Kunden findet das Angebot großes Interesse. Bereits die Hälfte der Backwaren bei Merkur sind »Öko«-Produkte, jeder vierte Joghurt ebenfalls. Auch gehören 20 Sorten Bio-Käse zum Sortiment – obwohl die Produkte im Schnitt 20 Prozent teurer sind als die konventionellen.

Ernst Bernstein, der das Markenkonzept für »Ja, Natürlich« entwickelte, ist stolz auf diese »biologische Lustmarke«. »Wir zeigen, wie man den Kapitalismus mit Ethik unterwandern kann und obendrein noch Spaß daran hat.«

Der Schweizer Migros-Konzern hat 1995 eine »M-Bio«-Produktlinie eingeführt, die sich ebenfalls an der EU-Bioverordnung orientiert. Darüber hinaus stellt sie hohe Anforderungen auch an die Tierhaltung. Ein kommerziell größerer Erfolg sind die im Vergleich billigeren Produkte aus dem »M-Sano«-Programm, das bereits seit 20 Jahren läuft. Es profitiert von staatlichen Zuschüssen für »ökologische und tierschützerische Mehrleistungen«, diese entsprechen in etwa dem »integrierten Anbau«.

Ökologischer Landbau in der EU 1989 und 1995

Staat	Betriebe 1989	Betriebe 1995	Fläche (in Hektar) 1989	Fläche (in Hektar) 1995
Deutschland	2.330	15.000	42.365	430.000
Belgien	140	150	1.000	1.800
Dänemark	401	669	9.553	17.000
Frankreich	2.800	3.650	60.000	100.000
Griechenland	-	150	-	200
Irland	85	250	1.500	5.000
Italien	1.100	3.000	9.000	60.000
Luxemburg	12	12	450	500
Niederlande	359	450	6.544	10.000
Portugal	20	120	420	3.000
Spanien	350	750	3.300	10.000
Großbritannien	600	700	18.500	35.000
EG (12)	**8.197**	**24.901**	**152.882**	**631.553**
Finnland	250	700	2.050	20.000
Schweden	800	2.600	12.000	45.000
Österreich	1.250	13.324	20.000	200.000
EG (15)	**10.497**	**41.525**	**186.932**	**896.553**

Quelle: AGÖL (in den Zahlen sind Umstellungsbetriebe enthalten)

Die europäische Öko-Richtlinie hat den Kreis der Anbieter erweitert, den Markt für umweltfreundlich erzeugte Produkte vergrößert und die Preise gesenkt. Sie hat aber auch zu einer schleichenden Veränderung des »ökologischen« Warenangebots geführt. So kann Biomilch mit einer EU-Kontrollnummer auch im kunststoffbeschichteten Verbundkarton angeboten werden und Bio-Gemüse mit hohem Energieaufwand frisch aus dem Ausland eingeflogen worden sein. Die »Öko-Bilanz« eines Produktes durch Verarbeitung, Verpackung oder Transport ist in der EG-Verordnung kein Kriterium.

Wenn sich der Wille der Kommission durchsetzt, schließen sich die Vokabeln »biologisch« und »gentechnisch« in Zukunft nicht mehr aus. Bei der Ausarbeitung der »technischen« Details der Bio-Richtlinie wurde – nach Verabschiedung des Gesetzes – die Verwendung von gentechnisch veränderten Mikroorganismen nicht ausgeschlossen. Praktisch bedeutet das, daß in Zukunft manipulierte Bakterien aus Biomilch Joghurt oder Käse produzieren dürfen und Gen-Hefen Biobier zum Reifen bringen oder Biobrote schneller gehen lassen. Die Grünen im Europaparlament haben gegen diese Eigenmächtigkeit einiger Brüsseler Beamten Klage vor dem Europäischen Gerichtshof erhoben.

Die EU-Bioverordnung hat die ökologische Landwirtschaft ein großes Stück weiter nach vorne gebracht, sie aber auch in ihrer Struktur verändert. Die europäischen Normen sind weniger streng als die Kriterien, die von den ökologischen Anbauverbänden entwickelt und angewendet wurden. Sie ermöglichen andererseits, umweltfreundliche Produkte preiswerter zu produzieren, und schaffen damit eine ganz neue Klientel für Ökoprodukte. Der Konsument kann in Zukunft mit Hilfe der europaweiten Kennzeichnung leichter »falsche« von »echten« Bioprodukten unterscheiden. Er kann außerdem den strengeren Qualitätskriterien seiner regionalen Anbauverbände, die zusätzlich ihre eigenen Siegel (siehe Info-Teil, S. 207f.) verwenden, den Vorzug geben.

Kettenreaktionen
ODER Der Handel und seine Verbraucher

»Wir haben«, erklärten Gastronomen und Lebensmittelhändler auf der Fachmesse »Imega '96« in München, »als wichtigsten Erfolgsfaktor für das Unternehmen den Verbraucher neu entdeckt.« Um die anhaltende Flaute auf dem Lebensmittelsektor zu bekämpfen, will die Branche den Kunden wieder zum König machen.

Billig, preiswert, gut?

Sie fallen aus der Tageszeitung, liegen im Briefkasten oder einfach auf dem Treppenabsatz im Hausflur, die bunten Handzettel mit den Sonderangeboten und Tiefstpreisen der Discounter und Supermärkte. Beim HL-Markt gibt es gerade einen Sonderposten Melone zum »Zugreifen« für nur 1,99 Mark. Penny verschleudert Zahnbürsten, ein »Superangebot« zu 99 Pfennig das Stück, und Toom lädt ein zu einer »Tiefstpreisaktion« – ein Becher Joghurt für 29 Pfennige.

Die Kunden freuen sich, wenn sie im Konkurrenzkampf der Filialen das günstigste Angebot ausgemacht haben. Sie ahnen nicht, daß ihr Einkauf den Umsatz nur einer einzigen Handelsgruppe mehrt: Alle drei Geschäfte sind Filialen der REWE-Gruppe – des mit 51 Milliarden Mark Umsatz zweitgrößten Handelsriesen in Europa. Betrachtet man allein die Lebensmittelverkäufe, ist er sogar – vor Aldi – Marktführer.

Eine gewaltige Fusionswelle prägt den deutschen Lebensmittelhandel. Das Geschehen in der Branche, so schreibt ein Gutachten des Frankfurter Handelsforschungsinstituts M+M Eurodata aus dem Jahr 1996, dominieren nur sechs Firmengruppen: die Metro mit einem Marktanteil von 18 Prozent, Edeka/AVA mit 15,8 Prozent, REWE mit 14,4 Prozent, Aldi mit 9,5 und Tengelmann mit 7,4 Prozent.

Die größten Gewinne, so zeigte die Untersuchung, machten dabei die »preisaggressiven« Anbieter: Während die klassischen Supermärkte und Selbstbedienungs-Läden ein Minus von fast 7 Prozent hinnehmen mußten, stiegen die Erlöse der »Discounter« um 6 Prozent.

Der Konzentrationsprozeß ist noch längst nicht abgeschlossen: Firmen werden aufgekauft und neue Läden eröffnet, während »auf den bestehenden Verkaufsflächen die Umsätze weiterhin zurückgehen«, wie Wilhelm Zametzer, Geschäftsführer des Landesverbandes des Bayerischen Einzelhandels auf der Imega '96 feststellte. »Tante-Emma-Läden« sind so gut wie ausgestorben, ihre Funktion wird von Tankstellen und Bahnhofskiosken übernommen, ab 1998 auch von der Post, die dann bis 20 Uhr am Abend Lebensmittel, Zeitungen und Zigaretten in ihren Filialen verkaufen will. In den ostdeutschen Bundesländern wurden HOs oder Konsums geschlossen. An ihrer Stelle entstanden auf der grünen Wiese riesige Konsumparks, Einkaufen als Freizeitbeschäftigung mit leiser Musik und aggressiver Werbung.

»Im Handel«, sagt Helmut Dotterweich, Chef der Hamburger Spar-Kette, »läßt keiner dem anderen einen Zentimeter Luft.« 50 Unternehmen teilen sich über die Hälfte des europäischen Marktes. An ihrer Spitze stehen deutsche und französische Firmen: die deutsche Metro-Gruppe (72 Milliarden Mark) auf Platz 1, dann REWE, als Dritter der französische Auchan-Konzern (44 Milliarden Mark), gefolgt vom französischen Großflächen-Spezialisten Promodes (43 Milliarden Mark). Die beiden deutschen Aldi-Unternehmen setzen jährlich 42 Milliarden Mark um, die Edeka-Gruppe 41, die französischen Konkurrenten Intermarché 38 und Leclerc 37 Milliarden. Es folgen Carrefour mit 36 und die britische Tesco-Gruppe mit 30 Milliarden Mark. Tengelmann und Karstadt sind auf Platz 11 und 13 zu finden.

Mehr als jedes zweite der großen Unternehmen versucht, auch außerhalb seines Stammlandes Terrain zu erobern. REWE zum Beispiel kaufte sich in den britischen Discounter Budgens ein, in Konkurrenz zu Aldi, der bis 1998 rund 240 Filialen auf der Insel errichten will. Die französische Promodes-Gruppe übernahm die deutschen co op-Läden, mußte sie aber kurz darauf wegen hoher Verluste schon wieder an die Spar-Handels AG abtreten. Der Schweizer Riese Migros breitete sich in Österreich und Frankreich aus. Auch in Polen, der Slowakei, Tschechien und Ungarn halten die westlichen Marktriesen bereits mehr als ein Drittel des Umsatzes.

Rund 1,3 Billiarden Mark werden jährlich im europäischen Lebensmittelhandel umgesetzt, allein in Deutschland 342 Milliarden. Dabei »gibt es einfach immer noch zu viele Läden für zu wenig Kunden mit zu wenig Geld«, sagt Jürgen Elfers, Einzelhandelsexperte der Frankfurter BHF-Bank. Um die Konkurrenz aus dem Feld zu schlagen, rutscht der Verkaufspreis einzelner Posten nicht selten unter den Einkaufpreis. »Wenn die 100-Gramm-Tafel Schokolade für 49 Pfennig angeboten wird, liegt das unter den Herstellungskosten«, kritisiert der Chef der deutschen Nestlé AG, Robert Raeber.

Die Lebensmittelindustrie fühlt sich durch die »Nachfragemacht« des Handels unter Druck gesetzt. Während die beiden größten Hersteller Unilever und Nestlé jeweils rund sieben Milliarden Mark in Deutschland umsetzen, bringen es einzelne Handelsketten schon auf weit über 30 Milliarden. Diese nützen ihre Stärke, um besonders gute Konditionen herauszuhandeln und gewinnen auf diese Weise weitere Anteile auf dem stagnierenden Markt. Der Verlierer ist die Lebensmittelindustrie: Während die Konsumenten wegen ihres knapper werdenden Budgets immer weniger Geld für Lebensmittel ausgeben, drückt der Handel die Einkaufspreise zusätzlich weiter nach unten.

Discounter und Verbrauchermärkte erobern Europa. Zuerst waren sie nur im Norden verbreitet - von den 33.800 Supermärkten, die Anfang der 90er Jahre in der EG gezählt wurden, standen allein 45 Prozent in Deutschland und Frankreich. In den südlichen Ländern wie Portugal, Griechenland, Italien und Spanien, aber auch in Belgien gab es dagegen viele kleine Läden im Familienbetrieb. Dann exportierten die großen Einzelhandelsgruppen ihr erfolgreiches Modell ins Ausland und setzten dort einen grundlegenden Strukturwandel durch. In Italien, wo 1988 erst 49 Hypermärkte, riesige Einkaufs-Eldorados mit Verkaufsflächen von 2.500 bis 25.000 Quadratmetern, existierten, waren es sechs Jahre später fast viermal so viele. In Spanien und Portugal lief die Entwicklung ähnlich. Einige dieser Länder versuchen inzwischen, mit Gesetzen die rasante Konzentration im Handel zu stoppen und den Mittelstand zu schützen.

Die ostdeutsche Bevölkerung machte diese Entwicklung im Zeitraffer durch. 65 Prozent der gesamten Verkaufsfläche dort stehen seit der Wiedervereinigung außerhalb der Ortskerne auf der grünen Wiese (in Westdeutschland sind es 25 Prozent). Die Zahl der kleinen Läden schrumpfte in Rekordzeit von rund 45.000 im Jahr der Maueröffnung auf halb so viel 1991.

Der harte Konkurrenzkampf und die Konzentration im Lebensmittelgeschäft beeinflussen aber nicht nur den Preis, sondern auch die Qualität. Die Hersteller müssen rationalisieren, um bei den Dumpingpreisen mithalten zu können. Ist ein Produzent dazu nicht bereit, muß er damit rechnen, aus dem Regal oder der Kühltruhe zu fliegen. Im Branchenjargon heißt das, er wird »ausgelistet«.

Ein guter Platz im Regal eines Handelsriesen ist teuer. Die CPC-Gruppe Deutschland, zu der unter anderem Pfanni, Knorr und Maizena gehören, soll nach Presseberichten einer Handelsgruppe für die Listung ihrer Mayonnaise zehn Millionen Mark bezahlt haben. Drogeriekönig Anton Schlecker, als Preisdrücker bekannt, forderte seine Zulieferer zu einer »außergewöhnlichen Werbekampagne« auf. Solche Briefe, die in der Branche üblich sind, zielen auf Rabatte, Sonderprämien, Jubiläumsboni und Zahlungen aller Art ab. Dabei kommen Summen in mehrstelliger Höhe zusammen, die »Eintrittsgeldern« gleichkommen, wie Branchenkenner bestätigen. Denn den Lieferanten ist es kaum möglich, sich zu widersetzen. Verhandlungen über Mengenrabatte oder Preisnachlässe sind bei Großabnehmern üblich und an sich nicht anrüchig. Der Handel setzt sie aber zunehmend als Instrument zum Ausbau seiner Vormachtstellung ein.

Selbst große Lebensmittelproduzenten wie Kraft Jacobs Suchard bekommen das zu spüren. Als der Konzern versuchte, den Preis seiner Markenschokolade »Milka« um zehn Pfennig zu erhöhen, wurde die meistverkaufte Schokoladenmarke Deutschlands bei dem Handelskonzern Lidl kurzerhand aus dem Regal geworfen.

Dieter Wolf, Deutschlands oberster Kartellhüter, sieht die Gefahr, daß die Handelsketten ihre Macht eines Tages gegenüber dem Konsumenten ausspielen werden: »Der Konzentrationsprozeß hat dem Handel große Effizienzgewinne gebracht, die auch über niedrigere Preise an den Verbraucher weitergegeben worden sind. Das muß aber nicht so bleiben.«

Wenn es zur marktbeherrschenden Stellung einiger weniger Unternehmen, zum Oligopol, kommt, das heißt, wenn die drei Größten mehr als 50 Prozent des Marktes beherrschen, dann wird es mit den Billigpreisen ganz schnell vorbei sein, meint Peter Traumann, Präsident des Bundesverbandes der Ernährungsindustrie. »Mittelfristig wird der Konsument durch den Verlust der Angebotsvielfalt, den Anstieg der Preise und den Abbau der Arbeitsplätze die negativen Seiten zu spüren bekommen.«

Daß Wachstum nicht unbedingt positive Folgen für die Beschäftigten hat, zeigt das Beispiel der Tengelmann-Gruppe in Mülheim/Ruhr. Ende 1995 beschloß sie, 20.000 bis 30.000 Beschäftigte wegzurationalisieren, gleichzeitig eröffnete sie neue Filialen, hauptsächlich Discounter. Ein Großteil der Investitionen wanderte nach Spanien. Bis zu 200 Läden (Investitionsvolumen: 475 Mio. Mark) der Marke »Plus« sollen auf der iberischen Halbinsel eröffnet werden.

In Frankreich eskalierte im November 1995 die Auseinandersetzung zwischen Kleinen und Großen in Gewalt: In mehreren Städten zogen Zehntausende Mittelständler durch die Straßen, darunter auch Bauern, Bäcker und die Besitzer kleiner Läden. Sie forderten einen besseren Schutz ihrer Existenz durch den Staat. Überall kam es zu heftigen Szenen. Wütende Demonstranten lieferten sich Schlachten mit der Polizei; manche waren mit Messern und Eisenstangen bewaffnet. Die Bilanz war erschreckend: 30 Verletzte, zwei brennende Häuser und zerstörte Autos.

In Frankreich konnten die Besitzer kleiner Käsereien, Fleischereien oder Tante-Emma-Läden auf große Sympathien bei den Verbrauchern zählen. Doch kauften diese immer seltener bei ihnen ein und gingen statt dessen in die »hypermarchés«, wo vieles billiger war. Das bekamen die kleinen und mittleren Unternehmen zu spüren. In zehn Jahren schrumpfte die Anzahl der kleinen Läden um 43 Prozent auf etwa 27.000 – mit anhaltender Tendenz. Binnen weniger Jahre hatten die Handelsketten in Frankreich 60 Prozent des Lebensmittelgeschäfts erobert.

In Gütersloh demonstrierten ebenfalls im Herbst 1995 400 Milchbauern. Weil die Herforder Milchwerke wie fast alle deutschen Molkereien eine Preiserhöhung von fünf bis sieben Prozent vornahmen, hatte »Marktkauf« (Teil der AVA-Gruppe, die wiederum zur Hälfte Edeka gehört) die Produkte des Milchwerks aus dem Kühlregal geworfen. Ein billigerer Lieferant war bei einem Auftragsvolumen von 10 Millionen Mark nicht schwer zu finden. Zudem warb Marktkauf auf einem riesigen Plakat bei seinen Kunden »Wir lassen uns unsere Dauertiefpreise nicht vermiesen« und forderte sie auf, nun zu den neuen Produkten zu greifen.

Arnold Weßling, Vorsitzender des Milchausschusses des Westfälisch-Lippischen Landwirtschaftsverbandes (WLV), war empört über diese »Werbeaktion«: »Das unerträgliche Preisdumping der Handelsriesen werden wir nicht mehr stillschweigend hinnehmen.« 1989 habe der Liter Milch dem Bauern noch 69 Pfennig pro Kilogramm eingebracht, inzwischen seien es weniger als 55 Pfennig. Dabei hätten die Bauern die von der EU vorgeschriebene Milchquote nur unter der Voraussetzung akzeptiert, daß die Milchpreise ihr Überleben garantierten. Doch die seien nur gefallen. Auch Constantin Freiherr von Heereman, Präsident des Deutschen Bauernverbandes (DBV), unterstützte den Protest: »Es muß endlich Schluß damit sein, daß äußerst hochwertige Milch und Milchprodukte vom Handel regelrecht verramscht werden.«

Der Kunde, klagte Bauernvertreter Weßling, müsse sich beim Griff zu Billigprodukten über die Folgen im klaren sein. Tiefstpreise erzwängen den Ausstieg vieler mittelständischer Familienbetriebe aus der Landwirtschaft. Die Verbraucherverbände konterten jedoch, die europäischen Milchseen kosteten bereits genug Steuergelder. Sie votierten gegen höhere Milchpreise.

Auf den Kunden als Zeugen beruft sich auch Metro-Chef Erwin Conradi. Noch nie habe der deutsche Verbraucher, sagt er, so günstig eingekauft wie jetzt. »Wenn alle solche Sehnsucht nach Tante Emma haben, warum haben sie da nicht eingekauft? Warum gehen sie dorthin, wo es am günstigsten ist?«

Der Verbraucher hat eine »gespaltene Persönlichkeit« und verhält sich irrational, stellte Freizeitforscher Horst W. Opaschowski fest. Er läuft meilenweit für jedes Sonderangebot, ist aber ohne Probleme bereit, für neuartige Trendprodukte ein Vielfaches ihres Wertes zu bezahlen, wenn zum Beispiel Cappuccino mit Vanillegeschmack fünfmal soviel kostet wie herkömmlich gebrühter Röstkaffee.

Mit solchen teuren Spezialartikeln machen die Lebensmittelhändler ihre Billigangebote wieder wett. Zwischen 1.500 und 2.000 Lebensmittelneuheiten kommen jährlich in Deutschland auf den Markt, schätzt Einzelhandelsexpertin Sabine Eichner-Lisboa. Hat eine Innovation Erfolg, sind damit Millionen zu verdienen, zum Beispiel mit der Eisteemischung »Liptonice« von Unilever. Die Firma Oetker erzielte 1995 bereits 20 Prozent ihres Umsatzes durch neue Produkte.

Die Floprate ist allerdings hoch und liegt bei den meisten Unternehmen bei über 30 Prozent, wie Nestlé-Chef Raeber zugesteht. Mittelständische Betriebe können bei diesem Roulette kaum mithalten, und weil sie die hohen »Eintrittspreise« in den Handel nicht bezahlen können, ist es für sie oft leichter, in London oder Neapel auf den Markt zu kommen als in Hamburg oder Stuttgart.

In der Auseinandersetzung mit dem Handel versucht die Lebensmittelindustrie zunehmend, »Markenartikel« zu plazieren. Ziel ist, den Konsumenten dazu zu bewegen, das Produkt einer bestimmten Firma und nicht nur die Ware an sich zu kaufen. Wem es gelingt, die Verbraucher so auf seine Seite zu ziehen, der wird für das Handelsunternehmen wichtig und erhält mehr Spielraum. Doch auch die Handelsketten selbst gehen immer mehr dazu über, eigene Marken zu vertreiben. Legendär ist zum Beispiel der auch von Gourmets geschätzte Aldi-Champagner.

Bei den Grundnahrungsmitteln wie Zucker, Mehl oder bestimmten Getränken aber, so glauben Ernährungsexperten, werden sich bald nur noch standardisierte »Europrodukte« durchsetzen. Diese werden dann nur noch von einigen wenigen Lebensmittelherstellern produziert.

»Deutschland hat die niedrigsten Lebensmittelpreise der Welt«, betont Nestlé-Chef Raeber. Das liegt auch daran, daß die mächtigen Handelsketten Druck auf die Politik ausüben, Zölle zu senken und andere Einfuhrschranken abzubauen. Produkte aus Drittländern sind meist billiger als EU-Waren und werden deshalb besonders häufig nachgefragt.

Auf der weltgrößten Ernährungsmesse »Anuga« in Köln verkündete Metro-Präsident Erwin Conradi 1995, jetzt breche eine »neue Ära« im Handel an: die Internationalisierung der Branche. In 20 Jahren würden etwa ein Dutzend Handelsgiganten mit jährlichen Umsätzen von über 50 Milliarden Dollar untereinander im globalen Wettbewerb stehen. Der Anfang ist gemacht: Inzwischen hat Metro all seine Töchter (Kaufhof, Horten, Asko, Deutsche SB-Kauf usw.) zusammengefaßt und daraus den größten Handelskonzern Europas geschmiedet.

■ Ei, ei, ei

Vor einem heimeligen Fachwerk-Bauernhof eine Gruppe schattiger Bäume. Darunter scharren zwei prächtige braune Hühner eifrig im Sand. Ländliche Idylle auf einer Eierschachtel, der Inhalt »frisch vom Bauernhof«. Die Bilder auf den Verpackungen ähneln sich - die Eier auch. Manche heißen »Naturwiese«, andere »Kräuter-« oder »Bauern-Ei«. Der Verbraucher klammert sich an die Illusion, mit seinem Kauf ein Stück unverbildete Natur nach Hause zu tragen, obwohl er natürlich weiß, daß die meisten deutschen Hühner ihr Dasein in Legebatterien fristen. Doch für ihn sieht ein Ei aus wie das andere. Er aber wünscht sich seine Eier so frisch wie eben aus dem Nest geholt – einige Hersteller bedienen diese Sehnsucht, indem sie die eingesammelten Eier nachträglich mit Stroh bestreuen. Außerdem will der Kunde sie so zahlreich, wie es der Speiseplan gerade verlangt, und so billig, daß ihr Kauf nicht weiter ins Gewicht fällt. Verständlich, aber unmöglich.

Grüne, sonnenüberflutete Wiesen oder wohliges Scharren kennt kaum eine der rund 44 Millionen deutschen Legehennen. Die meisten von ihnen werden während ihres kurzen 15monatigen Lebens zu lebendigen Maschinen umfunktioniert. Sie sitzen in schmalen Käfigen, in denen sie sich kaum rühren können, und produzieren Eier, über 300 Stück, bevor sie geschlachtet werden. Fast 95 Prozent aller größeren Betriebe mit mehr als 3.000 Hühnern produzieren Eier in Käfighaltung. Nach der Rechtsprechung steht einem Käfighuhn eine Fläche von 450 Quadratzentimetern zu, ist es schwerer als zwei Kilogramm, sind es 550. Etwas freier bewegen sich die Hühner in Bodenhaltung (4,5 % Marktanteil). Meistens scharren sie allerdings in geschlossenen Hallen im eigenen Kot und verfügen über nicht mehr Platz als eine DIN A-4-Seite (1.430 Quadratzentimeter). Nur ein verschwindend geringer Teil der Hühner in Bodenhaltung bekommt tagsüber freien Auslauf. Die Freilandhaltung (unter ein Prozent) kommt der »artgerechten« Hühnerhaltung am nächsten. Die Fläche, die ihnen theoretisch zur Verfügung steht – 10 Quadratmeter –, wird jedoch ganz legal nebenbei als Acker- oder Weideland genutzt. Wer nicht will, daß die Hühner darauf herumlaufen, legt vor das winzige Schlupfloch in die Freiheit zum Beispiel eine tote Krähe, das schreckt ab.

Ein Osloer Gericht hat den norwegischen Eierfarmern untersagt, für ihre Produkte mit Bildern von freilaufenden Hennen zu werben. Da die rund drei Millionen Hühner, die 90 Prozent des inländischen Bedarfs decken, auf engstem Raum lebten, würde der Verbraucher durch solche Darstellungen in die Irre geführt, lautete die Begründung. Die Eierproduzenten reagierten mit Unverständnis. Das Bild auf der Verpackung sei schließlich nicht als wirklichkeitsgetreue Abbildung gedacht, man wolle nur ein appetitanregendes und gefälliges Bild des Produkts zeichnen. Schließlich zeige man ja auch keine Schlachthöfe, so die Argumentation, wenn man Fleisch verkaufen wolle.

In Deutschland gibt es ähnliche Urteile. Ein Beispiel: Das Oberlandesgericht München stellte bereits 1986 fest, daß die Abbildung eines Huhns auf grünem Untergrund mit Eiern in Strohnestern eine bestimmte Erwartung wecke. Der grüne Hintergrund könne als »Wiese« und die »Bodenhaltung vom Geflügelhof« dadurch mit Bauernhof und Freilandhaltung assoziiert werden. Tatsächlich aber handelte es sich um Eier aus einer Legebatterie.

»Eier aus der Käfighaltung müssen deutlich als solche gekennzeichnet werden«, fordert der Pressesprecher des Deutschen Tierschutzbundes in Bonn, Martin Riebe. Nach europäischem Recht muß der Verbraucher vor irreführender Werbung geschützt werden. Im Streitfall muß der Angeklagte die Richtigkeit seiner Behauptungen nachweisen.

In den letzten Jahren ist – nach Salmonellen-Skandalen und Horrorbildern aus Legebatterien – die Nachfrage nach Freiland- und Bio-Eiern deutlich gestiegen. Rund 300 Millionen »Öko-Eier« werden jährlich gekauft, gelegt werden aber nur 50 Millionen. »Mindestens ein Drittel der verkauften Eier«, sagt Heinrich Tiemann, Geschäftsführer einer großen Eier-Vermarktungsfirma, »werden falsch deklariert«. Der Etikettenschwindel wirft hohe Gewinne ab. Ein Käfighennen-Ei bringt zwei Zehntelpfennig Reingewinn, ein Freiland-Ei dagegen 1,3 Pfennig. Wenn nun ein großer Betrieb mit 1,5 Milliarden Eier (soviel produzierte zum Beispiel der Hühner-Baron Anton Pohlmann, bevor er sein Unternehmen in Deutschland wegen verschiedener Skandale aufgegeben hat) ein Drittel davon als teure Freiland-Eier ausgibt, hat er statt drei plötzlich 9,5 Millionen Verdienst.

Im November 1996 gestand ein Kaufmann einen großangelegten Eier-Schwindel. Er hatte zusammen mit einem Bekannten zwischen

1992 und 1994 etwa 18 Millionen Eier aus Käfighaltung als Bodenhaltungs-Eier verkauft. Einer der Beschuldigten verteidigte sich: »Wir haben das Geschäft nicht selbst organisiert, sondern handelten im Auftrag einer Ei-Agentur aus Vechta.« Diese habe deutsche, belgische und holländische Käfig-Eier geliefert, die dann »umfrisiert« wurden.

Die Überwachung der Eier-Deklaration ist für die amtlichen Kontrolleure nicht einfach, denn in den zentralen Abpackstationen treffen gleichzeitig Hunderttausende von Eiern ein, die leicht miteinander vertauscht werden können. Dann läßt sich bei Stichproben nur durch spezielle Laborverfahren eindeutig nachweisen, woher das Ei stammt.

Nur rund sieben Prozent der Eier gingen 1995 direkt vom Hof an den Endverbraucher; dieser Anteil nimmt jedes Jahr weiter ab. Die kleinen und mittelgroßen Bauern tun sich schwer, ihren Absatz zu organisieren. Denn Handelsketten und Lebensmittelindustrie wollen nicht mühsam ihre Eier bei den verschiedensten Erzeugern einsammeln, sondern frische Industrieware konzentriert einkaufen. 13 Prozent aller in Deutschland gehandelten Eier werden allein über Aldi-Filialen verkauft.

»Das deutsche Frischei«, rühmt die Centrale Marketing-Gesellschaft der deutschen Agrarwirtschaft (CMA) , »ist trotz der allgemeinen Preissteigerung in den letzten 40 Jahren eines der preiswertesten Lebensmittel geblieben.« 1995 kostete es dank der Nachfrage der Handelsketten nach Eiern aus Massenproduktion nicht mehr als 1970.

Wer mit Eiern noch Geld verdienen will, muß Milliarden davon auf den Markt werfen. In Deutschland werden jährlich rund 14 Milliarden produziert, vier Millionen kommen zusätzlich aus Holland. Einige wenige Firmen wie Eifrisch, Gutshof, Logo, Heidegold oder Goldei kontrollieren den Markt.

Der legendäre »Hühner-Baron« Anton Pohlmann war der Größte der Branche in ganz Europa. Als er seine fünf Millionen Legebatterieplätze Anfang 1996 an die Deutsche Frühstücksei in Berlin und eine weitere Firma verkaufte, wurde Frühstücksei zum größten Eierproduzenten Deutschlands – mit acht Millionen Legehennen. Gemeinsam mit Heidegold, Gutshof und Goldei produziert sie neun der 17 Milliarden in Deutschland verzehrten Eier.

Nachdem Pohlmann in Deutschland seine wirtschaftlichen Aktivitäten aufgegeben hatte, versuchte er, in Frankreich sein Imperium neu aufzubauen. Unter einem Autobahnkreuz sollten 12 Millionen Legehennen Platz finden. Für die anfallende Gülle wären 200.000 Hektar Land notwendig gewesen. »Wir konnten das gerade noch verhindern«, sagt Gérard Choplin von der Europäischen Bauernkoordination CPE. »Das hätte die Existenz von 12.000 Kleinbauern in Frankreich vernichtet.«

Die Eier-Imperien vereinen unter einem Dach Vertriebsfirmen, Brut- und Zuchtbetriebe und Futtermittelwerke. Meistens stellen sie auch selbst noch Eiprodukte wie Flüssigei her.

1993 machte das Hamburger Gourmet-Magazin Feinschmecker einen Ei-Qualitäts-Test. Das Ergebnis war nicht überraschend: Viele Eier waren nicht korrekt deklariert, mit falschen Gewichts- und Güteklassen-Angaben versehen und nicht selten zu alt. Das Hamburger Aldi-Ei schnitt bei dem Test am besten ab: Es war das frischeste.

Andere Qualitätskriterien scheinen bei Eiern nicht mehr zu zählen. Zum Beispiel, ob sie in den Legebatterien mit Desinfektionsmitteln besprüht wurden oder ihre Dotter mit synthetischem Beta-Carotin zum Leuchten gebracht werden. Stichproben aus Ställen und Batterien zeigten Anfang 1996 auch, daß Eier und Geflügel mit Rückständen von Arznei- und Parasitenbekämpfungsmitteln belastet waren.

Die Marketingagentur der Landwirte, die CMA, entwarf ein Gütesiegel für das »Deutsche Frischei«, »von Natur aus gut«. Ein trügerischer Begriff, denn auch die Pohlmann-Betriebe waren berühmt für ihre frischen Eier. Binnen 24 Stunden, kaum daß die Eier auf das Fließband gefallen waren, lagen die Batterie-Produkte im Aldi-Regal. »Auf kürzestem Weg aus deutschen Landen direkt in Ihre Küche«, warb die CMA. Das Gütesiegel schließt auch eine Gesundheitsüberwachung und -vorsorge der Legehennen ein. Die Tiere werden gegen Salmonellen geimpft, was, so rühmt die CMA »praktisch Erregerfreiheit bewirkt«.

Die in Deutschland vorgeschriebene Salmonellen-Impfung ist äußerst umstritten. Ihre Wirksamkeit ist nicht nachgewiesen. Außerdem kann bei Lebensmittelkontrollen nur mit großem technischen Aufwand festgestellt werden, ob es sich bei einem positiven Befund um echte Salmonellen oder um eine Antikörper-Reaktion auf die Impfung handelt.

Eine Änderung der Bedingungen der Massentierhaltung wäre eine überzeugendere Antwort auf die Salmonellen-Gefahr, bestätigt Rolf Kamphausen vom Staatlichen Veterinäruntersuchungsamt in Krefeld: »Die Tiere stecken sich auf dem engen Raum gegenseitig an. Es ist schwierig, bei der Massentierhaltung die Krankheit wieder aus dem Bestand herauszubekommen. Ansteckungsquelle ist oft das Futter.« Schweden, das seit Jahren streng alle Futtermittelimporte kontrolliert, konnte so seine Geflügelbestände gesund halten. Das skandinavische Land machte beim Eintritt in die Europäische Union erfolgreich zur Bedingung, daß es diese Politik beibehalten kann.

Der deutsche Verbraucher aber ist mißtrauisch gegenüber dem Ei geworden. Warnungen vor seinem Cholesteringehalt und die zahllosen Skandale im Zusammenhang mit der Hühnerhaltung haben ihm den Appetit verdorben. In den letzten 20 Jahren sank der Verbrauch um fast 30 Prozent: auf 224 Stück im Jahre 1995.

Doch die sinkende Nachfrage beschleunigte den Konzentrationsprozeß weiter. 1995 standen in Ostdeutschland, wo die Großbetriebe aus DDR-Zeiten modernisiert wurden, 57 Prozent aller Masthühner (alte Länder: 51 %) und 51 Prozent aller Legehennen (alte Länder: 46 %) in Großhaltungen mit mehr als 200.000 Tieren.

Nun wollen die Großbetriebe verstärkt auf Boden- und Freilandhaltung umsteigen. Denn während das Käfig-Ei zur Ramschware geworden ist, versprechen Boden- und Freilandeier noch Gewinnspannen. In Ostdeutschland brachte der Multi Heidegold eine Art Öko-Ei namens Naturwiese auf den Markt. Das Unternehmen behauptete, die Freiland-Eier kämen aus kleinen Farmen vom Lande, »hohe Futtergetreideanteile aus Öko-Anbau« würden »das Verlangen des Verbrauchers nach einer gesunden Ernährung und einer intakten Umwelt« unterstützen. Sogar mit dem Naturland-Zeichen wollte das Unternehmen für seine Eier werben. Doch dann zeigte die Überprüfung dieser Organisation, daß sie nicht den strengen Kriterien des ökologisch orientierten Anbauverbandes entsprachen. Inzwischen sind die teuren Eier (50 Pfennig pro Stück) wieder aus den Regalen verschwunden.

1995 schlossen sich die Großen der Branche wie Heidegold, Gutshof-Ei und Frischei zu einem »Verein für kontrollierte alternative Tierhaltungsformen« (VKAT) zusammen. Mit Hilfe von Datenbanken und der Zusammenarbeit von Behörden sollen die »schwarzen Schafe«, die etwa Eier falsch deklarieren, herausgefiltert werden. Die

VKAT-Mitglieder verpflichten sich in einem Vertrag, ihr »Personal zu schulen und organisatorische Maßnahmen zu treffen«. Der Verband läßt sich vom Deutschen Institut für Lebensmitteltechnik überwachen und vergibt sogar ein Gütesiegel: »kontrollierte Haltungsform«. Rund 550 Legehennen-Betriebe sind bereits Mitglied. Das entspricht etwa 4,6 Millionen Legehennen-Plätzen. Die Verbände in der Arbeitsgemeinschaft Ökologischer Landbau kritisieren, der Begriff »kontrolliert alternativ« sei irreführend, weil er nicht mit der ökologischen und artgerechten Tierhaltung gleichzusetzen sei.

Die Kilometerfresser

Viele Lebensmittel werden von weit hergeholt: Bohnen aus Kenia, Rindfleisch aus Argentinien, Erdbeermarmelade aus Saudi-Arabien und Spargel aus Kalifornien – Europa ist der weltweit größte Importeur von Obst und Gemüse aus Übersee.

Frachttarife werden in den Ländern der EU auf verschiedene Weise großzügig subventioniert. Zum Beispiel durch billiges Flugbenzin: Der Bund für Umwelt und Naturschutz Deutschland (BUND) rechnete für Luftfrachten aus, daß jedes einzelne Kilogramm Erdbeeren aus Israel 3.100 Kilometer bis Deutschland zurücklegt und dabei 1,3 Liter Kerosin verbraucht. Für ein Kilogramm Weintrauben aus Südafrika (10.000 Kilometer) blasen Flugzeugtriebwerke mit 4,3 Liter Kerosin rund elf Kilogramm Kohlendioxid, vier Kilogramm Wasser und 74 Gramm Stickoxide in die Luft. Bohnen aus Kenia, 7.100 Kilometer bis Frankfurt, bringen es mit 3,1 Liter Kerosin auf 8,1 Kilogramm Kohlendioxid, drei Kilogramm Wasser, 53 Gramm Stickoxid.

Bis auf das Dreifache müßten die Kosten für die Luftfracht ansteigen, so der BUND, wenn die Fluggesellschaften Mineralölsteuer zahlen und für die Umweltschäden aufkommen müßten. Die feinen grünen Bohnen aus Kenia würden dann nicht 11 Mark pro Kilogramm, sondern 17 Mark kosten, für Spargel aus Südafrika müßten dann 20 statt bisher 12 Mark ausgegeben werden.

Verblüffend hohe Kilometerzahlen stecken aber auch schon in den europäischen Lebensmitteln, vor allem, wenn es sich um »veredelte« Produkte handelt. Ein einfacher Erdbeerjoghurt, verkehrstechnisch analysiert, veranschaulicht die komplexe Arbeitsteilung, die zusätzlich zur Anlieferung der Ware viele verschiedene Transportwege notwendig macht.

Mehr als 800 Kilometer, errechnete das Wuppertal-Institut, steckten allein in den Erdbeeren, 400 Kilometer zusätzlich in der Fruchtzubereitung, die daraus hergestellt wurde. Insgesamt ist ein Becher Erdbeerjoghurt 8.000 LKW-Kilometer unterwegs – der Alu-Deckel ist dabei noch nicht berücksichtigt.

Früher siedelte sich die Industrie in der Nähe ihrer Rohstoffquellen an. Dieser Zwang ist durch die billigen Transportmöglichkeiten aufgehoben. Heute wird mit wenigen Arbeitskräften und modernsten Technologien an immer weniger Standorten produziert. Die Entfernungen wachsen. Seit 1970 hat sich der Güterverkehr auf der Straße in Europa verdoppelt. Bis zum Jahr 2010, schätzen Experten, wird er innerhalb der nationalen Grenzen um ein weiteres Viertel zunehmen. Innerhalb der Gemeinschaft wird er sich um die Hälfte und im Transit durch die EU um deutlich mehr als das Doppelte erhöhen. Im Gegensatz dazu wird sich der umweltfreundlichere Verkehr auf der Schiene oder Wasserstraßen nicht nennenswert erhöhen.

Lebensmittel haben einen hohen Anteil am Lkw-Verkehr. Sie tragen damit entscheidend zur Umwelt- und Lärmbelastung bei. Die langen Transportwege wirken sich aber auch auf ihre Qualität aus. Werden die Kühlketten unterbrochen oder Fleischstücke noch warm verladen, können sich gefährliche Mikroorganismen vermehren. Obst und Gemüse werden bereits beim Anbau auf »Transportreife« hin ausgewählt oder in unreifem Zustand verladen. Ihre Inhaltsstoffe sind dann nicht voll entwickelt.

»Frische« bekommt unter den Bedingungen weiter Transporte eine ganz neue Bedeutung. So hemmen Gase (Argon, Helium, Kohlendioxid, Stickstoff und Sauerstoff), die beim Verpacken zugesetzt werden, den Alterungsprozeß nicht nur bei Fertiggerichten, Suppen, Kartoffelprodukten und Snacks, sondern auch bei Fleisch, Wurst und Obst. Die Haltbarkeit verlängert sich – mit »Frische« im ursprünglichen Sinn hat das nichts zu tun. Italien kündigte deshalb 1992 an, auf dem Etikett anzugeben, ob Packgase verwendet wurden. Die Kommission verhinderte diesen nationalen Alleingang, indem sie eine europaweite Kennzeichnung vorschlug: »längere Haltbarkeit durch Verpackung unter Schutzgas«. Der europäische Verband der Nahrungsmittel- und Getränkeindustrie (CIAA) protestierte heftig. Auch der deutsche Bund für Lebensmittelrecht und Lebensmittelkunde kritisierte, daß eine solche Angabe keinerlei Informationswert für den Verbraucher habe. Packgase seien Verarbeitungshilfsstoffe und damit nicht deklarationspflichtig. Ab 1997 muß nun als Kompromiß auf der Verpackung der Hinweis stehen: »unter Schutzatmosphäre verpackt«.

Besonders aber leidet Schlachtvieh unter dem Transport. Immer wieder decken Tierschützer, Ärzte oder die Medien brutale und skandalöse Praktiken bei den Tiertransporten auf. Ein Lastwagen aus Mecklenburg zum Beispiel, der 27 Bullen geladen hatte, kam in Triest, dem Haupthafen für europäische Viehtransporte, mit vier toten Tieren an. Drei weitere mußten notgeschlachtet werden. Hühner werden in Plastikkörben so eingequetscht, daß ihre Beine brechen. Schweine drängeln sich ohne Wasser in überhitzten Transportcontainern.

Diese Methoden sind nicht nur Rohheit, sondern wirtschaftliches Kalkül. Es gibt eine ziemlich genaue Faustregel, nach der sich berechnen läßt, wie hoch ein Transport überladen werden muß, damit er durch den Gewichtsverlust der Tiere durch Streß, Hunger und Durst bis zur entscheidenden Kontrolle auf das vorgeschriebene Gewicht »schrumpft«. Wenn die Tiere 24 Stunden lang nicht gefüttert und getränkt werden, verlieren sie etwa sieben Prozent ihres Körpergewichts, bei 48 Stunden sind es schon 12 Prozent. Für die Erstattung der Exportsubventionen ist es unerheblich, in welchem Zustand die Tiere ihren Bestimmungsort erreichen, Hauptsache lebend. Denn die Höhe der Summe richtet sich nach dem Gewicht am Verladeort. »Vor einigen Jahren haben wir verletzte Rinder im Schiff geschlachtet«, berichtet ein libanesischer Importeur. »Dann kam die Anweisung aus Europa, daß die Tiere lebend entladen werden müssen.«

Tot oder lebendig – die europäische Subventionswirtschaft hat entscheidenden Anteil am Leiden der Tiere. Trotz der Senkung der Ausfuhrerstattung zahlt die EU immer noch bis zu 1,40 Mark Beihilfe pro Kilo Lebendgewicht. Das heißt, pro ausgewachsenem Rind mit etwa 500 Kilo erhält ein Exporteur 700 Mark zusätzlich zum Marktpreis.

Die Höhe der Ausfuhrerstattungen bestimmt ganz deutlich die Transportziele. Sobald die EU für ein bestimmtes Land seine Beihilfen erhöht, steigt automatisch die Zahl der Exporte. Das zeigt das Beispiel der teuer subventionierten Ausfuhren in die Türkei und den Libanon.

Die meisten Tiere jedoch werden innerhalb der Gemeinschaft hin- und hertransportiert. 1994 zum Beispiel wurden 70 Prozent aller aus Deutschland exportierten Schlachttiere (Rinder, Kälber, Schweine, Schafe und Ziegen) in andere EU-Länder verkauft.

Auch die Spezialisierung der Landwirtschaft erhöht die Transportwege. Baden-württembergische Ferkel zum Beispiel gehen mehrfach auf Reise, weil sie erst in einem Betrieb auf 15 Kilo herangefüttert werden und dann im nächsten ihre Gewicht verdoppeln, um schließlich nach Nordwestdeutschland, Belgien und Holland transportiert werden. Dort werden sie fertig gemästet und geschlachtet – zwei Millionen Tiere jährlich. Das Fleisch wird schließlich wieder nach Stuttgart verfrachtet.

Alles, was mit dem Transport zusammenhängt, versetzt die Tiere in große Angst. Typische Symptome sind hoher Blutdruck und Herzschwäche. Streßhormone werden ausgeschüttet und lassen sich auch im geschlachteten Fleisch noch nachweisen. Vor allem Schweine erhalten oft zusätzlich Beruhigungsmittel oder Beta-Blocker (diese zur Vermeidung »transportbedingter Herzzerrungen«). Rund zehn Prozent aller Tiere sterben während des Transports, vor allem Schweine.

Tierschutz ist im Freihandel schwer zu kontrollieren. »Vor der Öffnung des Binnenmarkts hatten wir an den nationalen Grenzen noch einen gewissen Überblick«, sagt eine Tierärztin der europäischen Wirtschaftspolizei in Brüssel (UCLAF). »Der fällt jetzt weg.«

Der Transport von lebenden Tieren ist ein bedeutender Wirtschaftsfaktor. Hinter ihm steht eine starke Lobby aus Züchtern, Viehhändlern, Exporteuren und Schlachthofbesitzern. Die Transportunternehmen versuchten immer wieder, die Dauer der erlaubten Fahrten zu strecken.

Jahrelang hatten die Agrarpolitiker der EU über eine Novellierung der gemeinsamen Richtlinie für Tiertransporte gestritten. Das alte Gesetz aus den 70er Jahren hatte minimale Standards wie eine Tränkung der Tiere alle 24 Stunden sowie amtsärztliche Untersuchungen vorgeschrieben. Dennoch war gegen diese Richtlinie immer wieder verstoßen worden.

Dänemark, Deutschland, Holland und Großbritannien forderten strenge Begrenzungen der Transportzeit auf maximal acht Stunden. Frankreich, Italien und Spanien jedoch fürchteten, das würde diese von den Zentren der Verarbeitung entfernter liegenden Staaten benachteiligen. Sie warfen den Nordeuropäern vor, unter dem Vorwand des Tierschutzes nur die Interessen ihrer eigenen Wirtschaft zu verfolgen.

1995 einigten sich die Minister auf einen Kompromiß: Tiertransporte werden künftig auf acht Stunden limitiert. Wenn das Fahrzeug mit Ventilatoren und Tränken ausgestattet ist, darf diese Zeit auf 28 Stunden verlängert werden. Danach muß eine Pause von 24 Stunden folgen.

Was Landwirtschaftsminister Jochen Borchert (CDU) als »großen Fortschritt für den Tierschutz in Europa« bezeichnet, nennen Tierschützer eine bewußte Täuschung. Sie hatten gefordert, die Tiere auf keinen Fall länger als acht Stunden zu transportieren, und nicht nur, die Fahrt nach dieser Zeitspanne zu unterbrechen.

Exporterstattungen sollen künftig davon abhängig gemacht werden, in welchem Zustand die Tiere am Bestimmungsort ankommen. Doch der Tierschutz konnte sich mit seiner Forderung nicht durchsetzen, die Subventionen für Exporte von Lebendvieh ganz zu streichen.

Solche Richtlinien nützen nur, wenn ihre Einhaltung kontrolliert wird. »Das neue Recht ist aber so komplex«, sagt Hannelore Jaresch vom Bundesverband der Tierversuchsgegner, »daß man befürchten muß, daß in Zukunft noch weniger kontrolliert wird als früher. Die unterschiedlichen Transportzeiten, Tränke- und Fütterungsintervalle sowie Ruhezeitvorgaben machen eine Kontrolle in der Praxis unmöglich.«

Österreich hat innerhalb der EU die derzeit strengsten Tierschutzbestimmungen für Transporte. Sie dürfen maximal sechs Stunden oder 260 Fahrkilometer unterwegs sein. Obwohl auch hier nur stichprobenartig kontrolliert werden kann, decken die Behörden zahlreiche Verstöße auf. Die meisten betreffen deutsche Unternehmen. Der Deutsche Vieh- und Fleischhandelsbund in Bonn hat sich bereits über die österreichischen Kontrollen beschwert, sie seien »geographisch diskriminierend« und verstießen gegen EU-Recht.

Die EU Kommission hatte anläßlich der neuen Transportrichtlinie auch zugesichert, die Zahl der Kontrollveterinäre aufzustocken. Wie notwendig das ist, zeigt das Beispiel von Triest, dem wichtigsten europäischen Tierexporthafen. Deutsche Laster, die dort ankommen, waren meistens über 20 Stunden unterwegs, und in der Regel wurden die Tiere während dieser Zeit nicht versorgt – was bis Ende 1996 auch dem geltenden EU-Recht entsprach. Im Oktober 1996 filmte ein ZDF-Team heimlich, wie Tiere zum Teil schwerverletzt über eine steile Rampe an Bord eines Schiffes getrieben wurden. Eines, das nicht mehr laufen konnte, wurde mit einem Kran an Bord gehievt. Ein Jahr zuvor starben über 300 in Triest verladene Rinder auf dem Seeweg in die Türkei. Exporteur und Allianz-Versicherung streiten nun darüber, ob diese Verluste ersetzt werden.

»Triest«, sagt Hanns-Dieter Rosinke, Sprecher des niedersächsischen Landwirtschaftsministeriums, »hat sich als Synonym für Tierquälerei erwiesen.« Das Bundesland mit dem höchsten Anteil an intensiver Tierzucht hatte ursprünglich die Absicht, rund die Hälfte seiner Exporte über Triest zu verladen. Jetzt will das Landwirtschaftsministerium den Hafen boykottieren, ebenso wie Sachsen-Anhalt, solange die Italiener nicht garantieren können, daß den Tierschutzbestimmungen entsprochen wird.

Die Empörung der Bürger ist groß. Drei Millionen Europäer haben sich 1994 allein wegen dieser Frage an den Petitionsausschuß des Europäischen Parlaments gewandt. Der Ausschuß richtete deshalb die dringende Forderung an die EU-Kommission, »endlich zu einem Kompromiß in dieser seit langem anhängigen Problematik zu gelangen, um die Versorgung der Union mit Schlachtvieh in zivilisierter Weise zu sichern und den Bürgern zu zeigen, daß die Gemeinschaft auf ihre Vorbehalte Rücksicht nimmt«.

Dazu müßte auch gehören, die Exporterstattungen für lebende Tiere endlich zu streichen. Selbst große Fleischunternehmen haben dies gefordert, zum Beispiel die bayerische Südfleisch, die nach Angaben ihres Geschäftsführers bereits seit 1993 keine lebenden Tiere mehr exportiert. Der Allgäuer Produzent Moksel hat ein Jahr später nachgezogen. Ein Motiv dieser Tierliebe könnte allerdings auch die Tatsache sein, daß viele deutsche Schlachthöfe nicht genügend ausgelastet sind und so zu neuen Aufträgen kommen sollen.

Erneute Empörung lösten Ende 1996 die sogenannten »Herodes«-Prämien aus: Um den durch die BSE-Krise stark in Bedrängnis geratenen Rindermarkt zu entlasten, zahlt die EU seit 1993 für jedes neugeborene Kalb 230 Mark Prämie, wenn es getötet und als Abfall entsorgt wird. Nur Frankreich, Großbritannien und Portugal machten von dieser Prämie Gebrauch. Das deutsche Landwirtschaftsministerium zahlte den Betrieben lieber eine »Frühverarbeitungsprämie«

dafür, daß sie die Tiere unter Gewicht schlachteten und dadurch die Menge des Fleisches auf dem Markt reduzierten. Vielen deutschen Bauern reichte das jedoch nicht. Sie wollten das schnelle Geld und karrten wöchentlich Tausende von Kälbern über die Grenze nach Frankreich, um dort die Prämie zu kassieren.

Am Ende der Kette

Die Öffnung des Binnenmarktes hat zu dramatischen Konzentrationsprozessen im Handel geführt. In diesem Konkurrenzkampf können nur die großen Lebensmittelketten überleben, die europaweit wirtschaftlich miteinander verflochten sind. Einige wenige Nachfrager bestimmen das Angebot.

Das hat zur Folge, daß der Handel auch die ökonomische Struktur der Anbieter bestimmt: Dazu gehört die Lebensmittelindustrie ebenso wie die Landwirtschaft. Der Eiermarkt zeigt, daß nur riesige Legehennen-Batterien die Nachfrage der Supermärkte nach großen Mengen frischer Eier erfüllen können. Waren müssen auch über große Entfernungen rasch und zuverlässig angeliefert werden. Das erhöht die logistischen Anforderungen an die Zulieferer und vervielfacht das Transportvolumen innerhalb des Binnenmarkts, das durch arbeitsteilige Produktion und subventionierte Ausfuhren ohnehin schon beträchtlich ist.

Die Nachfragemacht des Handels verschafft dem Verbraucher billige Waren, weil die Lebensmittelketten die Preise auf Kosten der Produzenten drücken. Das ist allerdings auch nur möglich, weil die ökologischen Kosten von Erzeugung und Transport in die Preisgestaltung nicht einfließen. Wenn die Konzentration weiter zunimmt, kann die beherrschende Stellung einiger weniger Handelsketten jedoch sehr schnell auch zum Nachteil für den Verbraucher werden, nämlich dann, wenn es etwa zu Preisabsprachen und – besonders in ländlichen Gebieten – zu Versorgungslücken kommt. Auch die Produkte verändern sich: Sie müssen vor allem preiswert, transport- und lagerfähig sein. Artgerechte Tierhaltung, ökologischer Landbau oder traditionelle Herstellungsmethoden haben in diesem Konzept wenig Platz. Die Tatsache, daß einige Handelsketten wie Billa, Tengelmann oder REWE Ökoprodukte in ihr Sortiment aufgenommen haben und dieses weiter ausbauen, zeigt, daß der Konsument als letzter in der Nachfragekette mit seinem Wunsch nach besserer Qualität dennoch Einfluß auf diese scheinbar übermächtige Struktur nehmen kann.

Wie David gegen Goliath nehmen sich dagegen die Food-Koops aus, die sich am Rande des von Supermarkt-Ketten umkämpften Lebensmittelmarktes inzwischen eine Nische erobert haben. Bereits 2.000 solcher Kooperationen, die ihre Mitglieder mit Lebensmitteln aus ökologischem Anbau und artgerechter Tierhaltung versorgen, gibt es in Deutschland. Durch ein verbrauchernahes Verteilungssystem und Eigenleistung der Mitglieder werden Kosten für Zwischenhandel, Werbung und Marketing gespart. Food Koops, deren Anteil am Naturkost-Handel auf etwa drei bis fünf Prozent geschätzt wird, gibt es bereits in Wuppertal, Berlin, Hamburg, Kiel, Kassel und Trier.

ODER Bakterien vom Fließband
Frisch ist, was nicht krank macht

Ein kleiner Erdnußsnack beschäftigte monatelang die Behörden rund um die Welt. Im Oktober 1994 setzte in Israel eine Welle schwerer Durchfallerkrankungen ein. Als Erreger ermittelten die Mikrobiologen eine seltene Salmonellen-Art. Die Quelle des Erregers wurde nicht gefunden; die Erkrankungen traten über das ganze Land verstreut in vielen Familien auf.

Erst einige Monate später erhielten die Behörden die Nachricht, daß in England und Wales eine ähnliche Epidemie festgestellt wurde. Als Verursacher ermittelte man dort einen aus Israel stammenden koscheren Erdnuß-Snack. Das brachte die israelischen Behörden schließlich auf die richtige Spur: Der Knabberartikel war in ihrem Land in vielen Familien verzehrt worden, aber nur diejenigen, die wöchentlich mindestens vier Stück davon aßen, erkrankten. Schließlich fand man auch in Snacks, die Israel in die USA und nach Kanada geliefert hatte, den gefährlichen Erreger. Auch dort hatten sich mindestens zehn Kinder infiziert. Nach dem Rückruf der betroffenen Charge brach die Epidemie ab. Trotzdem konnte die Ursache für die Verunreinigung nie ermittelt werden. Die Salmonellen wurden weder in den Ausgangsmaterialien wie Maisflocken, Sojabohnenöl, Salz und Erdnußbutter noch im Herstellerbetrieb gefunden.

Gefahrenanalyse in der Küche

Im Winter 1995 schlug das bayerische Dialysezentrum Alarm. Mehrere Dutzend Kinder mußten mit schweren Vergiftungserscheinungen an die künstliche Niere angeschlossen werden. Sie hatten sich, vermutlich durch Teewurst, mit einer gefährlichen Variante eines an sich harmlosen Keims infiziert: dem »enterohämorrhagischen Escherichia coli«, kurz EHEC. Über 50 Kinder erkrankten schwer, sieben von ihnen konnten nicht gerettet werden.

Der Erreger ist ein Darmbakterium, das im Inneren von Rindern, Schafen und Ziegen lebt. Für den Menschen ist nur eine bestimmte Form davon gefährlich, die Zellgifte absondert. Zu trauriger Berühmtheit gelangte EHEC, als es im Sommer 1996 in Japan eine verheerende Epidemie auslöste. In wenigen Wochen steckten sich über 10.000 Menschen an – eine ungewöhnlich hohe Zahl, die von der Weltgesundheitsorganisation als »beispiellos« bezeichnet wurde. Die japanischen Behörden suchten fieberhaft nach dem Infektionsherd in Altersheimen, Schulen, Betrieben und Kindergärten. Sie fanden die Bakterien überall, in Obst und Gemüse, in Fleisch und in Fisch.

Die meisten EHEC-Fälle verlaufen wenig spektakulär. Bei etwa fünf Prozent der Betroffenen, zumeist schwächeren Personen wie Kindern, Alten und Kranken, treten jedoch Komplikationen auf. Das von den Erregern ausgeschiedene Zellgift führt zu einem »Hämolytisch-Urämischen Syndrom (HUS)«, das chronische Nierenschäden verursachen kann.

Weil sich der Infektionsweg nicht eindeutig klären ließ, forderten die japanischen Behörden ihre Bürger zu besonderer Vorsicht auf. Sie sollten kein rohes Fleisch mehr essen und auch eine beliebte Salatsorte meiden, die mit dem EHEC-Bakterium in Verbindung gebracht wurde. Trotzdem breitete sich die Seuche weiter aus. Die Bevölkerung reagierte zunehmend panisch. Viele Menschen mieden die Öffentlichkeit. Zuhause kochten sie alle Mahlzeiten ab und übergossen die restlichen Lebensmittel mit kochendem Wasser, um mögliche Erreger abzutöten. Der Handel brach zusammen. In den Supermärkten sank der Umsatz bis auf die Hälfte. Zu leiden hatten auch Restaurants, Coffeeshops und Sushi-Bars.

Zentrum der Epidemie war Sakai, eine Stadt mit etwa 800.000 Einwohnern. Geschäftsreisende, die von dort kommend in einem anderen Ort ein Hotelzimmer reservieren wollten, bekamen keines, aus Angst vor Ansteckung. Personen, die bereits gebucht hatten, wurden gebeten, ihre Reservierung zu stornieren. Angestellten, die in andere Orte zur Arbeit pendelten, wurde nahegelegt, zu Hause zu bleiben. Viele suchten einen Arzt auf, um anhand von Stuhlproben nachzuweisen, daß sie nicht infiziert waren.

In Glasgow starben im Winter 1996 innerhalb weniger Tage zehn

Menschen nach dem Verzehr von Fleischpasteten, die mit EHEC kontaminiert waren. Etwa 200 Personen wurden angesteckt, 40 davon landeten auf der Intensivstation.

In den hochtechnisierten Ländern ist EHEC unter den Lebensmittelinfektionen die gefährlichste geworden. Die USA registrieren jährlich an die 20.000 Vergiftungsfälle. Nach Angaben des Centers for Disease Control (CDC) enden davon 200 bis 500 tödlich. Für Deutschland schätzt der Mikrobiologe Helmut Tschaepe vom Robert-Koch-Institut in Wernigerode die Zahl der Infizierten auf jährlich zehn- bis hunderttausend. Eine genaue Schätzung ist schwierig, denn nur in Bayern gibt es eine Meldepflicht. Im restlichen Bundesgebiet verschwinden diese Infektionen in der Rubrik »ansteckende Magen- und Darmerkrankungen – übrige Fälle«. Das Bundesseuchengesetz soll nun novelliert und für EHEC eine besondere Registrierung eingeführt werden, um festzustellen, ob sich das Bakterium epidemieartig ausbreitet. Besondere Sorge bereitet den Mikrobiologen, daß die EHEC-Bakterie sehr wandelbar ist und zunehmend antibiotika- und säureresistent wird.

Trotz steigender Hygiene nehmen Lebensmittelinfektionen weltweit zu, stellte die Weltgesundheitsorganisation (WHO) fest. In den USA erkranken nach Schätzungen der amerikanischen Gesundheitsbehörde Food and Drug Administration jährlich zwischen 20 und 80 Millionen Menschen an bakteriell verseuchtem Essen, in Europa sind es sogar 130 Millionen. Auslöser sind neben EHEC und den bekannteren Salmonellen und Listerien die Mikroben Campylobacter und Yersinien. Der Infektionsherd ist nicht nur auf Hackfleisch oder andere Formen des Fast Food beschränkt. Salmonellen zum Beispiel wurden auch in Schokoladetalern, Bohnensprossen und Paprikachips, EHEC-Erreger in Kräuterbutter und Salami gefunden. Weil viele Länder ihre Meldesysteme noch nicht den neuartigen Erregern angepaßt haben, ist nach Meinung von Experten davon auszugehen, daß die offiziell registrierten Infektionen nur etwa zehn Prozent der wirklichen Erkrankungsrate repräsentieren.

Wo liegt die Ursache dieser größtenteils verdeckten Epidemien? Rainer Hauzeneder, Chefredakteur einer Fachzeitschrift für den Lebensmittelhandel, schiebt dem Verbraucher die Schuld zu, der »bei der Vorratshaltung und Zubereitung« zu nachlässig sei. Auch das Bundesinstitut für gesundheitlichen Verbraucherschutz (BgVV) sieht vor allem das Problem in der mangelnden Hygiene zu Hause. Der

Steckbrief der fünf gefährlichsten Erreger

Salmonellen finden sich gehäuft in Geflügelprodukten und Eiern. Insbesondere die Infektion mit Salmonella enteriditis nahm in den letzten Jahren stark zu. Dieser Erreger haftet im Gegensatz zu anderen Salmonellenspezies nicht nur auf der Eierschale, sondern dringt bis in den Dotter vor.

Campylobacter residiert bevorzugt in Geflügel und Rohmilch. Campylobacter jejuni soll für bis zu 15 Prozent aller stationär zu behandelnden Durchfallerkrankungen bei Kindern verantwortlich sein.

Enterohämorrhagische Escherichia coli (EHEC) finden sich hauptsächlich in Rinderhackfleisch, insbesondere in nicht durchgebratenen Hamburgern. Die Infektion ist durch schwere, oft blutige Durchfälle gekennzeichnet. Bei etwa 10 Prozent der Erkrankten entwickelt sich ein hämolytisches urämisches Syndrom (HUS), das bei drei bis fünf Prozent der Betroffenen, insbesondere bei Kindern und älteren Menschen, tödlich verläuft.

Listeria monocytogenes kontaminiert insbesondere Käse und Rohmilch. Diese Bakterien vermehren sich auch bei Kühlschranktemperaturen. In einigen westlichen Ländern hat sich die Infektionsrate nahezu verdoppelt.

Yersinia enterocolitica wird häufig durch Rohmilch übertragen. Die Erreger vermehren sich auch bei Kühlschranktemperaturen. Infektionen treten in den letzten Jahren gehäuft in den westlichen Ländern auf, insbesondere in Skandinavien und den USA.

Konsument sei »unerfahren« und »sorglos« im Umgang mit verderblichen Waren.

Viele Menschen verpflegen sich jedoch kaum mehr zu Hause. In Deutschland bereiten 65 Prozent der Verbraucher keine warmen Mahlzeiten mehr zu, sondern essen in Schnellrestaurants, Kantinen und Gaststätten, oder sie lassen sich ihr Essen liefern. Ein Drittel des gesamten Umsatzes der Lebensmittelindustrie wird bereits im Lieferservice (Catering) erzielt. Über die Hälfte der gemeldeten Salmonellen-Krankheiten entstand 1992 in Großküchen.

Risiken liegen auch in den modernen Produktionsverfahren. Karin Schmidt vom Bundesinstitut für gesundheitlichen Verbraucherschutz (BgVV) betont: »Moderne Vermarktungsstrategien und große Chargen von Lebensmitteln bergen grundsätzlich die Gefahr, daß beim Auftreten eines Keims schnell größere Anteile der Bevölkerung erreicht werden. So können heute trotz umfangreicher Hygienemaßnahmen bei der Produktion, Gewinnung und Verarbeitung von Lebensmitteln immer wieder pathogene Erreger zu gravierenden lebensmittelbedingten Infektionsepidemien führen, deren Ursache oft lange verborgen bleibt.«

Je größer die Betriebe, desto höher sind die Risiken für Kontaminationen. In einem Groß-Schlachthof kann beispielsweise ein EHEC-verseuchtes Rind verheerende Folgen haben. In dem riesigen Schlacht- und Zerlegebetrieben der Moksel AG im Allgäuer Buchloe werden die 70 Stück Großvieh pro Stunde (2.500 pro Woche) deshalb »unter höchsten hygienischen Voraussetzungen und in absoluter Präzision geschlachtet«.

Wo zentral große Mengen von Waren produziert und abgesetzt werden, ist ein weiteres Risiko die absichtliche Kontaminierung. Immer häufiger versuchen Kriminelle, Unternehmen damit zu erpressen. 1996 drohte zum Beispiel ein Unbekannter der Firma Nestlé, drei ihrer »Thomy«-Produkte in mehreren Supermärkten in Kassel, Dortmund und Hannover zu »verunreinigen«. Das Unternehmen sah sich gezwungen, eine Sauce Hollandaise, eine Nudelsoße und Meerrettich-Tuben aus dem Verkehr zu ziehen. 1994 hatte jemand 1,2 Millionen Mark gefordert, sonst wollte er »Gift in Cola-Flaschen spritzen«. Mehrfach waren auch der Nahrungsmittelkonzern Oetker und die Handelskette Aldi von solchen Drohungen betroffen.

In Deutschland, schätzt das Bundeskriminalamt, gibt es jährlich etwa 100 solcher Fälle von »Produkterpressung«. Viele davon werden nicht öffentlich gemacht, denn der größte Schaden entsteht durch den Imageverlust für das betroffene Produkt oder den Hersteller. Rückholkosten, Gewinnausfall und Umsatzrückgange können sich zu hohen Summen addieren. Die meisten Drohungen werden nicht realisiert. »Der Täter möchte niemandem schaden, er möchte, daß seine Forderung erfüllt wird«, sagt Manfred Krauss, Polizeipsychologe des Bundeskriminalamtes. Die Motive sind sehr unterschiedlich, zum Beispiel gab ein 75jähriger Rentner an, die Firma Haribo erpreßt zu haben, weil er »die Werbesprüche von Thomas Gottschalk nicht mehr ertragen konnte«.

Vertrauen ist gut, Kontrolle besser

Das Zauberwort der europäischen Gemeinschaft ist Standardisierung. Die Vervielfachung der Normen soll gleiche Chancen im Wettbewerb bringen, den Handel erleichern und dem Verbraucher größtmögliche Sicherheit garantieren. Gegenseitiges Vertrauen ist die Basis der europäischen Wirtschaftspolitik.

Wie schwer es ist, diese politische Theorie in die Praxis umzusetzen, zeigt das Beispiel der Lebensmittelkontrolle. Ende der 80er Jahre ließ die Kommission analysieren, wie diese in den einzelnen Mitgliedsstaaten gehandhabt wurde. Wie zu erwarten, war die Intensität der behördlichen Überwachung höchst unterschiedlich. Während in den Niederlanden pro 1.000 Einwohnern 25 Lebensmittelproben gezogen wurden, begnügten sich die Franzosen mit weniger als einer. Deutschland lag mit zehn Proben im Mittelfeld.

Einige Länder nahmen stärker die Herstellerbetriebe unter die Lupe, andere, zum Beispiel Großbritannien, nur das Endprodukt in den Regalen. Die Labors waren teils hervorragend, teils mehr als mangelhaft ausgestattet, ihre Untersuchungsergebnisse deshalb nur bedingt oder gar nicht miteinander vergleichbar. In einzelnen Ländern gab es nicht einmal klare Vorstellungen darüber, was ein Lebensmittelkontrolleur genau machen sollte.

1989 einigten sich die Mitgliedsstaaten nach jahrelangem zähen Ringen auf die erste europäische Richtlinie zur Lebensmittelüberwachung. Diese ersetzt nicht die nationalen Vorschriften, aber sie formuliert wichtige Grundsätze: Der Verbraucher soll vor Krankheitserregern und gesundheitlich relevanten Rückständen ebenso geschützt werden wie vor geschönten, minderwertigen oder gefälschten Lebensmitteln. Als wichtiges Prinzip wird die Eigenverantwortung der Hersteller hervorgehoben. Diese Richtlinie wird laufend aktualisiert und ergänzt.

Mit dem neuen Gesetz wurde die Öffnung des Binnenmarkts vorbereitet: Die Kontrolle verlagerte sich weg von den Grenzen und hinein in die Betriebe. Die Überwachungsbeamten mußten nun regelmäßig sämtliche Produktionsschritte – von der Erzeugung bis zum Verkauf – unter die Lupe nehmen. Sie durften nun sogar Einblick in die Rezepturen nehmen. Nur der Verbraucher war weiterhin auf das Etikett angewiesen, denn das »rechtmäßige Betriebsgeheimnis« sollte gewahrt werden.

Die deutschen Verbraucherverbände begrüßten die neuen Vorschriften. In der Vergangenheit waren vor allem die Endprodukte im Handel kontrolliert worden. Dabei wurden jedoch gravierende Hygienemängel und Fehler bei Erzeugung, Lagerung und Transport nicht aufgedeckt. Nach der europäischen Richtlinie sollen die Kontrollen heute früher greifen. Wenn zum Beispiel im Ausland Hühnerfrikassee für den deutschen Markt produziert wird, kontrollieren im Idealfall Inspekteure bereits vor Ort, wie das Geflügel gehalten und gefüttert wurde. Im Schlachthof und in der Fleischfabrik wird dann die hygienische Verarbeitung des Fleisches überwacht und das Endprodukt stichprobenmäßig untersucht.

Hintergrund dieses Prinzips ist der Grundsatz der Produktsicherung und -haftung, der in zwei weiteren Richtlinien der EU verankert wurde. Er bedeutet, daß der Hersteller nicht nur für die Sicherheit seiner Produkte verantwortlich ist, sondern auch dafür haftbar gemacht werden kann. Wichtig ist dabei die umgekehrte Beweislast: Nicht mehr der Konsument muß beweisen, daß ein Lebensmittel verfälscht oder verdorben war, sondern der Hersteller muß im Schadensfall belegen können, daß der Fehler nicht bei ihm lag. Im Lebensmittelbereich gilt das jedoch nur für verarbeitete Waren; landwirtschaftliche Produkte sind von der Produkthaftung noch ausgenommen.

Ziel ist es, die Produzenten dazu zu bringen, über die nationalen Lebensmittelvorschriften hinaus ihre Produktion so zu optimieren, daß Risiken weitestgehend ausgeschlossen werden. 1993 wurde deshalb eine zusätzliche Hygiene-Richtlinie beschlossen, deren Kernstück HACCP ist – Hazard Analysis and Critical Control Points (Analyse der Risiken und Gefahrpunkte). Dieses ursprünglich von der NASA für die Raumfahrt entwickelte Prinzip verlangt eine kritische Analyse des gesamten Herstellungsprozesses. Schwachstellen und Gefahrenpunkte müssen aufgespürt und behoben, die Ergebnisse für eine spätere Überprüfung durch offizielle Lebensmittelkontrolleure dokumentiert werden. Alle Betriebe, die irgendwie mit Essen zu tun haben, müssen das HACCP-Konzept einführen: Schlachthöfe und Fabriken, Kantinen und Krankenhäuser, Luxushotels und Dorfkneipen, sogar die Imbißbuden am Straßenrand.

»Dieses Konzept ist ein Fortschritt, aber es stellt hohe Anforderungen an die Lebensmittelkontrolle«, sagt Hans Henning Vieth vom Bundesverband der Lebensmittelkontrolleure. Die Zahl der Produkte nimmt ständig zu, die technischen Prozesse werden immer komplizierter. Das erschwert die Suche nach Verunreinigungen und unerwünschten Stoffen.

Außerdem sind »die Unterschiede bei der Lebensmittelkontrolle in Europa immer noch viel zu groß«, klagt Kees de Winter von der Europäischen Verbraucherorganisation beuc. »Qualität und Umfang weichen erheblich voneinander ab.«

Selbst innerhalb Deutschlands ist die Lebensmittelüberwachung je nach Bundesland ganz unterschiedlich geregelt. In Baden-Württemberg ist dafür die örtliche Polizei zuständig, in Nordrhein-Westfalen sind es die Kreisordnungsbehörden. Manche Länder hüten die Ergebnisse ihrer amtlichen Kontrollen wie Staatsgeheimnisse: »nur für den Dienstgebrauch«, heißt es in Hamburg; Hessen und Niedersachsen dagegen veröffentlichen Jahresberichte. Ein großes Problem ist überall die Personalknappheit: 1994 waren die Behörden bis zu 40 Prozent unterbesetzt. Engpässe gibt es auch in den Labors bei der Analyse von Proben. »Um wirklich effizient zu sein, müßte die deutsche Lebensmittelkontrolle komplett neuorganisiert werden«, sagt Hans Henning Vieth.

Kontrollen an den Binnengrenzen sind durch die neuen EU-Richtlinien überflüssig geworden – es sei denn, die Behörden hätten einen »ernsten« und »begründeten« Verdacht auf einen Gesetzesverstoß. Weil die Produktsicherheit bereits während des Herstellungsprozesses garantiert werden soll, werden spätere Kontrollen nun als Diskriminierung oder Verstoß gegen den freien Warenverkehr angesehen.

Die EU-Kommission verlangt von den Mitgliedsstaaten jährliche Überwachungspläne. Parallel dazu gibt sie Empfehlungen, welche Produkte besonders genau untersucht werden sollten. 1994 zum Beispiel waren das verschiedenste Lebensmittel, die häufig von Kindern gegessen werden und das Schimmelpilzgift Aflatoxin B 1 enthalten können. Außerdem riet die Kommission den Mitgliedsstaaten in diesem Jahr, verstärkt Fleischpasteten auf Listeria-Bakterien hin zu untersuchen, weil die Zahl der Infektionen zugenommen hatte. Besonderes Augenmerk sollten die Kontrolleure auch auf Gefrierfisch-Erzeugnisse legen. Es gab Hinweise darauf, daß Hersteller in Halbfertigprodukten teure Fischarten durch billigere ersetzten, ohne dies auf dem Etikett anzugeben.

1995 stand unter anderem löslicher Kaffee auf der Liste des »koordinierten Überwachungsprogramms«. Die Hersteller verwendeten offenbar nicht nur die reine Bohne, sondern auch minderwertige Bestandteile wie Hülsen, Schalen, Stiele und Stengel. Auf Listerien sollten diesmal besonders gekühlte Salate und angemachte Rohkost geprüft werden, da epidemiologische Studien zeigten, daß Vergiftungen häufiger im Zusammenhang mit diesen Produkten aufgetreten waren. Der scharfe Wettbewerb auf dem Binnenmarkt verführte außerdem die Hersteller von Honig zu falschen Angaben. Die Kommission riet deshalb, botanische und geographische Informationen genau zu prüfen. Die Rückmeldungen an die EU-Behörden werden ausgewertet und sollen die Basis für weitere gesetzliche Regelungen sein.

Das rote Telefon

Eine verunreinigte Maschine oder ein Ausfall in der Kühlkette reichen aus, um in kurzer Zeit viele Menschen zu gefährden. Mitte 1996 zog eine Schiltacher Firma Schinkenprodukte zurück, die in Baden-Württemberg, Bayern, Hessen, Rheinland-Pfalz und Nordrhein-Westfalen verkauft wurden. Sie waren mit gefährlichen Staphylokokken verseucht. Im September desselben Jahres starb ein italienischer Junge an kontaminiertem Mascarpone, der auch nach Belgien, Spanien, Österreich und Schweden geliefert worden war.

Die Europäische Kommission verfügt seit Anfang der 80er Jahre über Systeme »zum raschen Austausch von Informationen über Gefahren bei der Verwendung von Konsumgütern«. Dazu gehört auch ein rotes Telefon für absolute Krisenfälle. Die meisten Meldungen sind allerdings Verwaltungsroutine. Sobald ein Mitgliedsstaat zum Beispiel den Rückruf eines Produkts meldet, weil es eine Gefahr für die Gesundheit darstellt, prüft die Kommission den Vorgang und informiert die anderen Mitgliedsstaaten, die möglicherweise davon betroffen sind. Der Weg der Produkte läßt sich über den Strichcode auf der Ware genau verfolgen, denn dieser enthält die Chargennummer.

Bis 1994 blieb es jedem Land danach selbst überlassen, welche Konsequenzen es aus der Warnung ziehen wollte. Inzwischen kann die Kommission auf der Basis eines Gesetzes »über die allgemeine Produktsicherheit« mit Hilfe eines beratenden Ausschusses mit Vertretern der Mitgliedsstaaten einheitliche Regelungen festlegen.

Zwischen 1989 und 1995 haben die Länder den EU-Behörden etwa 130 Notfälle gemeldet. So fand Großbritannien Glassplitter in italienischem Wein, Frankreich informierte über bakterienverseuchte Soja-Paste aus Hongkong, und Deutschland warnte vor bleiversetztem Paprikapulver aus Ungarn.

Das Produktsicherheits-Gesetz ist ein Fortschritt für den Verbraucherschutz, denn es verpflichtet die Mitgliedsstaaten, bei gravierenden Sicherheitsmängeln die Produkte schnellstmöglich vom Markt zu nehmen. Allerdings gilt das nur für Produkte, die eine »akute« und »unmittelbare« Gefährdung darstellen. Fadenwürmer im Fisch sind davon nicht betroffen. Sie sind zwar ekelerregend, gefährden aber nicht die Gesundheit. Auch Babynahrung mit erhöhten Pestizidwerten gilt nicht als akute Gefahr für das Leben, kann aber langfristig sehr wohl Folgen haben.

Fälle wie diese hatten in Deutschland in der Vergangenheit schwere wirtschaftliche Schäden verursacht. Die Firma Birkel erlitt 1985 durch die Warnung der baden-württembergischen Behörden vor mikrobakteriell verseuchtem Flüssigei Verluste in Millionenhöhe. Eine direkte Gesundheitsgefährdung konnte jedoch nie nachgewiesen werden. Das Land mußte Jahre später knapp 13 Millionen Mark Schadenersatz zahlen. Ein Bericht des Fernsehmagazins Monitor brachte im Sommer 1987 den Markt für Seefisch zum Zusammenbruch. Allein in Bremerhaven verloren 1.300 Arbeiter ihren Job oder mußten kurzarbeiten.

In Deutschland ist die Rechtslage unklar, weil die Bundesregierung sich unter Berufung auf ihre nationale Eigenständigkeit seit Jahren erfolgreich weigert, das EU-Produktsicherheitsgesetz in nationales Recht zu übernehmen.

Krieg den Keimen

»The war on pathogens« – die Jagd nach den Killerbakterien begann in den USA bereits 1959, als die NASA gemeinsam mit Armee und Luftwaffe das HACCP-Sicherheitssystem entwickelte, um die Hygiene in Großküchen zu verbessern. Heute ist diese Philosophie die Basis eines internationalen Überwachungsnetzes, das die WHO auf dem Lebensmittelsektor ausbauen will. Der gesamte Herstellungsprozeß eines Lebensmittels soll – vom Rohstoff bis zum verkaufsfähigen Produkt – weltweit nach den gleichen Standards überwacht werden.

Hygienestandards haben dabei auch wirtschaftspolitische Funktionen. So führten die USA 1996 HACCP für alle Fleisch- und Geflügelprodukte ein, und zwar nicht nur für amerikanische Hersteller, sondern auch für ausländische. »Das hat zu erheblichen Widerständen in der europäischen Lebensmittelindustrie geführt«, sagt Michael Erhardt, Mitglied im Kabinett des EU-Agrarkommissars.

Zwei Jahre zuvor hatte die US-Gesundheitsbehörde Food and Drug Administration das Sicherheitssystem bereits für Shrimps zur Pflicht gemacht – genau in dem Jahr, in dem die US-Industrie ihre internationalen Marktchancen auf diesem Sektor neu auslotete. Die Folge: Die indischen Konkurrenzunternehmen dürfen Shrimps jetzt nur noch dann in die USA importieren, wenn sie aus Farmen stammen, die HACCP anwenden und das auch belegen können.

Deutsche Fischprodukte werden bereits nach dem HACCP-Prinzip erzeugt. Vor allem große Nahrungsmittelproduzenten haben – mit Blick auf den Weltmarkt – schon frühzeitig auf Qualitätssicherungssysteme gesetzt. Zum Beispiel die Fleisch- und Wurstwarenfabrik Ponnath in Kemnath. Sie investierte 40 Millionen Mark in eine HACCP-konforme Fertigung mit computergesteuertem Kontrollsystem. Vom Wareneingang bis zum Garprozeß, von der Verpackung bis zum Versand werden alle Produktionsschritte überwacht und die Waren im eigenen Labor noch einmal überprüft. »Die Kontrollen sind besonders wichtig für den Export«, sagt Fabrikant Ponnath, der bei seinen Kunden mit »persönlicher Verantwortung für Qualität und Innovation« wirbt.

Im Gegensatz zur Industrie reagierte das Gastgewerbe überwiegend ablehnend auf das HACCP-Konzept. Köche und Wirte protestierten gegen die Hygiene-Richtlinie der Kommission, die sie zu

»Operateuren« mit »bakterienabweisendem Mundschutz« und »sterilen Handschuhen« degradiere. »Gastronomie im Schraubstock der EU« lautete der Schlachtruf. Vor allem die strengen Anforderungen an die Personalhygiene und die Dokumentionspflicht stießen auf Ablehnung: »zu teuer und zu bürokratisch«.

Urs Ernst, Geschäftsführer des Bundesverbandes Betriebsgastronomie, hält einen Qualitätsnachweis dagegen für unverzichtbar. Denn das europäische Produkthaftungsgesetz bürdet dem Wirt die Beweislast auf, wenn es zu Beschwerden kommt: »Der Gast muß nicht mehr selbst nachweisen, daß er durch meine Speise krank wurde, sondern ich muß als Gastronom belegen, daß das nicht so gewesen sein kann.« HACCP biete dem Gastwirt dabei mehr Sicherheit und sei gleichzeitig, so Ernst, auch »der beste Schutz für den Verbraucher«.

Die angeblich so perfekte Warenwelt, mit der die Nahrungsmittelindustrie für ihre Produkte wirbt, ist also keineswegs so risikofrei, wie sie dem Verbraucher suggerieren will. Ein einziger Fehler in der Produktionskette kann schwerwiegende Folgen haben und eine große Anzahl von Menschen bedrohen. Diese Gefahren kann auch ein noch so strenges Hygiene-Konzept nicht ganz ausschließen.

Kodex des Essens

ODER Verbraucherschutz als Handelshemmnis

Wer bestimmt, was als Essen auf Ihrem Tisch landet? Der Bauernverband? Der Landwirtschaftsminister? Der europäische Agrarkommissar? Längst nicht mehr. Der Schlüssel zu unserer Ernährung liegt bei einer geheimnisvollen Kommission, die über fast alles bestimmt, was die Zusammensetzung unserer Lebensmittel und das Warenangebot angeht. Trotzdem ist sie in der Öffentlichkeit so gut wie unbekannt: die Codex-Alimentarius-Kommission (CAK).

In diesem Gremium, das von der Welternährungs- und der Weltgesundheitsorganisation (WHO und FAO) gegründet wurde, sitzen Regierungsvertreter aus 152 Ländern, die internationale Normen für Lebensmittel entwickeln. Diese sind die Basis für die Schlichtung von Handelskonflikten vor der World Trade Organization (WTO), einer Art internationalem Schiedsgericht.

Die WTO ist die Nachfolgeorganisation des »Allgemeinen Zoll- und Handelsabkommens (General Agreement on Tariffs and Trade, GATT)«, das 1948 zwischen 23 Gründungsstaaten geschlossen worden war, um die Weltwirtschaft zu regulieren und den Protektionismus der Vergangenheit abzubauen. Die darin vereinbarten Zollsenkungen hatten zu hohen Wachstumsraten der Weltwirtschaft geführt und über 100 Länder zum Beitritt bewegt. Schließlich kamen die Mitgliedsstaaten zu der Überzeugung, die komplexen multilateralen Vereinbarungen müßten vereinfacht und die Macht des GATT-Abkommens gestärkt werden. Die »Uruguay-Runde« tagte seit 1986, um die bestehenden Abkommen zu reformieren und zu ergänzen. Anfang 1995 setzte sie die WTO als Wächterin über die Weltwirtschaft ein. Sie macht die Beschlüsse der Codex-Alimentarius-Kommission weltweit verbindlich.

Im internationalen Handel steckt erhebliches Konfliktpotential. Zum Beispiel im Geschäft mit Rindfleisch. Als die EG 1988 die Verwendung von Hormonen in der europäischen Tiermast verbot und gleichzeitig die Einfuhr von damit behandeltem Fleisch aus Drittländern untersagte, war ein Handelskrieg mit den USA vorprogrammiert.

In Amerika, aber auch in Argentinien, Australien, Kanada, Neuseeland und Südafrika war der Einsatz von Hormonen legal. In Europa jedoch hatten zahlreiche Hormonskandale die Öffentlichkeit für das Thema sensibilisiert und die kritische Position der Verbraucherverbände gestärkt, die ein Verbot forderten. Das kam den europäischen Agrarpolitikern sehr gelegen, denn die Situation auf dem Rindfleischmarkt war dramatisch. Damals lagerte die gigantische Menge von 800.000 Tonnen Rindfleisch in europäischen Lagerhallen, und man suchte verzweifelt nach Mitteln und Wegen, die Überschüsse einzudämmen.

Der Vergeltung der USA ließ nicht lange auf sich warten. Die amerikanische Regierung brandmarkte das Hormonverbot der Europäer als Handelshemmnis und beschloß postwendend Beschränkungen für eine ganze Reihe von europäischen Produkten, darunter Nudeln, Tomatenmark und Zitrusfrüchte . Damit wollten sie rund 100 Millionen Dollar Einnahmeverluste kompensieren, die den USA durch das Hormonverbot entstanden.

Ein »Nudelkrieg« entbrannte, der legendär wurde – jahrelang führten europäische und amerikanische Politiker zähe Verhandlungen darüber, wie der Konflikt beigelegt werden könnte. Sie gründeten zum Beispiel eine gemeinsame Arbeitsgruppe, die »EG/US-Task-Force«, die nach Wegen suchte, amerikanisches Rindfleisch wieder zuzulassen. Da jedoch bei etwa 90 Prozent der US-Mastrinder regelmäßig Hormone verwendet wurden, blieben diese Bemühungen ohne Erfolg. Ende 1995, nachdem bereits die novellierten GATT-Verträge unterzeichnet worden waren, spitzte sich der Streit sogar noch zu. Die US-Regierung drohte, die Europäer vor der World Trade Organization (WTO) zu verklagen.

Dabei waren es gerade die beiden großen Handelsblöcke Europa und USA, welche die weltweite Harmonisierung des Lebensmittelrechts acht Jahre vorher initiiert hatten. Als gemeinsame Ziele wurden damals formuliert, »sich verstärkt um eine Angleichung nationaler Standards für Gesundheit und Verbraucherschutz zu bemühen« und »den negativen Einfluß von Gesundheitsregelungen auf den Agrarhandel zu vermindern«.

Möglichst frühzeitig sollten auf der Basis international anerkannter Standards Hindernisse aus dem Weg geräumt werden, die den liberalisierten Welthandel störten und zu Handelskonflikten führten, zum Beispiel unterschiedlich große Äpfel, abweichende Hygienevorschriften auf Schlachthöfen, Verbote von Zusatzstoffen und Agro-Chemikalien im Wein oder eben auch Hormone im Fleisch.

Die geplante Angleichung bedeutete aber auch, daß unterschiedlich strenge Umweltschutzbestimmungen und Verbraucherschutzgesetze eingeebnet und als »Handelshemmnis« aus dem Weg geräumt werden mußten. In der Schweiz warnte deshalb die »Stiftung Konsumentenschutz« davor, daß diese wichtigen Errungenschaften »im liberalen Welthandel auf der Strecke bleiben« würden. Der prominente amerikanische Verbraucheranwalt Ralph Nader kritisierte, die WTO setze den »Handel über alles« und startete in den USA eine Kampagne. Auch in Großbritannien, Frankreich und Japan empörten sich Bauern, Verbraucherverbände und entwicklungspolitsche Initiativen. Unter dem Namen »Consumers Network on Trade« organisierten sie sich weltweit und versuchten, die Öffentlichkeit auf die negativen Folgen der neuen Welthandelsordnung aufmerksam zu machen.

Doch ausgerechnet in Deutschland, das als Vorreiter in Umwelt- und Verbraucherschutzfragen galt, herrschte damals ungewöhnliche Stille. Kaum eine Verbraucherorganisation protestierte, kaum ein Verband informierte die Öffentlichkeit. Die Konsumenten ahnten nicht, welche entscheidenden Änderungen sich im Lebensmittelrecht anbahnten. GATT-Experte Rudi Buntzel vom Evangelischen Bauernwerk Württemberg erklärt das unter anderem mit einem eklatanten Desinteresse der Medien: »In Deutschland fand die Berichterstattung über GATT grundsätzlich nur in den Wirtschaftsredaktionen statt. Die Ökonomen, die dort sitzen, hatten anscheinend wenig Gespür für ökologische und verbraucherpolitische Belange.«

Dabei waren auch in Deutschland viele Standards, die in langen Jahren mühsam erkämpft und zum Teil auch in der EU durchgesetzt worden waren, von der weltweiten Harmonisierung bedroht: strenge Grenzwerte für Rückstände von Tierarzneimitteln oder Agro-Chemikalien in Obst und Gemüse oder etwa das Verbot, Lebensmittel zu bestrahlen.

Als allerdings die Codex-Alimentarius-Kommission 1995 bestimmte Hormone in der Tiermast weltweit zuließ, wurde auch den bundesdeutschen Verbrauchern klar, daß ihr strenges Lebensmittelrecht vom Welthandel ausgehebelt wird. Theoretisch hat zwar jedes Land das Recht, höhere Standards festzulegen. Aber der Import von weniger streng reglementierten Waren aus anderen GATT-Vertragsstaaten darf nicht verboten oder eingeschränkt werden.

Der europäisch-amerikanische Konflikt um das Rindfleisch dreht sich darum, daß die EU auf ihrem Markt Hormonfleisch nicht zulassen will, obwohl es nach dem Codex-Beschluß nach internationalem Recht auf dem Weltmarkt zulässig ist. Importverbote dürfen Länder jedoch nur dann vornehmen, wenn »übergeordnete öffentliche Politikziele« im Spiel sind, zum Beispiel schwere gesundheitliche Bedenken einer Einfuhr im Wege stehen.

Einschränkungen dürfen jedoch laut den GATT-Verträgen einzelne Länder nicht diskriminieren oder als verstecktes Handelshemmnis wirken. Vor allem müssen sie »notwendig«, »verhältnismäßig« und »effektiv« sein. Was darunter zu verstehen ist, das entscheidet im Konfliktfall die WTO. Wird ein Land wegen seiner höheren Standards vor diese Organisation zitiert, dann muß es »wissenschaftlich fundiert« beweisen, daß seine Grenzwerte gerechtfertigt sind und der niedrigere Weltstandard zu einer Gefährdung für Menschen, Tiere oder Pflanzen führt. Kann das »angeklagte« Land dies nicht, dann muß es seine Einschränkungen aufheben oder die betroffenen Handelspartner finanziell entschädigen.

Die EU muß also, wenn sie kein Hormonfleisch auf ihrem Markt zulassen will, beweisen, daß sein Verzehr der Gesundheit schadet. Andere Argumente wie etwa die Erhöhung der Rindfleischüberschüsse sowie die Gefährdung von Arbeitsplätzen in der europäischen Landwirtschaft oder Umweltschutzargumente zählen vor der WTO nicht. »Zum ersten Mal«, sagt GATT-Experte Buntzel, »soll mit einer internationalen Regelung europäisches Recht gebrochen werden. Und damit ist auch all das bedroht, was in den letzten 50 Jahren in Deutschland an Verbraucherschutz erkämpft worden ist.«

Wer setzt die neuen Normen für unsere Lebensmittel? Zur Zeit sind in der Codex-Alimentarius-Kommission (CAK) 152 Länder vertreten. Für Deutschland zum Beispiel nehmen, je nach Thema, Vertreter der Ministerien für Gesundheit und Landwirtschaft teil. Das Spektrum reicht von gefährlichen Tierarzneien im Fleisch über die Kennzeichnung von gentechnisch veränderten Lebensmitteln bis zur

Zusammensetzung von Harzer Roller oder Speiseeis. Geregelt wird auch, wie Lebensmittel verarbeitet, kontrolliert und verpackt werden müssen.

Seit 1983 gibt es zum Beispiel einen Standard, der festlegt, welche Lebensmittel warum und wie stark bestrahlt werden dürfen. Im Gegensatz zu Deutschland, wo das verboten ist, praktizieren andere Länder längst diese umstrittene Methode der Haltbarmachung und Desinfizierung (siehe Info-Teil, S. 190ff.). In Großbritannien und Frankreich zum Beispiel werden Früchte, Gemüse, Getreide und viele andere Produkte so sterilisiert. In den USA dürfen unter anderem Schweinehälften zur Bekämpfung von Trichinen bestrahlt werden.

Deutschland läßt auf seinem Markt keine bestrahlten Lebensmittel zu. Es könnte deshalb jedoch vor die WTO zitiert werden, weil es zwar sein eigenes Verbot aufrechterhalten, nicht aber Importe von bestrahlten Lebensmitteln aus anderen GATT-Staaten untersagen darf. Wenn zum Beispiel ein anderes europäisches Land in dem Bestrahlungsverbot ein Handelshemmnis für seine eigenen Produkte sieht, müßte die Bundesrepublik das Importverbot zurückziehen oder den »Kläger« entschädigen.

Wie entstehen die international verbindlichen Standards? Die Länder schicken beliebig viele Teilnehmer zu den verschiedensten Ausschüssen, etwa zur Kennzeichnung von Eßwaren, zu Analyse- und Probennahmemethoden, zu Rückständen von Tierarzneimitteln oder zu diätetischen Lebensmitteln. Die Regierungsvertreter werden von Beratern begleitet – Wissenschaftlern, Beamten, Angehörigen der Industrie- und Handelskammern oder der Industrie. Konsumentenschützer sind in dieser Gruppe deutlich unterrepräsentiert. Sie müssen außerdem einer Organisation angehören, die von den Vereinten Nationen als Nichtregierungsorganisation (NGO) anerkannt ist. Und nur ein einziger Regierungsvertreter der gesamten Gruppe hat Stimmrecht. Die Detailarbeit erledigen Komitees wie »Fette und Öle«, »Zucker«, »Suppen und Brühen« oder »Mineralwasser«, wo die Regierungsvertreter von Wissenschaftlern beraten werden, die den international anerkannten Stand der Forschung repräsentieren sollen. Alle zwei Jahre tagt eine Vollversammlung in Rom oder Genf. Dort wird dann endgültig entschieden, was zum Beispiel »Emmentaler Käse« ist.

Das britische »Consumers Network in Trade« analysierte, wer bei den Fachausschüssen und Vollversammlungen präsent ist. Es bestätigte, daß zwischen privater Industrie und Verbraucherverbänden ein krasses Mißverhältnis besteht. Die Industrie war in 34 Länderdelegationen vertreten, NGOs dagegen nur in drei (USA, Kanada, Niederlande). 448 Delegierten der privaten Wirtschaft standen in einer Sitzungsperiode acht NGO-Vertreter gegenüber. Die Zahl der transnationalen Konzerne war mit 108 sogar höher als die Summe der repräsentierten Staaten (105).

Die meisten Industrievertreter, so ergab die Analyse, schickte die Schweiz. Nestlé, Nestec, Migros, Hoffmann La Roche, Sandoz und andere stellten 61 Prozent ihrer Länderdelegation. Bei den USA lag der Anteil von Firmen wie Kraft, Dupont, Monsanto, Coca Cola, Merck bei 49 Prozent, dann kam Japan mit 41 Prozent (Mitsubishi, Nippon Soda, Hokko Chemical, SDS Biotech, Kumiai Chemical). Die deutsche Industrie (BASF, Bayer, Hoechst, Maizena, Südzucker, Coca Cola) stellte 34 Prozent der Gruppe. Völlig unterrepräsentiert waren die Entwicklungsländer.

Nach Meinung der Verbraucherorganisationen ist das ein unerträglicher Zustand. Gremien, die derart unter dem Einfluß der privaten Wirtschaft stünden, dürften nicht als »wissenschaftliches Standardisierungsorgan« fungieren. »Dieses Mißverhältnis hat sich bis heute nicht verändert«, klagt Angelika Michel-Drees, Verbraucherschützerin bei der Arbeitsgemeinschaft der Verbraucherverbände. Auch Hans Hauser, Referent des Bundesministeriums für Gesundheit, bestätigt, daß »die Industrie eindeutig dominiert«.

Auf der letzten Codex-Vollversammlung Anfang Juli 1995 in Rom wurde in geheimer Abstimmung entschieden, künftig bestimmte Hormone in der Tiermast zuzulassen. Der Beschluß kam auf Druck der Amerikaner mit einer knappen Mehrheit von 33 Mitgliedsstaaten (29 Gegenstimmen, 7 Enthaltungen) zustande. Für zwei synthetische Hormone legte die Codex-Kommission Grenzwerte fest, drei weitere »natürliche« Hormone wurden ohne Mengenbeschränkung freigegeben. Die Begründung: Es sei »wissenschaftlich bewiesen«, daß diese Hormone bei normalem Fleischverzehr gesundheitlich unbedenklich wären. »Das ist grotesk«, empört sich Verbraucherschützer Ernst-Michael Epstein von der Arbeitgemeinschaft der Verbraucherverbände (AgV), »daß 33 Länder entscheiden, was die ganze Welt zu essen hat«.

Der europäische Agrarkommissar Franz Fischler kündigte an, weiter an dem Hormonverbot festhalten zu wollen, und bezweifelte offen die Unabhängigkeit der Codex-Delegierten: »Ich bin überzeugt, daß eine Entscheidung von solcher Tragweite nur das Vertrauen der Verbraucher untergraben kann, wenn sie durch geheime Abstimmung in einer Organisation erfolgt, in der der Einfluß der Agrarindustrie weit größer ist als der von Verbraucherverbänden.«

Das europäische Hormonverbot kollidiert nun mit den internationalen Codex-Standards. Wenn die US-Regierung ihre Drohung wahrmacht und die Europäer vor das Schiedsgericht der WTO bringt, müßten diese »wissenschaftlich fundiert« beweisen, daß das Import-Fleisch die Gesundheit der Verbraucher schädigt.

Um die europäische Position mit wissenschaftlichen Argumenten zu unterfüttern, berief Fischler Ende 1995 eine internationale Konferenz »über den Einsatz von Wachstumsförderern in der Tiermast« ein. Das Ergebnis traf nicht die Erwartungen der Hormon-Kritiker: Die rund 90 vertretenen Wissenschaftler kamen zu dem Schluß, daß der Einsatz von natürlichen und bestimmten synthetischen Hormonen keine Gesundheitsgefährdung für Mensch und Tier darstelle.

Das Europäische Parlament forderte eine zweite Konferenz. Dort sollte nicht mehr über die Gesundheit, sondern über Verbrauchermeinung, Fleischqualität, Tierschutz, Marktentwicklung und Agrarstruktur gesprochen werden. An dieser Debatte sollten nun auch Produzenten, Konsumenten, Umweltvereinigungen, Dritte-Welt-Organisationen und landwirtschaftliche Verbände teilnehmen. Schließlich seien diese wichtigen sozioökonomischen, kulturellen und ökologischen Faktoren im europäischen Lebensmittelrecht verankert und müßten entsprechend berücksichtigt werden.

Auch Agrarkommissar Fischler ist der Ansicht, daß bei solchen politischen Entscheidungen wie der Hormonfrage neben gesundheitlichen Gesichtspunkten auch andere Faktoren, wie die Meinung der Öffentlichkeit, der Standpunkt des Europäischen Parlaments oder die Folgen für die europäische Landwirtschaft berücksichtigt werden müßten. Er befürchtet auch, daß der Verbraucher bei einer europaweiten Genehmigung der Hormonmast noch weniger Rindfleisch essen und der Verzehr um 20 bis 30 Prozent zurückgehen würde. Gleichzeitig stiege die Produktion jedoch um etwa 10 Prozent – ein Anwachsen der EU-Überschüsse um weitere zwei Millionen Tonnen.

Die Amerikaner zeigten sich wenig beeindruckt von den Sorgen der Europäer. US-Landwirtschaftsminister Dan Glickman unterstrich »die Entschlossenheit der Regierung der Vereinigten Staaten, diese ungerechte Handelspraxis zu beenden und den Zugang der amerikanischen Fleischexporte zu diesem wichtigen Markt wieder herzustellen«. Seine Gefühlslage beschrieb er mit »Frust, weil die Beweise dafür, daß der zweckmäßige Einsatz dieser Hormone für die menschliche Gesundheit keinerlei Gefahr in sich birgt, erdrückend sind [...]. Resignation, weil die Regierung der Vereinigten Staaten und die amerikanischen Fleischerzeuger ziemlich lange gewartet haben. Und Entschlossenheit, weil die amerikanische Haltung die richtige ist – sie wurde vielfach wissenschaftlich gestützt.«

Stuart Eizenstat, damals US-Botschafter in Brüssel, sagte: »Wenn die öffentliche Hand es nicht tut, dann müssen andere den europäischen Verbrauchern sagen, daß diese Produkte völlig unschädlich sind.« Den Einwand, die öffentliche Meinung sei dagegen, könne er nicht akzeptieren. Nicht die Regierenden, sondern die Verbraucher selbst sollten entscheiden, was sie essen wollten.

Dazu müßten sie aber auch entsprechend informiert werden, zum Beispiel durch eine Kennzeichnung. Die lehnen die USA aber entschieden ab. Eizenstat erklärte, diese würde nur Zweifel bei dem Verbraucher über die Unschädlichkeit der Produkte nähren.

Auch in der Gentechnik sind die Amerikaner gegen eine Kennzeichnung. Zum Beispiel bei rBST (recombined Bovine Somatotropin), einem gentechnisch hergestellten Wachstumshormon, das bei Kühen zur Steigerung der Milchleistung eingesetzt wird. Wegen massiver Verbraucherkritik kennzeichneten einige Milchproduzenten und Lebensmittelketten in den USA ihre Produkte als »rBST-frei«. Prompt wurde ihnen das vom rBST-Hersteller Monsanto gerichtlich untersagt. Eine solche Kennzeichnung suggeriere dem Verbraucher, daß die anderen Produkte schlechter und möglicherweise gefährlich sind.

Der Hormonstreit zwischen den USA und Europa ist noch nicht entschieden. Mitte 1996 hob die US-Regierung ihre Vergeltungsmaßnahmen auf, und ein Blick in die europäische Einfuhrstatistik zeigt, daß auch der Handel mit US-Rindfleisch (frisch oder tiefgefroren) wieder zugenommen hat. Agrarkommissar Franz Fischler führt das auf den Erfolg der EG/US-Task Force zurück, »einschließlich der Erstellung eines Verzeichnisses von hormonfrei produzierenden Betrieben«.

Die Auseinandersetzungen der Mitgliedsstaaten des Codex spiegeln die politischen Kräfteverhältnisse wider. Das Niveau des Verbraucherschutzes ist vergleichbar mit dem der USA oder Australiens und damit bedeutend niedriger als beispielsweise in Skandinavien, Österreich, Dänemark oder Deutschland. So legt der Codex Grenzwerte für Lebensmittelzusatzstoffe fest (erlaubt sie also bis zu einem gewissen Grad), die in einigen Mitgliedsländern ganz verboten sind und schwächt festgesetzte Grenzwerte ab. In Deutschland zum Beispiel gilt für Rückstände von Pflanzenschutzmitteln in Babynahrung ein Grenzwert, der praktisch bei Null liegt (0,01 Milligramm pro Kilogramm). Wenn nun Spanien, wie 1994 geschehen, Babynahrung mit höheren Pestizidwerten nach Deutschland exportiert, dann kann sich das Land dabei auf den international anerkannten Grenzwert von 0,4 Milligramm pro Kilogramm berufen.

Die Wissenschaft erhält in der Codex-Kommission »sowohl rechtsetzende als auch rechtsprechende Funktion«, so Landwirtschafts-Experte Buntzel. Sie soll Objektivität garantieren. Doch was dabei zählt, ist die wissenschaftliche Mehrheitsmeinung. Alles, was außerhalb dieses Konsenses steht, gilt als »unwissenschaftlich«. Diese Auffassung ist problematisch, denn Wissenschaft zeichnet sich ja gerade nicht durch übereinstimmende Auffassungen, sondern durch den ständigen Diskurs unterschiedlicher Lehrmeinungen aus. Auch hatte zum Beispiel die Umweltbewegung in Deutschland nur deshalb Erfolge, weil es einzelne Wissenschaftler wagten, aus dem Konsens der Experten auszubrechen und ungewohnte Fragestellungen zu thematisieren, was schließlich auch Verbote als gefährlich erkannter Stoffe nach sich zog.

Der Codex jedoch geht davon aus, daß es in den meisten Fällen einen eindeutigen wissenschaftlichen Konsens gibt. Nur in Ausnahmefällen, so wird angenommen, seien die »wissenschaftlichen Beweise unzureichend«. Angesichts der Schnelligkeit, mit der neue Chemikalien, zum Beispiel Pflanzenschutzmittel oder künstliche Zusatzstoffe für Lebensmittel, auf den Markt kommen, ist diese Vorstellung mehr als naiv. »Experten schätzen, daß nur fünf bis zehn Prozent aller Substanzen mit ihren wichtigsten Synergismen und Abbauprodukten überhaupt erst untersucht wurden«, kritisiert Buntzel. »Wenn man dann noch bedenkt, wie kompliziert es ist, die unterschiedlichen Standards zum Beispiel der Meßverfahren miteinander zu vergleichen, kann man nur zu dem Schluß kommen, daß der wissenschaftliche Konsens eine Illusion ist.«

So ist zum Beispiel sehr schwierig, die Schädlichkeit bestimmter Chemikalien wissenschaftlich einwandfrei nachzuweisen. Die Vorgänge in der Natur sind zu komplex, als daß sie im Experiment zweifelsfrei nachgebildet werden könnten. So streiten sich internationale Experten noch immer über die Rolle von Pestiziden im Grundwasser und ihre Folgen für die Nahrung, über die Wirkung von Vitaminen oder auch das allergische Potential von gentechnisch veränderten Sojabohnen. Und selbst, wenn es der Wissenschaft gelingt, die Auswirkungen bestimmter Substanzen zu beschreiben, ist damit noch nichts darüber ausgesagt, welches Risiko die Gesellschaft bereit ist zu akzeptieren. Keine Methode der Welt kann objektiv feststellen, ob gesundheitlichen Risiken tolerierbar sind, wenn mit einem bestimmten Produkt wirtschaftliche Vorteile erkämpft werden sollen.

Genau diese Objektivität aber verlangt der Codex von der Wissenschaft. Ein Beispiel: Nach deutschem Recht muß, wenn Pflanzenschutzmittel zugelassen werden, bei der Errechnung der erlaubten Belastung für den Menschen ein Sicherheitsfaktor einkalkuliert werden. Der Codex aber verlangt, diesen Faktor einer »Kosten-Nutzen-Abwägung« unterzuordnen. Je höher der wirtschaftliche Nutzen ist, desto höhere Risiken könnten auf diese Weise in Kauf genommen werden. »Spätestens an diesem Punkt«, sagt Buntzel, »kommt die angeblich so objektive Wissenschaft nicht mehr um eine subjektiv wertende Aussage herum. Es gibt keine wissenschaftliche Autorität, die weiser ist als alle Parlamente der Welt – obwohl der ganze Entscheidungsmechanismus des Codex auf dieser Annahme beruht.«

Der Codex unterstellt auch, daß das, was erfunden wurde und einen gewissen wirtschaftlichen Nutzen hat, auch zugelassen werden soll. Die Frage, ob diese Produkte überhaupt notwendig sind, spielt dabei keine Rolle. Ist das künstliche Himbeeraroma im Joghurt – mit ungeklärtem gesundheitlichen Risiko – wirklich nötig? Werden Hormone in der Tiermast gebraucht? Müssen Soja-Bohnen gentechnisch verändert werden? Wer nach dem Sinn von »Innovationen« fragt, kommt in Argumentationszwang. Er muß immer einen Weg suchen, mit dem gesundheitlichen Risiko zu argumentieren.

Der Politologe Erik Millstone vom Science Policy Research Centre der Universität Sussex fordert andere Bewertungskriterien. Am Beispiel der Entscheidung der CAK-Ausschüsse für Lebensmittelzusatzstoffe stellte er fest, daß die wissenschaftlichen Daten, auf die sich die Delegierten bei ihrer Beurteilung der gesundheitlichen Folgen bezogen, unvollständig und schwer interpretierbar waren. Sein Fazit: »Wissenschaftliche Beobachtungen allein reichen niemals als Grundlage aus. Soziale und politische Kriterien müßten mehr ins Gewicht fallen.« Dazu gehören wirtschaftliche Folgen, ethische Gesichtspunkte oder Umweltschutz.

Sharon Dee von »Consumers International«, dem weltweiten Dachverband der Verbraucherverbände, meint: »Ohne die Beteiligung von Konsumentenverbänden spiegeln die Lebensmittelnormen nur die Interessen der Industrie wider, nicht aber das Gesundheits- und Sicherheitsbedürfnis der Öffentlichkeit.«

Anfang der 90er Jahre wurde diskutiert, zumindest bei den nationalen Sitzungen, auf denen sich die Delegierten für ihre Teilnahme an den Codex-Tagungen vorbereiteten, eine gewisse Parität einzuführen: Die Meinungen der Verbraucher, des Handels und der Industrie sollten dort in gleichem Maße berücksichtigt werden. Auf internationaler Ebene wollten die Konsumentenverbände dann nicht nur als »Berater«, sondern als Teil der offiziellen Regierungsdelegation auftreten. Eine entsprechende Empfehlung wurde 1991 auf einer Konferenz von WHO und FAO verabschiedet und in einigen Ländern, zum Beispiel England, den Niederlanden und in Deutschland, auch weitgehend verwirklicht.

Ernst-Michael Epstein von der deutschen Arbeitsgemeinschaft der Verbraucherverbände (AgV) bestätigt, daß die Konsumentenvertreter zu den nationalen Vorbereitungstreffen eingeladen werden und Zugang zu den Codex-Dokumenten haben. Sie können sich auch an den internationalen Konferenzen beteiligen. »Es fehlt allein an Geld«, sagt Epstein, »die Finanzen sind unser größtes Problem.« Allein die Vorbereitung der Codex-Sitzung erfordert fundiertes Wissen und Kompetenz. Das übersteigt die personellen und finanziellen Möglichkeiten der Verbände. Das betrifft auch die Entwicklungsländer, die in den Codex-Ausschüssen chronisch unterrepräsentiert sind.

In Deutschland, berichtet Epstein, gibt es seit 1995 eine Codex-Arbeitsgruppe. Rund 15 Personen aus unterschiedlichen Verbänden, darunter BUND, Verbraucherinitiative Bonn und die Arbeitsgemeinschaft Ökologischer Landbau, bringen ihre Fachkenntnisse zu den unterschiedlichen Codex-Themen ein und halten auf internationaler Ebene engen Kontakt mit dem Dachverband Consumers International. Die Verbraucherverbände wollen durchsetzen, daß FAO und WHO wenigstens die Reise- und Verwaltungskosten übernehmen. Hans Hauser, Codex-Experte beim Gesundheitsministerium, weiß aus Erfahrung, wie wichtig persönliche Anwesenheit für die Verbrauchervertreter ist. Nur auf den Codex-Sitzungen können Standpunkte klargelegt werden, »Stellungnahmen auf Papier reichen nicht aus. Die gehen in der Flut der Dokumente einfach unter.«

Die chronische Finanznot bei den Verbraucherverbänden wird sich sogar noch verschärfen. Stellenabbau droht. Denn die Bundesregierung hat im Oktober 1996 angekündigt, die Finanzmittel für Verbraucheraufklärung zu kürzen.

Wo der Staat sich zurückzieht, setzt die Industrie nach. Sie kreiert eine neue Generation von Verbraucheraufklärern, zum Beispiel die Consumers For Health Choice (Verbraucher Wahlfreiheit für Gesundheit). Dieser Zusammenschluß aus Firmen des Gesundheits-Business, aus Umweltmedizinern und Heilpraktikern, Nahrungsmittelfirmen und einzelnen Prominenten wurde 1995 gegründet und ist außer in Deutschland in mindestens fünf anderen europäischen Ländern aktiv. Sein Ziel ist es, den Handel mit Nahrungsergänzungsmitteln (Vitaminen, Spurenelementen oder Wirkstoffen wie dem Hormon Melatonin) in der EU voranzutreiben und gegen Einschränkungen zu verteidigen. Dahinter verbirgt sich ein lukrativer Markt für viele der Beteiligten, obwohl die Organisation behauptet, vor allem für »das Recht der Verbraucher, Nahrungsergänzungsmittel zu erwerben« einzutreten.

Wer bestimmt also, was als Essen auf unserem Tisch landet? Nationale Standards dienten in der Vergangenheit nicht nur dem Verbraucherschutz, sondern sollten vor allem auch den einheimischen Markt gegenüber ungeliebter ausländischer Konkurrenz abschotten. Heute werden sie überlagert von europäischem Recht, das sich wiederum an internationalen Standards orientiert. Der Codex alimentarius setzt nun weltweite Normen auf der Basis von Erkenntnissen, die dem »anerkannten Stand wissenschaftlicher Forschung« entsprechen sollen.

Nationalen wie internationalen Standards liegt ein Wissenschaftsverständnis zugrunde, das irreal ist. Es gibt weder »objektive« Erkenntnisse, noch können Risiken durch den Verzehr eines Lebensmittels »eindeutig« ausgeschlossen werden. Dies gilt in besonderem Maße für neue Technologien wie die Genmanipulation oder neuartige Lebensmittel, deren tatsächliche Auswirkungen sich erst nach einer längeren Periode ihrer An- oder Verwendung erweisen werden. Wissenschaft dient oft, so zeigt sich, als Vorwand, um politische oder wirtschaftliche Interessen zu verschleiern.

Essen hat jedoch weit mehr als nur wirtschaftliche oder gesundheitliche Aspekte. Es hat ethische, religiöse, soziale, kulturelle und geschichtliche Wurzeln. Nahrung kann deshalb nicht »objektiv« betrachtet werden. Sie müßte statt dessen Gegenstand eines kontroversen Diskurses sein, der konkurrierenden Interessen Raum gibt.

Ein Beispiel, wie so etwas international organisiert werden könnte, gibt die Freihandelszone zwischen Mexiko, Kanada und den USA – die NAFTA. Im Falle eines Handelskonflikts wegen unterschiedlicher Standards (in diesem Fall im Bereich Umweltschutz) gehen auch kontroverse wissenschaftliche Meinungen in die Diskussion ein. Herausragende internationale Abkommen wie zum Beispiel das Washingtoner Artenschutzabkommen haben Vorrang vor den NAFTA-Bestimmungen. Außerdem ist die Beweislast im Falle von Handelskonflikten umgekehrt: Nicht derjenige, der höhere Standards halten möchte, muß die Notwendigkeit dazu beweisen, sondern derjenige, der sie herabsetzen will.

Die NAFTA strebt bei der Harmonisierung ihrer Wirtschaftsbeziehungen ein hohes Schutzniveau der Umwelt an. Analog dazu könnte für die Beratungen der Codex-Kommission der Verbraucherschutz an erster Stelle stehen. Dazu aber müßten Konsumentenschützer sowie andere Vertreter der gesellschaftlichen Gruppen in stärkerem Maße an den Entscheidungen beteiligt werden.

Was tun?
ODER Die Macht des Konsumenten

»Der Binnenmarkt (bringt) den Verbrauchern viele Vorteile, auch wenn sie bei seiner Ausgestaltung noch nicht berücksichtigt wurden.«
(Zitat aus einer Stellungnahme des Wirtschafts- und Sozialausschusses der Europäischen Union, November 1995).

Die europäischen Politiker haben die Verbraucher lange Zeit nicht ernst genommen. Das rächt sich nun. Denn die Konsumenten wehren sich: Sie lehnen zum Beispiel – trotz zahlreicher »vertrauensbildender Maßnahmen« der Politik und der Lebensmittelhändler – Rindfleisch weiterhin ab. Und nicht nur das: Weil Hormon- und Medikamentenskandale ihnen auch den Appetit auf andere Fleischsorten verdorben haben, verzichten viele Menschen ganz. Jeder Deutsche verzehrt heute, statistisch gesehen, 40 Prozent weniger Fleisch als 1988, das sind 42 Kilogramm. In den anderen Mitgliedsstaaten der Europäischen Union sieht es ähnlich aus. Jedes Kilogramm nicht gekauftes Fleisch hat enormes wirtschaftliches und politisches Gewicht.

Die Fast-Food-Ketten sehen sich gezwungen, Burger aus Getreide und Gemüse in ihr Sortiment aufzunehmen: Über die Hälfte der befragten Kunden wünschte sich einen fleischfreien Bratling. EU-Agrarkommissar Franz Fischler wagte im Herbst 1996 den bis dahin in der offiziellen Landwirtschaftspolitik undenkbaren Vorschlag, die gesamte Rindermast zu extensivieren – also weniger Tiere zu halten, dafür aber gesünder und artgerecht. Noch sträuben sich einige Länder, besonders Deutschland. Doch ein solcher Schritt wird unausweichlich sein. Denn der hohe Verzehr an Rindfleisch wird nie wieder erreicht werden – das wissen Fleischindustrie, Bauernvertretungen und Politiker.

Die Nachfragemacht des Konsumenten, der gerade in Zeiten wirtschaftlicher Rezession heftig umworben wird, könnte ihn wieder zum »König« machen. Seine Entscheidungsmacht ist gefürchtet. Warum reagieren Bauernfunktionäre empfindlich, wenn beispielsweise eine Studie des katholischen Hilfswerks Misereor zu maßvollem Fleischkonsum aufruft? Weil sie um die Existenz ihrer Klientel, der Massentierhalter, bangen. Warum hat die EU-Kommission gentechnisch manipulierten Mais monatelang illegal nach Europa einführen lassen? Weil sie den Widerstand von Bürgerinitiativen und Verbraucherverbänden fürchtete. Und wieso geriet die europäische Novel-Food-Verordnung zu einem faulen Kompromiß, der rund 80 Prozent gentechnisch veränderter Lebensmittel von der Kennzeichnung befreit? Weil die Politiker und Gentechnik-Industrie wissen: Der Konsument will solche Produkte nicht. Deshalb stellen sich auch einige der großen Handelsketten auf die Seite ihrer Kunden und fordern von ihren Lieferanten die Zusicherung, gentechnikfreie Waren zu liefern.

Es lohnt sich also für den Verbraucher, das Terrain nicht kampflos aufzugeben. Jeder Griff ins Regal ist eine Entscheidung, die enorme wirtschaftliche Folgen hat. Das zeigt das Beispiel der österreichischen Billa-Merkur-Handelskette, die erfolgreich Öko-Produkte im Supermarkt anbietet. Oder des Multis Nestlé, der als Folge des BSE-Skandals bekanntgab, aus dem Geschäft mit Billig-Frischfleisch auszusteigen, weil ihm die wirtschaftlichen Risiken zu groß sind. Die Schweizer Einkaufskette Migros verspricht ihren Kunden, freiwillig sämtliche gentechnisch beeinflußten Waren zu kennzeichnen.

Natürlich ist bewußt einkaufen nicht immer einfach. Die Äpfel aus Neuseeland liegenlassen, keine denaturierten »Light«-Produkte aus der Kühltheke kaufen, die Dritte Welt nicht benachteiligen, gentechnisch verändertes Soja meiden – manch ein Konsument hat nach wenigen Wochen »politisch korrekten« Verhaltens im Supermarkt frustriert das Handtuch geworfen.

Die Dynamik des globalen Marktes stellt außerdem unsere Vorstellungen von »Frische«, »Qualität« oder »Natürlichkeit« auf den Kopf: Biokost im Supermarkt, Tütensuppen aus dem Reformhaus, Gentechnik im Ökoladen – nichts stimmt mehr in der neuen Warenwelt.

Doch im Schatten der Einheitslandschaft von industriell erzeugten und weltweit vertriebenen Fertigprodukten wachsen die Alternativen: Die Zahl der ökologisch produzierenden Landwirte steigt, manche liefern ihr Fleisch, Obst und Gemüse bereits bis an die Haustür. Food-Kooperativen verkaufen ökologische Produkte zu erschwinglichen Preisen, auch Wochenmärkte erfreuen sich zunehmender Beliebtheit. An

Autobahnraststätten werden Öko-Produkte und solche aus regionalem Anbau angeboten, Prestigeunternehmen wie Lufthansa locken mit Öko-Mahlzeiten an Bord einiger Maschinen, und die Küchenchefs in den Gourmettempeln setzen auf Spezialitäten der regionalen Küche.

Jeder – ob Reformköstler, Hausfrau, Restaurantgast oder Fast-Food-Esser – kann das Angebot an Nahrungsmitteln verändern, wenn er konsequent und unbeirrt mehr Qualität verlangt. Damit bestimmt er gleichzeitig über weit mehr als nur seinen eigenen Speiseplan: Er kann damit Umweltbelastungen durch überflüssige Transporte verringern, aberwitzige Subventionen reduzieren und zum Tierschutz beitragen. Essen ist Politik. Die Politiker bestimmen darüber, was auf unseren Tisch kommt. Aber wir bestimmen darüber, wer Politiker wird.

Allerdings wird es angesichts der globalen ökonomischen Vernetzung immer schwieriger, Verantwortliche für die Dynamik des Wandels festzumachen. Wichtige Verbraucherrechte werden unter Berufung auf wirtschaftliche Notwendigkeiten wegrationalisiert, ebenso wie soziale Standards und Umweltschutz. Politische Reformen sind deshalb dringend notwendig.

Verbraucherrecht: Sechs Ideen für politisches Handeln

Idee 1: Ein internationales Verbraucherschutzabkommen

Die »Charta der Konsumentenrechte« der Vereinten Nationen, die seit mehr als zehn Jahren existiert, nennt zwar wesentliche Verbrauchergrundrechte wie zum Beispiel Schutz der Gesundheit oder Wiedergutmachung von Schadensfällen. Sie ist aber in keiner Weise verbindlich, sondern hat nur empfehlenden Charakter. Wenn sie jedoch als internationales Verbraucherschutzabkommen bei der Welthandelsorganisation (WTO) verankert würde, müßte diese bei Handelskonflikten den Konsumentenschutz umfassend berücksichtigen. Ein Beispiel: Falls der Konflikt um die Einfuhr von genmanipuliertem Mais zum Entscheid vor die WTO käme, müßte sie überprüfen: Ist die Gesundheit des Konsumenten gefährdet? Wird sein Recht auf Information (Kennzeichnung) gewahrt? Welche Auswirkungen hat die Manipulation auf die Struktur der Landwirtschaft, auf Natur- und Artenschutz? Gibt es mögliche Risiken für die Zukunft?

Idee 2: Die Europäische Union als Anwalt der Verbraucher

Die nächste GATT-Runde, die im Jahre 2000 beginnt, bietet die Möglichkeit für die Europäische Union, ihre wirtschaftliche Macht für eine nachhaltige und ökologische Landwirtschaft einzusetzen. Im Rahmen dieser Verhandlungen könnte sie umstrittene Technologien, wie etwa den Einsatz von Hormonen in der Tiermast oder Gentechnik bei Nahrungsmittel ablehnen oder zumindest kritisch einschränken.

Wesentlich für den Schutz der Verbraucher ist ein internationales Gremium, die Codex-Alimentarius-Kommission. Sie trifft wichtige Entscheidungen über die Qualität unserer Lebensmittel, etwa über Schadstoffgehalt und die Verwendung von Zusatzstoffen. In diesem wichtigen Gremium ist die Europäische Union jedoch nicht vollwertiges Mitglied, nur einzelne EU-Länder. Mit geballter politischer Kraft aber könnte die Europäische Union sich dort im Interesse der Verbraucher für Reformen einsetzen. Ein Beispiel: Bei der Festlegung international gültiger Standards sollt nicht länger ein dubioser »anerkannter wissenschaftlicher Konsens« gelten (der im Zweifel den Konsumenten ein höheres Risiko zumutet), sondern auch kontroverse Expertenmeinungen berücksichtigt werden. Höhere Umwelt- und Verbraucherschutzbestimmungen könnten durch die Umkehr der Beweislast erhalten bleiben: Nicht das Land mit den höheren Umwelt- und Verbraucherschutzstandards muß diese verteidigen, sondern umgekehrt muß der Handelspartner, der sie abschwächen will, beweisen, daß dies keine negativen Folgen hat.

Idee 3: Verbessertes Kartellrecht

Bauernverbände wie Nahrungsmittelindustrie beklagen gleichermaßen die erdrückende Konzentration im Lebensmittelhandel. Sie fördert monopolistische Strukturen, lähmt den Wettbewerb und führt – besonders in ländlichen Regionen – zu Versorgungslücken. Deshalb wird die Kritik am derzeitigen Kartellrecht immer lauter. Die Kriterien, nach denen Marktbeherrschung im Handel beurteilt werden, müssen überprüft und verschärft werden.

Idee 4: Demokratisierung der Europäischen Union

Wie einseitig politische Entscheidungen in der Europäischen Union gefällt werden, zeigte die BSE-Krise. Der Bericht des parlamentarischen Untersuchungsausschusses kritisierte, daß (lebens)wichtige Entscheidungen unter Ausschluß der Öffentlichkeit getroffen wurden und wirtschaftliche Interessen vor denen der Verbraucher rangierten. Das verdeutlicht auch ein generelles Demokratiedefizit der Europäischen Union: Der Ministerrat als gesetzgebendes Organ wird unzureichend kontrolliert. Die Kommission, die Gesetze ausarbeitet und vorschlägt, wird von den Regierungen besetzt und nicht von den Volksvertretern im Parlament gewählt. Das schließt wichtige gesellschaftliche Gruppen wie die der Konsumentenschützer von der Mitsprache aus – bereits im Vorfeld der Gesetzesarbeit in den entscheidenden Ausschüssen.

Da das Europäische Parlament das einzige Gremium ist, das demokratisch gewählt wurde, müssen seine Rechte gestärkt werden. Das betrifft zum Beispiel die Landwirtschaftspolitik, zu der das Parlament bisher nicht einmal angehört werden muß, obwohl dieses Thema hohe Relevanz für den Verbraucher hat. Zu mehr Transparenz der europäischen Politik trägt bei, wenn die nationalen Parlamente wichtige EU-Gesetzesentwürfe öffentlich debattieren – wie das zum Beispiel bei der Bioethik-Konvention der Fall war.

Idee 5: Abbau der Subventionen

Die Subventionspolitik hat zu einem verschwenderischen Umgang mit Steuergeldern geführt, unter anderem, weil die Regierungen nationale Interessen vor europäischen Gemeinsinn stellen. Wenn die EU-Kassen nicht länger das Ziel von Abzockern und Betrügern sein sollen, müssen die Ziele der Subventionspolitik genauer und vor allem auf der Basis eines breiteren gesellschaftlichen Konsenses definiert werden. Dazu muß das Europäische Parlament mehr Mitentscheidungsrecht erhalten. Subventionen, die dem Schutz der Verbraucher zuwiderlaufen oder Umwelt- und Tierschutz widersprechen, müssen im Rahmen einer Verbandsklage von Verbraucher- und Umweltverbänden anfechtbar werden. So gibt es zum Beispiel kein überzeugendes Argument, ausgerechnet den Transport von lebenden Tieren mit Exporthilfen zu fördern. Wenn schon Subventionen notwendig scheinen, muß ihre Basis grundsätzlich eine umweltfreundliche Landwirtschaft sein.

Idee 6: Stärkung der Verbraucherinformation

Die an den Standards des Welthandels orientierte europäische Lebensmittelpolitik setzt einen mündigen Verbraucher voraus, dem in

Zukunft mehr eigene Entscheidungen abverlangt werden. Um diese auch treffen zu können, müssen Nahrungsmittel ausreichend und verständlich gekennzeichnet werden. Eine weitere Idee ist, die Grundlagen der modernen Ernährung – Genmanipulationen, Biotechnologie und industrielle Fertigung von Lebensmitteln – zum Unterrichtsfach in Schulen zu machen.

Einkaufen: Sechs Tips für individuelles Handeln

Tip 1: Vertrauen Sie Ihrem eigenen Geschmack!

Der ist zwar leicht zu verführen, aber nicht lange zu täuschen: Synthetische Aromen, zeigt die Forschung, haben nur kurzen Bestand vor unseren empfindlichen Sinnen. Sie müssen einander ständig abwechseln, um unsere Geschmacksnerven in Bann zu halten. Doch unverfälschte Gerüche und Aromen gewinnen rasch wieder die Oberhand, wenn man sie zuläßt.

Tip 2: Kaufen Sie möglichst viel Frisches und möglichst wenig Fertiges!

So banal dieser Rat klingt, so zeitlos gültig ist er doch: Wenn Sie frische Ware kaufen, ernähren Sie sich nicht nur gesünder, sondern Sie können auch leichter kontrollieren, woher die Produkte kommen. In Fertiggerichten verbergen sich nicht nur viele chemische Zusätze, sondern möglicherweise unerwünschte Bestandteile wie Gelatine oder Fleisch, über deren Herkunft Sie nicht informiert werden.

Wer regionale Produkte vorzieht, muß zwar kleine Konzessionen an das saisonale Angebot machen, bekommt dafür aber frischere Ware. Außerdem verringert er Umweltschäden durch lange Transportwege und die damit oft verbundenen aberwitzigen Subventionen.

Tip 3: Lassen Sie sich nicht täuschen!

Gutes Essen ist nicht billig, und viele Verbraucher müssen sparen. Doch wenn Sie die teuren, aber wertlosen Designprodukte wie Instantgetränke oder Snacks links liegenlassen, dann können Sie sich auch das tiefgefrorene Hähnchenschnitzel im Supersonderangebot »sparen« und sich statt dessen ein saftiges und aromatisches Stück Fleisch aus artgerechter Tierhaltung leisten.

Betrachten Sie die Werbung als das, was sie ist: nette Unterhaltung ohne allzu großen Wahrheitsgehalt. Auch wenn Kuchen »nach Großmutters Rezept gebacken« wird oder die Asia-Pfanne so »wie von Küchenchef Padang aus Bangkok« schmeckt – beides sind doch nur Instant-Produkte aus den Retorten der Lebensmittelindustrie. Nehmen Sie es auch gelassen, wenn Ihr selbstgemachter Braten nicht so formidabel aussieht wie der im Kochbuch: Food-Fotografen arbeiten mit vielen Tricks und müssen ihre wunderschönen, aber ungenießbaren Menüs nach getaner Arbeit wegwerfen.

▶ Tip 4: Entdecken Sie vitale Lebensmittel!

Die durch falsche Ernährung bedingten Krankheiten wie Darmkrebs, Allergien und Herz-Kreislauf-Schwächen haben nach Ansicht der Mediziner alarmierende Ausmaße erreicht. Diese Volkskrankheiten haben ihre Ursache auch darin, daß die meisten Menschen zu wenig frische und unverfälschte Nahrung zu sich nehmen. Fertigkost ist denaturiert, wichtige Inhaltsstoffe wurden ihr während der Verarbeitung entzogen und problematische Zusatzstoffe am Ende wieder beigefügt, um die Sinne des Verbrauchers über den Verlust hinwegzutäuschen. Angeblich gesunde »Ergänzungsmittel« wie Vitamine und Spurenelemente machen diese Defizite nicht wieder wett, sie dienen eher dazu, den Preis in die Höhe zu treiben. Auf die Gesundheit können sie sich sogar negativ auswirken, wenn die empfohlene Menge überschritten wird.

Wer unverfälschte Produkte ißt und selber kocht, kann sich nie so falsch ernähren wie mit einseitiger Industriekost: Die Natur bietet ein ausgewogenes Sortiment an Inhaltsstoffen und vitalen Energien. Diese lassen sich zum Beispiel durch physikalische Verfahren im Labor nachweisen: Schon ein Ei von freilaufenden Hennen hat eine deutlich andere Zellstrahlung als eines aus der Legebatterie. Unter den Bedingungen der Massentierhaltung dagegen leiden die Tiere unter Streß und müssen mit Hilfe vieler Medikamente wie zum Beispiel Antibiotika behandelt werden. Das verschlechtert die Fleischqualität und führt zu neuen gefährlichen Erregern in der Nahrungskette, zum Beispiel zu Salmonellen oder EHEC-Bakterien.

Tip 5: Kaufen Sie Produkte aus artgerechter Tierhaltung!

Man muß nicht Vegetarier werden, wenn es um den Tierschutz geht. Die Verfütterung von Tierkörpermehl an Wiederkäuer hat vielen Menschen bewußt gemacht, wie »wahnsinnig« die Methoden der Tiermast inzwischen sind. Doch die niedrigen Fleischpreise, die der Verbraucher gewohnt ist, sind ähnlich »verrückt«. Qualität kostet einen höheren Preis: Ein Bio-Schwein oder -Kalb großzuziehen, dauert mindestens doppelt so lange wie die Intensivmast; hinzu kommen die personalintensive Haltung und teureres Futter. Das gleiche gilt für alle anderen Tiere, auch für Hühner, denen am wenigsten Mitgefühl entgegengebracht wird und die doch unter den schlimmsten Bedingungen gehalten werden. Tierische Produkte sind besonders wertvoll. Wir können sie schätzen, ohne daß ihre »Lieferanten« wie industrielle Rohstoffe behandelt werden.

Tip 6: Nutzen Sie Ihre Macht als kritischer Verbraucher!

Die politischen Entscheidungen fangen im Laden um die Ecke an und reichen bis nach Brüssel. Fragen Sie Ihren Lebensmittelhändler gezielt nach Herkunft und Zusammensetzung einzelner Waren. Nutzen Sie die Verbraucherschutzorganisationen als Anlaufstelle für Informationen und Rechtsschutz. Verlangen Sie Engagement von Ihren regionalen Abgeordneten. Lassen Sie sich auch nicht schrecken von der Unübersichtlichkeit des Brüsseler Politdschungels! Dort gibt es Ansprechpartner, an die Sie sich jederzeit mit Fragen, Beschwerden oder Vorschlägen wenden können. Die »Generaldirektion Verbraucherpolitik« (siehe Info-Teil) ist für Ihre Anliegen zuständig.

Je nachdrücklicher und häufiger Verbraucher ihren Forderungen nach mehr demokratischer Kontrolle und politischer Mitsprache Ausdruck verleihen, desto größer ist auch die Chance, daß sie verwirklicht werden. Wer sich nicht wehrt, der ißt verkehrt.

Info-Teil

Bestrahlte Lebensmittel

Rund 40 Länder der Welt wenden die Bestrahlung von Lebensmitteln an. Sie verhindert u.a. das Auskeimen von Kartoffeln und Zwiebeln, sie reduziert schädliche Keime in Gewürzen, Garnelen und Geflügelfleisch, sie erhöht die Saftausbeute bei Obst und verlängert die Haltbarkeit bei Früchten. So behandelte Lebensmittel eignen sich besonders für weitere Transportstrecken und längere Lagerung.

Als Strahlenquellen werden hauptsächlich radioaktive Isotope wie Kobalt 60 und Cäsium 137 eingesetzt. Bei der Behandlung werden die Lebensmittel nicht radioaktiv.

Die Befürworter dieser Methode argumentieren mit dem Interesse des Verbrauchers: Er werde vor mikrobiellen Erkrankungen wie etwa durch Salmonellen geschützt. Verbraucherverbände dagegen kritisieren, daß dem Konsumenten auf diese Weise Frische nur vorgegaukelt wird oder bereits verdorbene Lebensmittel mit Hilfe der Bestrahlung wieder »verkehrsfähig« gemacht werden. So wurden bereits leicht verdorbene Garnelen aus England in Holland mit der Strahlenkanone wieder »aufgefrischt« und den britischen Konsumenten zum Kauf angeboten.

Ob der Verzehr bestrahlter Lebensmittel gesundheitliche Risiken birgt, ist umstritten und bisher nicht endgültig geklärt. Nachgewiesen ist jedoch, daß sich lebensnotwendige Inhaltsstoffe wie Fettsäuren und Proteine in den Nahrungsmitteln durch Bestrahlung schon bei niedrigen Dosen verändern. Außerdem gehen wertvolle Vitamine verloren, vor allem A, C, B1, B6 und B12. Bei Kartoffeln etwa werden – je nach Dosis – über 40 Prozent des Vitamin-C-Gehalts zerstört, bei Erdbeeren sind es 20 und bei Weintrauben bereits 60 Prozent. Zudem besteht der Verdacht, daß durch Bestrahlung eine hohe Anzahl neuer, zum Teil unbekannter chemischer Stoffe und reaktionsfreudige Radikale entstehen, deren Beteiligung bei der Entstehung von Krebs noch nicht geklärt ist. Da wird es zur Farce, wenn Ernährungsexperten Obst und Gemüse als vitaminreiche und gesunde Ernährung empfehlen.

Die europäischen Verbraucherverbände fordern ein Verbot der Bestrahlung von Lebensmitteln. Die EU-Kommission hat jedoch vorgeschlagen, für einige Lebensmittelgruppen diese Methode zuzulassen. Dazu gehören Garnelen, Trokkengemüse, getrocknete Kräuter und Gewürze sowie entbeintes Geflügel. Bislang konnten sich die Mitgliedsstaaten jedoch noch nicht einigen. Der wunde Punkt ist die Kennzeichnung. Sollen auch Lebensmittelzutaten wie zum Beispiel der bestrahlte Pfeffer in der Salami oder die Garnelen auf der Pizza für den Verbraucher kenntlich gemacht werden? Spanien und Italien meinen, wenn mehr als 25 Prozent der Inhaltsstoffe so behandelt wurden, müßten die Produkte einen entsprechenden Hinweis tragen. Luxemburg, Deutschland und Dänemark halten das schon bei einem halben Prozent Gewichtsanteil für notwendig. Eine endgültige Regelung steht zur Zeit noch aus.

Länder, die Lebensmittel bestrahlen

Land	Erzeugnis	Zweck der Bestrahlung	Datum/Art der Zulassung
Belgien	Erdbeeren	Haltbarkeit	16.7.1980/vorläufig
	Gewürze	Dekontaminiation	29.9.1983/vorläufig
	Gummi arabicum	Dekontamination	29.9.1983/vorläufig
	Kartoffeln	Keimhemmung	16.7.1980/vorläufig
	Knoblauch	Keimhemmung	16.10.1980/vorläufig
	Krabben	Dekontaminiation	30.11.1988/vorläufig
	Kräuter	Dekontamination	29.9.1993/vorläufig
	Kräutertees	Dekontaminiation	30.11.1988/vorläufig
	Schalotten	Keimhemmung	16.10.1980/vorläufig
	Zwiebeln	Keimhemmung	16.10.1980/vorläufig
Dänemark	Gewürze	Dekontamination	23.12.1985/uneingeschränkt
	Kräuter	Dekontamination	23.12.1985/uneingeschränkt
Finnland	Gewürze	Dekontamination	13.11.1987/uneingeschränkt
	Sterile Lebensmittel*	Sterilisation	13.11.1987/uneingeschränkt

Frankreich	Camembert	Dekontamination	23.3.1993/uneingeschränkt
	Eiprodukte	Desinfektion	1.10.1990/uneingeschränkt
	Erdbeeren	Haltbarkeit	29.12.1988/uneingeschränkt
	Froschschenkel	Dekontamination	3.5.1988/uneingeschränkt
	Geflügel	Dekontamination	1.9.1990/uneingeschränkt
	Geflügelfleisch (maschinell entbeint)	Dekontamination	6.2.1985/uneingeschränkt
	Geflügel zerkleinert	Dekontamination	27.8.1990/uneingeschränkt
	Gewürze	Dekontamination	10.2.1983/uneingeschränkt
	Gummi arabicum	Dekontamination	17.5.1985/uneingeschränkt
	Knoblauch	Keimhemmung	21.6.1984/uneingeschränkt
	Krabben	Dekontamination	2.10.1990/uneingeschränkt
	Kräuter	Dekontamination	15.5.1988/uneingeschränkt
	Müsliartige Cerealien	Dekontamination	17.5.1985/uneingeschränkt
	Reisgerichte	Dekontamination	13.11.1988/uneingeschränkt
	Reismehl	Dekontamination	4.11.1988/uneingeschränkt
	Rosinen	Dekontamination	17.7.1991/uneingeschränkt
	Schalotten	Keimhemmung	21.6.1984/uneingeschränkt
	Tierblut und -plasma	Dekontamination	19.11.1986/uneingeschränkt
	Trockengemüse und und -früchte	Entwesung	6.1.1988/uneingeschränkt
	Zwiebeln	Keimhemmung	21.6.1984/uneingeschränkt
Groß-britannien	Fisch und Muscheln	Sterilisation	1.1.1991/uneingeschränkt
	Früchte	Desinfektion	1.1.1991/uneingeschränkt
	Geflügel	Dekontamination	1.1.1991/uneingeschränkt
	Getreide	Desinfektion	1.1.1991/uneingeschränkt
	Gemüse	Dekontamination	1.1.1991/uneingeschränkt
	Gewürze	Dekontamination	1.1.1991/uneingeschränkt
	Sterile Lebensmittel*	Sterilisation	1.1.1991/uneingeschränkt
Italien	Kartoffeln	Keimhemmung	30.8.1973/uneingeschränkt
	Knoblauch	Keimhemmung	30.8.1973/uneingeschränkt
	Zwiebeln	Keimhemmung	30.8.1973/uneingeschränkt
Niederlande	Froschschenkel	Dekontamination	1.8.1992/uneingeschränkt
	Geflügel	Dekontamination	1.8.1992/uneingeschränkt
	Gewürze	Dekontamination	1.8.1992/uneingeschränkt

	Gummi arabicum	Dekontamination	1.8.1992/uneingeschränkt
	Hülsenfrüchte	Desinfektion	1.8.1992/uneingeschränkt
	Krabben	Dekontamination	1.8.1992/uneingeschränkt
	Kräuter	Dekontamination	1.8.1992/uneingeschränkt
	Sterile Lebensmittel*		
	Trockengemüse und -früchte	Desinfektion	1.8.1992/uneingeschränkt
Spanien	Kartoffeln	Keimhemmung	4.11.1969/uneingeschränkt
	Zwiebeln	Keimhemmung	10.9.1975/uneingeschränkt

** alle Lebensmittel für Patienten, die einer sterilen Diät bedürfen*

Quelle: International Atomic Energy Agency (IAEA)

Die Liste aller Länder, in denen Lebensmittel bestrahlt werden, ist erhältlich bei:

International Atomic Energy Agency
- IAEA -
Wagramerstr. 5
A-1400 Wien

Gentechnisch manipulierte Lebensmittel

Wem nützt es, wenn Chicoree unempfindlich für Herbizide ist? Wem dient ein Lachs mit »eingebautem« Wachstumsbeschleuniger? Was hat der Verbraucher von einer Kartoffel, die mit Hilfe der Gentechnik mehr Stärke enthält? Nichts. Er hat von den neuen Eigenschaften dieser Produkte keinerlei Vorteile. Wer profitiert, sind die Lebensmitteltechnik und die chemische Industrie. Schon in der Vergangenheit wurden mit der Herstellung und dem großzügigen Einsatz von Agrochemikalien hohe Gewinne erzielt. Diese lassen sich noch steigern, wenn die Entwicklung und Vermarktung dieser Chemikalien mit gentechnisch angepaßtem Saatgut verknüpft wird. Der Landwirt erntet die versprochenen Erträge nur, wenn er beide Produkte zusammen anwendet. Diese Strategie führt zu einer neuen Dimension in der Abhängigkeit der Landwirte von Saatgut- und Chemiekonzernen.

Gentechnisch veränderte Produkte auf dem Markt

Land	Produkt	Firma	Veränderung/Funktion
Canada	Kartoffel	Monsanto	Insektenresistenz
Deutschland	Novamyl	Novo Nordisk (DK)	Mehlverbesserer
Europäische Union	Chicoree	Bejo Zaden	Herbizidresistenz
	* Mais	Monsanto (USA)	Schädlings- und Herbizidresistenz
	Mais	Ciba Geigy	Insekten- und Herbizidresistenz
	Radicchio	Beja Zaden (NL)	Sterilität und Herbizidresistenz
	Raps	PGS (B)	Sterilität und Herbizidresistenz
	* Salat	Monsanto (USA)	Schädlings- und Herbizidresistenz
	Soja	Monsanto	Herbizidresistenz der Pflanze
	Tabak	Seita/Gauloises (F)	Herbizidresistenz
Großbritannien	Bäckerhefe	Gist brocades	Gärbeschleuniger
	Bierhefe	Gist brocades	Gärbeschleuniger
	Chymosin	Gist brocades (NL)	Labaustauschstoff
	* Lachs	Loch Fyne (UK)	Wachstumsbeschleunigung
	Rapsöl	PGS	Sterilität und Herbizidresistenz
	Soja	Monsanto	Herbizidresistenz der Pflanze
	Tomate	Calgene (USA)	verzögerter Reifungsprozeß
	Tomatenmark	Zeneka (USA)	verzögerter Reifungsprozeß
Niederlande	Amylopectin-Stärke aus Kartoffeln	Avebe	Additiv
	Babynahrung	Nutricia	Herst. bestimmter Fettsäuen
	Lipase	Unilever	Herst. bestimmter Fettsäuren
	Novamyl	Novo Nordisk (DK)	Mehlverbesserer
	Rapsöl	PGS	Sterilität und Herbizidresistenz
	Radieschen	Bejo Zaden	Herbizidresistenz
	Xylanase	Röhm (D)	Mehlverbesserer
	Xylanase	Primalco (SF)	Mehlverbesserer
	Xylanase	Quest/Unilever (NL)	Mehlverbesserer
	Xylanase	Primalco (Finnl.)	Mehlverbesserer

USA	Aspartame	Monsanto	Süßstoff
	* Kartoffel	Monsanto/Frito-Lay	höherer Stärkeanteil, weniger Wasser
	Kartoffel	Monsanto	Insektenresistenz
	Kürbis	Askrov	Virusresistenz
	Mais	Mycogen	Insektenresistenz
	Mais	Ciba Geigy	Insektenresistenz
	* Mais	DeKalb	Herbizidresistenz
	* Mais	AgrEva	Herbizidresistenz
	* Mais	PGS	Sterilität
	* Mais	Monsanto	Insektenresistenz
	* Mais	Sandoz	Insektenresistenz
	Raps	Monsanto	Herbizidresistenz
	Raps	Calgene	bestimmte Fettsäuren
	* Raps	Monsanto	Herbizidresistenz
	* Raps	Calgene	bestimmte Fettsäuren (Kakaoersatz)
	Soja	Monsanto	Herbizidresistenz
	Tomate	Calgene	verzögerter Reifungsprozeß
	Tomate	Monsanto	verzögerter Reifungsprozeß
	Tomate	Zeneka	verzögerter Reifungsprozeß
	Tomate	DNAPT	verzögerter Reifungsprozeß
	*Tomate	Agritope	verzögerter Reifungsprozeß

** noch im Genehmigungsverfahren*

Quelle: Bund für Umwelt und Naturschutz (BUND)

Zusatzstoffe in Lebensmitteln

Zusatzstoffe werden Lebensmitteln aus »technologischen Gründen« zugesetzt. Sie machen sie bunter, verlängern ihre Haltbarkeit, verbessern Geschmack und Konsistenz. Viele Fertiggerichte oder Lightprodukte wären ohne Zusatzstoffe kaum herzustellen. Auf dem Etikett müssen sie einzeln mit ihrem Namen oder ihrer E-Nummer und ihrem Klassennamen angegeben werden, z.B. »Sorbinsäure« oder »Farbstoff E 102«.

Am 20. Februar 1995 hat die EU-Kommission mit ihrer Richtlinie Nr. 95/2/EG die Verwendung von Zusatzstoffen in Lebensmitteln in der Gemeinschaft harmonisiert.

Insgesamt wurden 296 Zusatzstoffe zugelassen, davon sind

43 Farbstoffe	17 Geschmacksverstärker
41 Konservierungsstoffe	14 Trenn- und Überzugsmittel
15 Antioxidantien	12 Süßungsmittel
32 Verdickungs- und Geliermittel	6 Schutz- und Treibgase
27 Emulgatoren	29 Sonstige Stoffe
60 Säuren und Säureregulatoren	

Die »Neuen« in Deutschland

E 128	Rot 2G	Roter Azofarbstoff (synthetisch hergestellt)* nur für (britische) getreidehaltige Wurstwaren
E 129	Allurarot AC	Roter Azofarbstoff
E 133	Brillantblau FCF	Hellblauer Triphenylmethanfarbstoff
E 154	Braun FK	Schwarzbrauner Azofarbstoff nur für britischen Räucherhering »Kipper«
E 155	Braun HT	Brauner Azofarbstoff, sehr temperaturbeständig (temperaturbeständiges Braun war bisher nur durch Mischen vieler Azofarben erreichbar)
E 234	Nisin	Eiweiß mit antibiotischer Wirkung; erlaubt bei Milcherzeugnissen, Pudding, Schmelzkäse u.ä.
E 280-283	Propionate	Natürliche Fettsäure mit schimmelhemmender Wirkung; abgepacktes und geschnittenes Brot
E 284-285	Borate	Konservierungsmittel nur für echten Kaviar
E 315-316	Isoascorbate oder Erythorbate	Farbstabilisator, haltbar gemachte Fisch- und Fleischerzeugnisse
E 385	Calciumdinatrium-ethylendiamintetra-acetat - EDTA	bremst zusammen mit Schwermetallen Verfärbung und Oxidation in Dosen- und Glaskonserven
E 416	Karaya	Verdickungsmittel besonders für Milcherzeugnisse
E 417	Tarakernmehl	wie Johannisbrotkernmehl ein Samenmehl; als Verdickungsmittel für Desserts u.ä.
E 418	Gellan	Geliermittel in Konfitüren, Gelees und Marmeladen
E 432-436	Polysorbate	Starke Emulgatoren und Lösungsvermittler besonders für Aromenkonzentrate; Backwaren, Speiseeis, Desserts u.a.
E 444	Saccharoseacetat-isobutyrat	Zuckerester; stabilisiert Trübungen oder »Nebel« in aromatisierten, nichtalkoholischen Getränken

E 473	Zuckerester	Emulgator in Backwaren, Kosmetika u.a.
E 476	Polyglycerin-Polyricinoleat	Emulgator und Kristallbeeinflusser in harten Fetten, besonders bei Schokolade
E 477	Propylenglykol-FS-Ester	Emulgator besonders für Diätlebensmittel, Zucker- und Backwaren
E 479 b	Thermoxidiertes Sojaöl	Nebenprodukt aus gebrauchtem Back- und Frittierfett; wirkt als Trennmittel
E 481-482	Natriumstearoyl und Calciumstearoyl -2-lactylat	Emulgatoren für Weichbrötchen, Toast u.ä.; Diätlebensmittel
E 483	Stearoyltartrat	Emulgator für britische Back-Spezialitäten; Desserts
E 491-495	Sorbitanfett-säureester	Emulgatoren für Backwaren und Füllungen
E 512	Zinnchlorid	verhindert Verfärbung bei weißen Gemüsekonserven (Spargel, Blumenkohl, Rübchen u.ä.)
E 541	Saures Al-Phosphat	Säureträger in (britischen) Fertigkuchen-Mehlen
E 634-635	Ribonucleide	Geschmacksverstärker für Lebensmittel allgemein
E 900	Dimethylpolysiloxan	Entschäumer, verhindert Überkochen von Konfitüren, Zuckersirup u.ä., macht Frittierfett länger brauchbar
E 927	Carbamid	Konsistenzgeber für Kaugummi
E 938-939	Argon und Helium	Edelgase als Schutzgase für Aromen
E 957	Thaumatin	sehr süßer Extrakt aus bestimmten Beeren
E 959	Neohesperidin	intensiver Süßstoff aus Pampelmusenschalen
E 966	Lactit	Zuckeraustauschstoff
E 999	Quillaia-Extrakt	aus Pflanzensaft isoliertes Schaummittel für britische Erfrischungsgetränke (Ginger Ale)
E 1105	Lysocym	konserviert Käse und Wurst
E 1200	Polydextrose	unverdaulicher Füllstoff
E 1201-1202	Polyvinylpyrrolidone	Klärmittel und Stabilisatoren für Vitaminpräparate u.ä.
E 1440-1442	Hydroxipropyl-stärken	macht Pudding tiefgefrier- und sterilisierfest, ohne daß er wässrig wird
E 1450	Succinylstärke	mit anderen Säuren ein kaltlöslicher Schaumbildner

** »Azo-Farbstoffe« (Indanthren) wurden zunächst zum Färben für Textilien, später auch für Lebensmittel verwendet. Diese Farbstoffe sind toxikologisch umstritten und können allergische Reaktionen verursachen.*

Besonders umstritten war in Deutschland die Wiederzulassung von:

»Farbstoff E 102« Tartrazin (gelber Farbstoff, synthetisch hergestellt). Die Verwendung von Tartrazin wurde 1990 in Deutschland aus Gründen des vorbeugenden Gesundheitsschutzes nur eingeschränkt zugelassen (nicht verboten). Der Farbstoff steht im Verdacht, Allergien auszulösen.

»Konservierungsstoff E 280« Propionsäure
Tierversuche hatten Anfang der 80er Jahre gezeigt, daß Propionsäure in sehr hohen Konzentrationen Magenkrebs verursacht. Die Zulassung wurde deshalb zurückgenommen. Internationale Tierversuche führten jedoch später zu einer Rücknahme dieser Entscheidung, da die begrenzte Verwendung des Konservierungsmittels in Brot und Backwaren gesundheitlich unbedenklich sei.

Die meisten Zusatzstoffe befinden sich in:
- Fertiggerichten
- Desserts
- Süßwaren
- kalorienreduzierten Lebensmitteln und Diabetikerkost

Bei folgenden Zusatzstoffen wurden Unverträglichkeiten bzw. Allergien beobachtet:

E 210-219 Benzoate und PHB-Ester
(in aromatisierten, nichtalkoholischen Getränken, alkoholfreiem Bier vom Faß, Spirituosen mit weniger als 15 % Alkoholgehalt, zuckerarmen Konfitüren, Gelees, Marmeladen und ähnlichen Erzeugnissen mit reduziertem Brennwert, Aspik)

E 102, 110, 122, 123, 124, 129, 151 Azofarbstoffe

E 320 (BHA, Butylhydroxyanisol) und E 321 (BHT, Butylhydroxytoluol) Antioxidantien
(in Fetten und Ölen zum Braten und zur Herstellung hitzebehandelter Lebensmittel, Schmalz, Fischöl, Rinder-, Geflügel- und Schaffett, Kuchenmischungen, Knabbererzeugnissen, Milchpulver für Verkaufsautomaten, Trockensuppen und -brühen, Saucen, Trockenfleisch, verarbeiteten Nüssen, Würzmittel, vorgekochter Getreidekost, granulierten Trockenkartoffeln, Kaugummi, Nährstoffzusätzen)

E 951 Aspartam (Phenylalanin)
(in Getränken, Süßwaren)
E 220-228 Sulfite
(in getrocknetem oder eingelegtem Obst und Gemüse, Krebstieren, Teigwaren u.v.a.m.)

Die Liste mit den E-Nummern ist erhältlich bei:

Gesellschaft Deutscher Chemiker
- Öffentlichkeitsarbeit -
Postf. 900440
D-60444 Frankfurt a.M.
oder
Auswertungs- und Informationsdienst
für Ernährung, Landwirtschaft und Forsten
- AID -
Konstantinstr. 124
D-53179 Bonn

Lebensmittel mit »Ausnahmegenehmigung«

Seit dem berühmten »Cassis-Urteil« des Europäischen Gerichtshofs vom Februar 1979 gilt im Handel mit Nahrungsmitteln für die Mitgliedsstaaten das »Prinzip der gegenseitigen Anerkennung«. Das heißt, Produkte, die in einem Land in Übereinstimmung mit dem dort geltenden Lebensmittelrecht auf dem Markt sind, können in einem anderen Land nicht verboten werden.

Die unterschiedlichen lebensmittelrechtlichen Vorschriften in den einzelnen Mitgliedsstaaten hatten immer wieder zu Handelskonflikten geführt. Nicht selten wurde unter dem Deckmantel »Verbraucherschutz« das nationale Recht dazu mißbraucht, die ausländische Konkurrenz abzudrängen. Diesen Trend wollten die Richter des Gerichtshofs stoppen.

In Deutschland muß für den Verkauf von Produkten, die nicht dem nationalen Lebensmittelrecht entsprechen, eine Genehmigung beim Bundesministerium für Gesundheit, die »Allgemeinverfügung«, beantragt werden. Für mehrere hundert Nahrungsmittel hat das Ministerium inzwischen eine solche Ausnahmegenehmigung erteilt. Dabei

handelt es sich häufig um Produkte, die Zusatzstoffe enthalten, die zwar in Deutschland nicht verboten, für dieses Lebensmittel jedoch nicht verwendet werden.
Einige Beispiele:

Lebensmittel	Herkunft	Verwendung der Zusatzstoffe, die nach deutschem Recht für dieses Lebensmittel nicht zugelassen sind.
Cremige Fischzubereitungen	Frankreich	Farbstoff **Cochenillerot A (E 124)** Künstlicher Azofarbstoff, der Allergien auslösen kann. In Norwegen (früher auch in Schweden) ist die Verwendung verboten; täuscht einen höheren Edelfischanteil vor.
Diverse Fleischerzeugnisse	Spanien	Farbstoffe **Erythrosin (E 127), Cochenillerot A (E 124)** und **Gelborange (E 110)** Diese Farbstoffe können Allergien auslösen. Sie täuschen den Gehalt an Paprika vor bzw. einen höheren Fleischanteil. Gelborange ist in Norwegen (früher auch in Schweden) wegen gesundheitlicher Bedenken verboten.
Diverse Fleischerzeugnisse	Dänemark	**Natriumphosphat (E 450 a,b,c)** und **Carrageen (E 407)** Phosphate erhöhen den ohnehin hohen Anteil dieses Stoffs in der Nahrung. Sie stehen im Verdacht, bei manchen Kindern übernervöse Verhaltens- und Konzentrationsschwächen auszulösen. **Carrageen** (Dickungs- und Geliermittel) verursachte im Tierversuch vereinzelt Darmentzündungen und Veränderungen im Immunsystem. Beide Stoffe wirken verbrauchertäuschend, weil sie bis zu 15 % Fremdwasser im Produkt binden können.
Eiscreme, Mokka und Schokolade	Frankreich	**Zuckerkulör (E 150)** unbedenklicher Farbstoff, der jedoch verbrauchertäuschend wirkt.
Frühstücks-cerealien	Frankreich Groß-britannien	Eisen und Farbstoff **Capsanthin (E 160c)** Eisen ist überflüssig, weil es in Vollkornprodukten in ausreichenden Mengen vorhanden ist. Der Farbstoff ist gesundheitlich unbedenklich, wirkt aber verbrauchertäuschend.

Quelle: Verbraucher-Zentrale Niedersachsen e.V.

Die Liste der Produkte, die in Deutschland per Allgemeinverfügung (nach § 47a des Lebensmittel- und Bedarfsgegenständegesetzes) zugelassen worden sind, kann bezogen werden bei:

Verbraucher-Zentrale Niedersachsen e.V.
Herrenstr. 14
30159 Hannover

Bundesministerium für Gesundheit
- Öffentlichkeitsarbeit -
Am Probsthof 78 a
53121 Bonn

BSE-Chronik

»Das größte Problem beim Verfüttern von Tierabfällen an Vieh ist das Risiko, Krankheitserreger auf andere Tiere und danach auf den Menschen zu übertragen.«
(Zitat aus dem Bericht der Königlichen Umweltkommission, September 1979)

1980 Großbritannien (GB) verändert das Verfahren bei der Herstellung von Tierkörpermehl und senkt u.a. die Temperaturen. Scrapie-Erreger bei Schafskadavern konnten dadurch überleben.

1983 In GB fallen erste Rinder BSE zum Opfer. Aus ihnen wird wiederum Tierkörpermehl hergestellt und an Tiere verfüttert. Diese Praxis wird bis 1988 beibehalten.

1986 Der »Ständige Veterinärausschuß« der EG-Kommission informiert die Mitgliedstaaten über BSE in GB.

Juli 1988 GB verbietet Verfütterung von Tierkörpermehl an Wiederkäuer. Herstellung und Export bleiben weiterhin erlaubt, obwohl das Futtermehl als Übertragungsweg erkannt wurde.
In GB gilt ab sofort Meldepflicht für BSE.

November 1988 In GB wird jegliche Verwertung der Milch von BSE verdächtigen Kühen verboten (außer für die Ernährung von Kälbern).

Februar 1989 Der Wissenschaftler Professor Richard Southwood vom wissenschaftlichen Beirat der britischen Regierung kommt zu dem Ergebnis, daß die Möglichkeit der Gefährdung der menschlichen Gesundheit durch BSE wenig wahrscheinlich, aber nicht völlig auszuschließen sei. Bereits im Juni 1988 hatte die Southwood-Arbeitsgruppe die Vernichtung aller BSE-befallenen Rinder gefordert.

Mai 1989 Deutschland verbietet Import von Tierkörpermehl aus GB. Statistiken zeigen später, daß noch 1995 über 78 Tonnen nach Deutschland geliefert wurden.

August 1989 Frankreich verbietet Import von Tierkörpermehl aus GB (wurde später gelockert).

November 1989 Deutschland schränkt Import für britisches Rindfleisch ein.

Anfang 1990 Frankreich und Italien schränken ebenfalls Import für britisches Rindfleisch ein.

Februar 1990 EG verbietet Export von lebenden Rindern, die in GB geboren wurden und älter als 6 Monate sind.

April 1990 EG verbietet Export von Rinderinnereien (z.B. Gehirn, Rückenmark, Milz, Thymus) aus GB und führt Meldepflicht für BSE ein.

Juni 1990 EG weitet das Verbot aus: Export von knochenhaltigem Rindfleisch und Rinderhälften nur aus Herden, die seit zwei Jahren BSE-frei sind; entbeintes und von sichtbaren Nerven- und Lymphgeweben befreites Fleisch aus BSE-Beständen darf weiter exportiert werden.
Damit sind die »nationalen Alleingänge« von 1989 und 1990 aufgehoben.

Dezember 1990 Die Schweiz verbietet die Verfütterung von Tierkörpermehl an Wiederkäuer

Mai 1992 EG verbietet Handel mit Rinderembryonen aus GB

Dezember 1993 Neue wissenschaftliche Erkenntnisse: BSE-Erreger ist auf andere Arten, zum Beispiel Katzen übertragbar. Auch Rinder, die nach dem Fütterungsverbot (1988) geboren wurden, erkranken an BSE.
Wissenschafler des (damaligen) Bundesgesundheitsamtes warnen eindringlich vor Gefahren durch BSE. Deutschland drängt bei der EU-Kommission auf Verschärfung der Exporte aus GB. Der zuständige Kommisar René Steichen warnt vor übereilten Schritten.

März 1994 Die EU-Gesundheitsminister kommen zu einer Sondersitzung zusammen. Es konnte keine Einigung erzielt werden. Seehofer kündigt »nationalen Alleingang« an.
Die Verfütterung von Tiermehl an Wiederkäuer wird in Deutschland verboten.

Juli 1994 Der »Wissenschaftliche Veterinärausschuß« der Kommission fordert zwar restriktivere Schutzmaßnahmen, hält aber ein generelles Handelsverbot für britisches Rindfleisch nicht für erforderlich.
EU weitet Verbot aus:
Export von Rindern aus GB nur dann, wenn sie aus Herden stammen, die sechs Jahre frei von BSE sind. Einen Monat später wird das Verfüttern von tierischen Proteinen (Säugetieren) an Wiederkäuer in der EU verboten.

November 1994 Der «Wissenschaftliche Veterinärausschuß« stellt fest, daß das Verfütterungsverbot von Tiermehl an Wiederkäuer in GB in den Jahren 1990 und 1991 nicht hundertprozentig eingehalten wird. Er empfiehlt, das Exportverbot für Rinder, die nach dem 1.1.1992 geboren wurden, aufzuheben.

Dezember 1994 EU beschließ Exportlockerung:
Rinder, die nach dem 1.1.1992 geboren sind, dürfen ohne Auflagen wieder aus GB exportiert werden, weil bei Rindern, die nach diesem Datum geboren wurden, bisher kein BSE-Fall aufgetreten sei.

Juni 1995 GB teilt mit, daß erste BSE-Fälle bei Rindern aufgetreten sind, die nach dem 1.1.1992 geboren wurden.
Der »Wissenschaftliche Veterinärausschuß« der Kommission wird um Bewertung und Überprüfung der Empfehlung vom Dezember 1994 gebeten.
Die Kommission konkretisiert die Exportbestimmungen:
Frisches, nicht entbeintes Fleisch von Rindern darf ohne zusätzliche BSE-Vermerke im Begleitdokument nur ausgeführt werden, wenn es zum Zeitpunkt der Schlachtung jünger als zweieinhalb Jahre ist.

Oktober 1995 GB teilt mit, daß ein erster BSE-Fall bei einem Rind aufgetreten ist, das nach dem 1.1.1993 geboren wurde.
Der »Wissenschaftliche Veterinärausschuß« der Kommission wird wiederum um Bewertung gebeten.

Februar 1996 Die Bundesländer Bayern, Brandenburg, Nordrhein-

Westfalen, Rheinland-Pfalz und das Saarland beschließen Importverbot.

5. März 1996 Der Leiter des britischen Veterinärdienstes gibt im »Ständigen Veterinärausschuß« der Kommission zu, daß Tierkörpermehl immer noch an Wiederkäuer verfüttert wird. Er verspricht, daß die Einhaltung des Verbotes von 1988 ab 1.4.1996 garantiert werde.

20. März 1996 GB räumt erstmals Zusammenhang zwischen BSE und Creutzfeldt-Jakob-Erkrankungen bei Menschen ein.

22. März 1996 Der »Wissenschaftliche Veterinärausschuß« der Kommission hält eine Sondersitzung ab, kann aber mangels Information aus GB nichts empfehlen.

23. März 1996 Die Bundesregierung verbietet die Einfuhr von frischem Fleisch aus Großbritannien und von lebenden Rindern aus der Schweiz.

25. März 1996 Der »Ständige Veterinärausschuß« stimmt mit 14:1 Stimmen für ein vollständiges Exportverbot. Premierminister John Major will das Ergebnis nicht hinnehmen und drängt auf eine erneute Abstimmung im Ausschuß. Das Ergebnis bleibt unverändert: 14:1.

27. März 1996 Agrar-Kommissar Franz Fischler gibt öffentlich ein umfassendes Exportverbot für Rinder und zahlreiche Rinderprodukte (Samen, Embryonen, Fleisch- und Fleischerzeugnisse, Gelantine, Fleisch- und Knochenmehl) aus GB bekannt. Dieses soll auch für Drittländer gelten.
Die Kommission setzt eine »interdirektionale« Arbeitsgruppe ein, von der sie sich künftig beraten lassen will.

29. März 1996 GB verbietet Herstellung und Verkauf von Futtermitteln mit Säugetierfleisch- und -knochenmehl.

1. bis 3. April 1996 Der EU-Agrarministerrat beschließt:

- britische Rinder mit BSE-Verdacht müssen geschlachtet werden (147.000 Stück)
- Rinder, die bei ihrer Schlachtung älter als 30 Monate sind, müssen vollständig entsorgt werden;
- bis 31. Dezember 1996 müssen alle Mitgliedsstaaten bei der Herstellung von Tiermehl Methoden anwenden, die eine Abtötung des BSE-Erregers garantieren (bisher nur in Deutschland und Österreich Praxis);

- sämtliche Futtermittel, die Tiermehl von Säugetieren enthalten, müssen den Hinweis tragen, daß sie für die Fütterung an Wiederkäuer nicht verwendet werden dürfen;
- Fleisch- und Fleischprodukte sollen künftig besser gekennzeichnet werden;
- die Forschungsarbeit über BSE soll intensiviert werden.

April 1996 WHO veranstaltet Expertenkonsultation zu BSE und CJD. Ziel: Suche nach plausiblen Hypothesen.
Die WHO vertritt die Auffassung, daß Milch und Milchprodukte kein Risiko darstellen.

26. April 1996 Der »Wissenschaftliche Veterinärausschuß« empfiehlt aufgrund neuer Erkenntnisse besondere Verfahren zur Herstellung von Talg und Gelatine. Es sollen u.a. keine Rinder verwendet werden, die älter als 30 Monate sind.

30. April 1996 GB legt Schlachtungsplan vor.
Die Kommission setzt einen wissenschaftlichen BSE-Ausschuß ein, dessen Vorsitz Professor Charles Weissmann hat.

Juni 1996 Frankreich verbietet generell die Verfütterung von britischem Tierkörpermehl.

Juni 1996 Die Agrar-Minister der EU beschließen Exportlockerung: Rindersamen darf unter der Auflage strenger Kontrollen ab sofort wieder aus GB ausgeführt werden, Gelatine und Talg dann, sobald GB der Kommission mitteilt, welche Betriebe die speziellen Herstellungsbedingungen erfüllen.

Juli 1996 Beim Europäischen Parlament wird ein Untersuchungsausschuß eingerichtet. 19 Abgeordnete werden die Informationspolitik der Kommission in der BSE-Affäre unter die Lupe nehmen.

August 1996 Wegen neuer wissenschaftlicher Erkenntnisse und auf Forderung von Deutschland leitet die Kommission eine Überprüfung ein, ob an den Handel mit Schaf- und Ziegenfleisch höhere Anforderungen zu stellen sind. Auch die Unbedenklichkeit von Milch wird untersucht. Deutschland fordert ein EU-weites Exportverbot für Milch und Milcherzeugnisse aus GB, bis Ergebnis dieser Untersuchung (etwa Anfang/Mitte 1997) vorliegt.

Ende August 1996 Der britische Agrarminister Douglas Hogg gibt bekannt, daß nach neuen wissenschaftlichen Erkenntnissen BSE »bis zu einem gewissen Grade« von der Kuh auf das Kalb übertragbar sei.

Der britische Forscher Roy Anderson von der Universität Oxford legt eine statistische Anlayse vor, wonach auch ohne weitere Maßnahmen BSE in GB bis zum Jahr 2001 ausgerottet sein werde.

September 1996 Die französische Zeitung Libération veröffentlicht interne Kommissions-Papiere u.a. von 1993 und 1995. Darin empfahlen hohe Funktionäre aus Rücksicht auf den Rindfleischmarkt, das BSE-Problem »mit Diskretion« zu behandeln. So soll die stellvertretende Kabinettchefin des damaligen Agrar-Kommissars René Steichen, Martine Reicherts, in einem Schreiben an deutsche Behörden vor »politischen Risiken« und »Schäden für den Verbrauch« beim Rindfleisch gewarnt haben, sollte »die Affäre hochgespielt« werden. Die Kommission weist alle Vertuschungsvorwürfe zurück.

Die britische Regierung setzt »aufgrund neuer wissenschaftlicher Erkenntnisse« den vereinbarten Schlachtungsplan aus.

Franz Fischler schlägt Extensivierung in der Rindermast vor. Deutschland ist dagegen und fordert statt dessen, die Grenzen nach Osteuropa für Importe dichtzumachen.

Oktober 1996 In GB ist die Kapazität für Rindfleisch-Einlagerungen fast erschöpft. Regierung erwägt, russische Kühlschiffe anzumieten.

November 1996 Frankreich schränkt den Import von Rindern aus der Schweiz (über 200 BSE-Fälle) ein.

Die EU-Kommission will BSE nun erforschen und beschließt ein »Aktionsprogramm«.

Dezember 1996 Irland meldet fünf neue BSE-Fälle.

Januar 1997 BSE-Untersuchungsausschuß des Europäischen Parlaments legt Abschlußbericht vor.

In Deutschland tritt der 5. BSE-Fall auf.

Der Strichcode

Seit den 70er Jahren sind in Europa die Waren mit einem Strichcode versehen. Dieser EAN-Code (Europäische Artikel-Numerierung) ist eine verschlüsselte Artikelnummer. Sie setzt sich aus insgesamt 13 Ziffern zusammen.

Die ersten sieben Ziffern bilden die Hersteller- oder Betriebsnummer. Sie bezeichnet weltweit unverwechselbar und eindeutig den Lieferanten (Hersteller, Großhändler, Importeur) der Ware. An diese Betriebsnummer werden vom Lieferanten nach eigener Wahl fünf weitere Ziffern angehängt, die den jeweiligen Artikel identifizieren. Die 13. Stelle des Codes ist eine Prüfnummer für Kontrollzwecke.

Vorziffern	Bundeseinheitliche Betriebsnummer	interne Artikelnummer des Herstellers	Prüfziffer
40	83900	00125	0
4 0	8 3 9 0 0	0 0 1 2 5	0
Deutschland	DE-VAU-GE Gesundkostwerk GmbH D-21339 Lüneburg	Linsen Keimlinge	

Neben dem dreizehnstelligen Code existiert ein achtstelliger EAN-Kurzcode, der für die Hersteller von Kleinverpackungen vorgesehen ist.

In jedem Land gibt es eine autorisierte Stelle, die für die Vergabe der Betriebsnummern zuständig ist. In Deutschland ist das die Zentrale für Organisation GmbH (CCG) in Köln. Die in Deutschland vergebenen Betriebsnummern (Ländernummern) beginnen mit 40, 41, 42 oder 43.

00 bis 09	USA und Kanada	729	Israel
20 bis 29	Kennzeichen für interne Numerierung	73	Schweden
		750	Mexiko
		76	Schweiz
30 bis 37	Frankreich	770	Kolumbien
40 bis 44	Deutschland	773	Uruguay
471	Taiwan	775	Peru
489	Hongkong	779	Argentinien
49	Japan	780	Chile
50	Großbritannien und Irland	789	Brasilien
		80 bis 83	Italien
520	Griechenland	84	Spanien
54	Belgien und Luxemburg	850	Kuba
		869	Türkei
560	Portugal	87	Niederlande
57	Dänemark	880	Südkorea
590	Polen	885	Thailand
599	Ungarn	888	Singapur
600 bis 601	Südafrika	90 bis 91	Österreich
64	Finnland	93	Australien
70	Norwegen	94	Neuseeland

Die Ländernummern geben keinen Hinweis auf die Herkunft des Produkts. Importierte Waren können mit dem Ländercode 40 bis 44 versehen werden, wenn der Abfüll- bzw. Abpackbetrieb sich in Deutschland befindet. Der Code gibt also nur Auskunft über die letzte Stufe der Verarbeitung.

Saisonkalender für Obst und Gemüse

● = Starke Angebote/Haupternte
❍ = Geringere Angebote

Sorte	Jan	Feb	Mrz	Apr	Mai	Jun	Jul	Aug	Sep	Okt	Nov	Dez
Gemüse (inländisch)												
Blumenkohl					❍	●	❍	❍	❍	●	❍	
Bohnen, grün						❍	❍	●	❍	❍		
Bohnen dick						❍	●	❍				
Broccoli	●	●	❍								❍	●
Chicoree	●	❍									❍	●
Endivien	❍	❍				❍	❍	❍	●	●	❍	❍
Erbsen, grün						❍	❍	●				
Feldsalat	●	●	●	❍	❍					❍	❍	●
Grünkohl	●	❍									❍	●
Gurken					❍	●	●	●	●	❍		
Kohlrabi					❍	●	●	●	●	❍	❍	
Kopf-/Eisbergsalat					❍	●	●	❍	❍	❍		
Kürbis							❍	❍	❍	●	●	
Lauch	❍	❍					❍	❍	❍	●	●	●
Maiskolben								❍	●	❍		
Mangold					❍	●	●	❍	❍	❍		
Meerrettich	❍								❍	●	●	❍
Möhren	❍	❍				❍	❍	❍	●	●	●	❍
Paprika							❍	●	❍	❍		
Radieschen					❍	❍	●	●	●	●	❍	
Rettich	❍						❍	❍	●	●	●	❍
Rhabarber				❍	●	●	❍					
Rosenkohl	❍	❍							❍	●	●	●
Rote Bete	❍	❍							❍	●	●	❍
Rotkohl	❍	❍					❍	❍	●	●	●	❍
Schwarzwurzeln	❍	❍								❍	●	●
Sellerie	❍	❍	❍				❍	❍	❍	●	●	●
Spargel				❍	●		●					
Spinat				❍	❍	❍	●	●	❍	❍	❍	
Spitzkohl				❍	●	●	❍					
Steckrüben	●	❍	❍							❍	●	●
Tomaten							❍	❍	●	●	❍	
Weiß-/Chinakohl							❍	●	❍	●	●	❍
Wirsing	❍	❍					❍	●	❍	●	●	❍
Zucchini					❍	●	●	❍	❍			
Zwiebeln	❍	❍				❍	❍	❍	●	●	●	❍

Sorte	Jan	Feb	Mrz	Apr	Mai	Jun	Jul	Aug	Sep	Okt	Nov	Dez
Obst												
Ananas										❍	❍	❍
Äpfel	●	●	●	❍	❍	❍	❍	❍	●	●	●	●
Aprikosen					❍	●	●	●	❍			
Birnen	❍	❍	❍	❍	❍	❍	❍	●	●	●	❍	❍
Brombeeren							❍	●	●	❍		
Clementinen	●	❍									❍	●
Erdbeeren					●	●	●	❍				
Himbeeren						❍	❍	●	❍			
Holunderbeeren									❍	●	❍	
Johannisbeeren						❍	●	●				
Kirschen					❍	●	●	❍				
Orangen	❍	❍	❍	❍	❍						❍	❍
Pfirsiche	❍	❍	❍	❍	❍	●	●	●	❍			
Pflaumen						❍	●	●	●	❍		
Preiselbeeren								❍	●	❍		
Quitten									●	●	●	
Stachelbeeren						●	●	●				
Weintrauben						❍	●	●	●	●	❍	

GD XXIV – die Generaldirektion für Verbraucherpolitik
Seit Anfang 1995 gibt es bei der EU-Kommission eine eigenständige Abteilung für Verbraucherpolitik, die Generaldirektion XXIV.

Sie soll dafür sorgen, daß der Verbraucherschutz in der Politk der Europäischen Union stärker berücksichtigt wird und die die Defizite im Verbraucherschutz aufdecken. Lassen Sie sich nicht lange bitten: Erkundigen Sie sich bei Emma Bonino, welche Erkenntnisse sie aus der BSE-Affäre zieht, und was ihre Abteilung tun wird, diese in praktische Politik umzusetzen. Oder fordern Sie die Kommissarin auf, sich nachdrücklich für eine umfassende Kennzeichnung gentechnisch veränderter Produkte einzusetzen. Sie können das selbstverständlich in Ihrer Landessprache tun:

Europäische Kommission
GD XXIV, Verbraucherpolitik
rue de la Loi 200
B-1049 Brüssel
Telefon: 0032/2/2965537
Fax: 0032/2/2963279

Die Abteilung GD Verbraucherpolitik gibt eine Broschüre INFO-C heraus. Die Leser erhalten einen guten Überblick darüber, wie komplex das Thema Verbraucherschutz in der EU inzwischen ist. Außerdem gibt es Informationen über Veranstaltungen und die Aktivitäten verschiedenster Verbraucherorganisationen in der EU. INFO-C erscheint sechsmal im Jahr in Deutsch, Englisch und Französisch und kann kostenlos abonniert werden:

Europäische Kommission
GD XXIV Verbraucherpolitik
Sheila Reynolds
rue de la Loi 200
RP3 4/30
B-1049 Brüssel
Fax: 0032/2/2991857
E-Mail: infoc@dg24.cec.be

»Bürger Europas« heißt eine Kampagne der EU-Kommission. Per Telefon und Internet können sich Bürger über ihre Rechte in der EU informieren sowie Ratgeber und Informationsbroschüren zu unterschiedlichen Themen wie etwa »Arbeiten, Leben und Studieren in anderen Mitgliedsstaaten« (in allen Amtssprachen verfügbar) anfordern:

»Bürger Europas« in Deutschland
Telefon: 0130/860400
Internet: http://citizens.eu.int

Wirtschafts- und Sozialausschuß – WSA
Dieser Ausschuß ist in der Öffentlichkeit noch relativ unbekannt. Gleichwohl ist die Kommission verpflichtet, zu den meisten EU-Gesetzen seine Stellungnahme einzuholen. Dieses Gremium wurde 1957 durch die Römischen Verträge mit dem Ziel eingesetzt, die verschiedenen Interessengruppen des wirtschaftlichen und sozialen Lebens an der Verwirklichung des Gemeinsamen Marktes zu beteiligen. Der WSA hat 222 Mitglieder. In ihm sind bedeutende gesellschaftliche Gruppen vertreten: Arbeitnehmer, Landwirte, Verbraucherverbände und Arbeitgeber. Diese Institution ist wichtig, obwohl sie nur beratenden Charakter hat. Ihre Stellungnahmen zu den Gesetzen müssen von der Kommission nicht berücksichtigt werden. So nehmen die Ausschußmitglieder ihren Einfluß hauptsächlich über direkte Kontakte, die Lobbyarbeit, wahr.

Informieren Sie sich über die Arbeit des WSA und seine Meinung beispielsweise zur Kennzeichnung von gentechnisch veränderten Lebensmitteln. Fragen Sie nach, welche Schlüsse er aus der BSE-Affäre zieht und welche Empfehlungen er für die Bewältigung dieses Problems hat:

Wirtschafts- und Sozialausschuß
Fachgruppe Umweltschutz, Gesundheitswesen und Verbrauch
rue Ravenstein 2
B-1000 Brüssel
Telefon: 0032/2/5469011
Fax: 0032/2/5134893

Petitionsausschuß
Jeder europäische Bürger hat das Recht, einzeln oder zusammen mit anderen Personen, Bitten oder Beschwerden an das Europäische Parlament zu richten. Gegenstand einer solchen Eingabe kann die Verletzung von Verbraucherrechten, aber auch die Anerkennung von Ansprüchen im Bereich der Sozialversicherung sein. Petitionen sind nicht nur ein starkes politisches Signal. Sie können auch Gesetze beeinflussen. In den letzten Jahren hat die Zahl der Petitionen enorm zugenommen – und sie steigt weiter. Am häufigsten beklagen sich die europäischen Bürger über Mißstände beim Umwelt- und Tierschutz. Aber auch beim Verbraucherschutz nehmen Beschwerden zu:

Präsident des Europäischen Palaments
Petitionsausschuß
L-2929 Luxemburg

oder an

Informationsbüro des Europäischen Parlaments
Bundeskanzlerplatz
D-53113 Bonn
Telefon: 0228/914300
Fax: 0228/218955

Der europäische Bürgerbeauftragte
Seit Juli 1995 gibt es erstmals einen Europäischen Bürgerbeauftragten. Er hilft weiter, wenn ein EU-Bürger sich von einer Verwaltung der Europäischen Behörden ungerecht behandelt fühlt, zum Beispiel bei der verzögerten Auszahlung von EU-Beihilfen.

Europäischer Bürgerbeauftragter
Jacob Södermann
1 Avenue du Président Robert Schumann
F-67001 Straßburg
Telefon: 0033/3/88172313 oder 88172383
Fax: 0033/3/88179062

Verbraucherverbände in der EU

Europäisches Büro der Verbraucherverbände (BEUC)
36 Avenue de Tervueren Bte. 4
B-1040 Brüssel
Telefon: 0032/2/7431590
Fax: 0032/2/7357455

Europäischer Gewerkschaftsbund (EGB)
155 Boulevard Emile Jacqmain
B-1210 Brüssel
Telefon: 0032/2/2240540
Fax: 0032/2/2240520

Europäische Gemeinschaft der Verbrauchergenossenschaften (EURO COOP)
17 Rue Archimédes Bte. 2
B-1040 Brüssel
Telefon: 0032/2/2850070
Fax: 0032/2/2310757

Europäisches Institut regionaler Verbraucherorganisationen (IEIC)
79 rue Gantois
F-59000 Lille
Telefon: 0033/3/20229250
Fax: 0033/3/20541845

Verbraucherverbände in Deutschland

Verbraucherinitiative e.V.
Breite Str. 51
53111 Bonn
Telefon: 0228/7263393
Fax: 0228/7263399

Verbraucherschutzverein
Bayreutherstr. 41
10787 Berlin
Telefon: 030/2148740
Fax: 030/214877444

Verbraucherzentralen (e.V):

Baden-Württemberg
Paulinenstr. 47
70178 Stuttgart
Telefon: 0711/6691-0
Fax: 0711/6691-50

Bayern
Mozartstr. 9
80336 München
Telefon: 089/53987-0
Fax: 089/537553

Berlin
Bayreuther Str. 40
10787 Berlin
Telefon: 030/214850
Fax:030/2117201

Brandenburg
Hauptstr. 27
14776 Brandenburg
Telefon: 03381/524174
Fax: 03381/524436

Bremen
Obernstr. 38-42
28195 Bremen
Telefon: 0421/320834
Fax: 0421/320970

Hamburg
Kirchenallee 22
20099 Hamburg
Telefon: 040/248320
Fax: 040/24832290

Hessen
Reuther Weg 51-53
60323 Frankfurt a.M.
Telefon: 069/9720100
Fax: 069/97201050

Mecklenburg-Vorpommern
Strandstr. 98
18055 Rostock
Telefon: 0381/4939850

Niedersachsen
Herrnstr. 14
30159 Hannover
Telefon: 0511/91196-01
Fax: 0511/91196-10

Nordrhein-Westfalen
Mintropstr. 27
40215 Düsseldorf
Telefon: 0211/3809-0
Fax: 0211/3809-172

Rheinland-Pfalz
Große Langgasse 16
55116 Mainz
Telefon: 06131/2848-0
Fax: 06131/2848-40

Saarland
Hohenzollernstr. 11
66117 Saarbrücken
Telefon: 0681/500890
Fax: 0681/5880922

Sachsen
Scherlstr. 18
04103 Leipzig
Telefon: 0341/2610450
Fax: 0341/2610482

Sachsen-Anhalt
Steinbockgasse 1
06108 Halle
Telefon: 0345/50083-22
Fax: 0345/50083-26

Schleswig-Holstein
Bergstr. 24
24103 Kiel
Telefon: 0431/51286-87
Fax: 0431/553509

Thüringen
Eugen-Richter-Str. 45
99085 Erfurt
Telefon: 0361/555140
Fax: 0361/5551440

Verbraucherinformations- und Beratungsstellen in Europa:
Ihre Aufgabe ist es, Verbrauchern mit Rat und Tat zur Seite zu stehen, zum Beispiel, wenn sie durch Anbieter aus anderen EU-Ländern geschädigt wurden, denn trotz einer Reihe von Richtlinien ist es immer noch kaum möglich, Ansprüche auf Schadensersatz über europäische Grenzen hinweg geltend zu machen.

EUROKON (D/NL/B)
Verbraucherberatung
Bendelstr. 37
52062 Aachen
Telefon: 0241/404526
Fax: 0241/404759

EUROKON (D/DK)
Rathausstr. 20
24937 Flensburg
Telefon: 0461/28705 oder 28604
Fax: 0461/27578

EUROKON (D/NL)
Enschederstr. 362
48599 Gronau
Telefon: 02562/7020
Fax: 0256/1639

Adressen für Informationsbroschüren:

Arbeitsgemeinschaft der Verbraucherverbände (AgV)
Heilsbachstr. 20
D-53123 Bonn
Telefon: 0228/64890
Fax: 0228/644258

Auswertungs- und Informationsdienst für Ernährung und Landwirtschaft (AID) e.V.
Konstantinstr. 124
53179 Bonn
Telefon: 0228/8499-0
Fax: 0228/8499-177

Europäische Kommission
Vertretung in Deutschland
Zitelmannstr. 22
53113 Bonn
Telefon: 0228/530090
Fax: 0228/5300950

Ländliche Volkshochschule
Hohebuch
74638 Waldenburg
Telefon: 07942/107-74
Fax: 07942/107-77

Presse- und Informationsamt
der Bundesregierung
Welckerstr. 11
53113 Bonn
Telefon: 0228/208-0
Fax: 0228/208-2555

Stiftung Europäisches Naturerbe
- EURONATUR
Koblenzer Str. 9
53359 Rheinbach
Telefon 02226/2045
Fax: 02226/17100

Stiftung Verbraucherinstitut
Carnotstr. 5
10587 Berlin
Telefon: 030/390086-0
Fax: 030/390086-27

Literaturhinweise

Der Unternehmenstester, *Die Lebensmittelbranche,* Reinbek 1995
Furtmayr-Schuh, Annelies, *Postmoderne Ernährung,* Stuttgart 1993
Gemperle, Reinhold und Zeller, Willy und Wartenweiler, Roland, *Vom GATT zur WTO,* Zürich 1994
Hoffmann, Manfred, *Lebensmittelqualität,* Holm 1996
Hutter, Claus-Peter und Keller, Horst und Ribbe, Lutz und Wohlers, Rüdiger, *Die Ökobremser – Schwarzbuch,* Stuttgart 1995
Institut für angewandte Umweltforschung (Hrsg.), *Neue Chemie in Lebensmitteln,* Frankfurt a.M. 1995
Klopfleisch, Reinhard und Maywald, Armin, *Es ist angerichtet,* Hamburg 1989
Köster-Lösche, Kari, *Rinderwahnsinn – BSE,* München 1995
Kreissl-Dörfler, Wolfgang (Hrsg.), *Mit gleichem Maß, Sozial- und Umweltstandards im Welthandel,* Brüssel 1995

Müller, Günther, *Faß ohne Boden,* München 1994
Petersen, Erik und Stück, Wolfgang (Hrsg.), *Unser täglich Brot,* Holm 1996
Rifkin, Jeremy, *Das Imperium der Rinder,* Frankfurt a.M. 1994
Weidenfeld, Werner und Wessls, Wolfgang (Hrsg.), *Europa von A – Z,* Bonn (erscheint jährlich neu)
Wolf, Heinz Georg, *Die Abschaffung der Bauern,* Frankfurt a.M. 1987

Informationsbroschüren:
22 Fragen zu Europa
Bezug: Presse- und Informationsamt der Bundesregierung
Die Sprache unserer Lebensmittel
Bezug: Stiftung Verbraucherinstitut
EU-Agrarpolitik
Bezug: Euronatur
Im Dienste Europas
Wissenwertes über die Institutionen der Europäischen Union
Bezug: Europäische Kommission, Vertretung in Deutschland
Kennwort Lebensmittel
Ein Handbuch für den täglichen Einkauf
Bezug: Auswertungs- und Informationsdienst für Ernährung und Landwirtschaft (AID)
Leitfaden für den europäischen Verbraucher im Binnenmarkt
Bezug: Europäische Kommission, Vertretung in Deutschland
Milliardengrab Europa
Bezug: Euronatur
Wie GATT Kontrolle über unser Essen erhält ...
Bezug: Ländliche Volkshochschule

Die Autorinnen

Ingrid Reinecke, geb. 1954, arbeitete als Fotografin, Sekretärin und Greenpeace-Campaignerin. Sie realisierte die Wanderausstellung »Essen aus dem Genlabor« und ist Redakteurin des »Süd-Nord-Report«.

Petra Thorbrietz, geb. 1954, studierte Journalistik und promovierte über »Vernetztes Denken im Journalismus«. Redaktionstätigkeit bei »natur«, »Wochenpost« und »Die Woche«; Fernseh- und Hörfunkautorin. Sie erhielt den österreichischen Staatspreis für Wissenschaftsjournalismus und den Preis der Darmstädter Schader-Stiftung für die Umsetzung gesellschaftswissenschaftlicher Ergebnisse in die Praxis.

Marco d'Eramo

Das Schwein und der Wolkenkratzer

Chicago: Eine Geschichte unserer Zukunft

Wie in einem Brennglas spiegeln sich in Chicago Entwicklungen, die die Geschichte der industriellen Moderne geprägt haben – und die Zukunft nicht nur Amerikas, sondern der Welt mitbestimmen werden. Wenn Amerika das gelobte Land des Kapitalismus ist, so ist Chicago sein Jerusalem.
Dieser These hat Marco d'Eramo ein außergewöhnliches Buch gewidmet. Wie ein Detektiv geht er den Spuren nach, die die großen wirtschaftlichen und sozialen Umwälzungen im Antlitz der Stadt hinterlassen haben. In keinem Ort der Welt, so d'Eramo, ist die Gewalt und revolutionäre Energie des Kapitalismus so spürbar wie in Chicago.
»In einem brillant geschriebenen Buch ist es d'Eramo gelungen, eine Geschichte des amerikanischen Geistes mit der Geschichte einer Stadt und einer konkreten Lebenswelt zu verbinden, die in vielem vorbildlich für die Weltgesellschaft werden könnte und heute schon deren Ideologie prägt.«
(Florian Rötzer, Telepolis)
»D'Eramo ist nicht nur glücklich verschont von deutschen Amerikakomplexen, sondern kann seine Beobachtungen und Analysen auch noch in einer geschmeidigen und anschaulichen Sprache aufzeichnen.«
(Lothar Baier, Listen)

Verlag Antje Kunstmann

Horst Afheldt

Wohlstand für niemand

Die Marktwirtschaft entläßt ihre Kinder

Der Traum vom Sozialstaat, der Arbeit, Chancengleichheit und Sicherheit für alle verheißt, scheint ausgeträumt. Schmerzhafte Einschnitte bei allen Sozialleistungen und steigende Arbeitslosenzahlen in allen Industrienationen: Eine neue wirtschafts- und sozialpolitische Eiszeit droht anzubrechen.

»Wir müssen lernen, den Jahrhundertkonflikt zwischen immer globalerer Weltwirtschaft und der nationalen Wohlfahrt zu lösen, nicht mit neuen Zielen, wohl aber neuen Kooperationsformen und Institutionen der sozialen Marktwirtschaft. Afheldt hat das Verdienst, diese überfällige Bringschuld von Wissenschaft und Politik kompromißlos angemahnt zu haben.«

(Wilhelm Hankel, Handelsblatt)

»Das politische Buch 1996«, Friedrich-Ebert-Stiftung

Verlag Antje Kunstmann

Gerd Glaeske / Judith Günther

Nebenwirkung: Sucht

Medikamente, die abhängig machen

Jährlich werden in der Bundesrepublik Deutschland rund 1,7 Milliarden Packungen Arzneimittel verkauft – auf jeden Einwohner, vom Kleinkind bis zum Greis, entfallen damit 1100 Pillen oder Kapseln. Die Folge: Geschätzte 1,5 Millionen Menschen in Deutschland sind medikamentenabhängig, gestehen sich oft erst nach Jahren ein, nicht mehr ohne »ihr« Schlaf- oder Beruhigungsmittel, ohne Schmerztabletten, Appetitzügler oder Aufputschmittel auszukommen.
Die »Nebenwirkung Sucht« wird in diesem Buch erstmals umfassend sowohl in ihren medizinischen wie gesellschaftlichen Aspekten beleuchtet. Die Pharmazeuten Gerd Glaeske und Judith Günther behandeln den von Ärzten verordneten Mißbrauch, die »Sucht auf Rezept« ebenso wie die verborgenen Gefahren der Selbstmedikation.
Die ausführlich kommentierten Medikamentenlisten, die im Zentrum jedes Kapitels stehen, helfen die Nebenwirkung Sucht zu vermeiden. Glaeske und Günther zeigen jedoch auch Wege zu alternativen Behandlungsmöglichkeiten auf – und vor allem zu einem Ausstieg aus der Abhängigkeit selbst.

Verlag Antje Kunstmann